中国共产党辽宁历史简明读本

中共辽宁省委党史研究室 编著

辽宁人民出版社

图书在版编目（CIP）数据

中国共产党辽宁历史简明读本 / 中共辽宁省委党史研究室编著. — 沈阳：辽宁人民出版社，2020.5
ISBN 978-7-205-09843-8

Ⅰ.①中… Ⅱ.①中… Ⅲ.①中国共产党—党史—辽宁 Ⅳ.① D235.31

中国版本图书馆 CIP 数据核字（2019）第 296469 号

出版发行：辽宁人民出版社
　　　　　地址：沈阳市和平区十一纬路 25 号　邮编：110003
　　　　　电话：024-23284321（邮　购）024-23284324（发行部）
　　　　　传真：024-23284191（发行部）024-23284304（办公室）
　　　　　http://www.lnpph.com.cn
印　　刷：辽宁新华印务有限公司
幅面尺寸：170mm×240mm
印　　张：20
字　　数：330 千字
出版时间：2020 年 5 月第 1 版
印刷时间：2020 年 5 月第 1 次印刷
责任编辑：郭　健
装帧设计：留白文化
责任校对：吴艳杰
书　　号：ISBN 978-7-205-09843-8
定　　价：86.00 元

本书编委会

主　　　任	刘焕鑫
副 主 任	赵　颖　郭　辉　王中明
编委会委员	许晓敏　鲁　颖　李明哲　赵国辉
	李　栋　李　兵　赵　军　宋丽敏
	韩晓东　李立新　杨俊成　费鹏程
	郎景成　高健伟　于文博
主　　　编	王中明
执 行 主 编	许晓敏
撰　稿　人	肖四汉　王建立　赵立纲　王　超
	王全有　薄海燕　郭作为　韩巍巍
	蒋　振　刘　欣　贾晓川　胡　淼

目 录
Contents

新民主主义革命时期 / 1

综述 / 2
 一、辽宁地方党组织的创建 / 2
 二、中共满洲省委建立后辽宁地方党组织的发展 / 7
 三、九一八事变后，党领导辽宁人民的十四年抗日战争 / 11
 四、辽宁党组织贯彻中共中央关于建立巩固的东北根据地的
  战略决策 / 20
 五、辽沈战役的胜利与辽宁全境解放 / 24

重大历史事件 / 27
 一、马克思主义在辽宁的传播 / 27
 二、辽宁第一个地方党组织的建立 / 31
 三、奉天"六十"学生运动 / 32
 四、大连福纺工人大罢工 / 35
 五、中共满洲省（临）委的建立 / 39
 六、九一八事变的爆发 / 42
 七、中国共产党第一篇抗日宣言在辽宁发布 / 44
 八、中国共产党对义勇军的影响、支持和领导 / 46
 九、东北人民革命军第一军重创伪军邵本良部 / 51
 十、桓（仁）宽（甸）抗日游击根据地的开辟 / 52
 十一、抗联第一军的两次西征 / 55
 十二、党领导与影响下的文艺战线的抗日爱国斗争 / 58
 十三、党领导特殊工人的抗日斗争 / 59
 十四、凌（源）青（龙）绥（中）抗日游击根据地的开辟 / 63
 十五、国际情报组织在辽宁 / 64

十六、辽宁解放区的土地改革运动 / 67

十七、秀水河子战斗 / 69

十八、新开岭战役 / 70

十九、整党建党运动的开展 / 72

二十、辽沈战役 / 75

二十一、百万民工支援辽沈战役 / 77

二十二、沈阳的成功接管 / 80

二十三、欢庆中华人民共和国成立 / 84

大事记 / 87

社会主义革命和建设时期 / 103

综述 / 104

一、巩固新生人民政权，恢复全省国民经济，大力支援抗美援朝 / 104

二、建设国家工业基地，进行社会主义改造，建立社会主义制度 / 107

三、艰辛探索发展道路，经济建设遭受挫折，克服困难取得成就 / 109

四、"文革"造成混乱局面，社会各界抵制抗争，全省建设逆境发展 / 112

五、真理标准问题讨论，进程逐步引向深入，拨乱反正全面展开 / 117

重大历史事件 / 119

一、整风运动和整党运动在辽宁地区的开展 / 119

二、辽宁地区国民经济的恢复和发展 / 121

三、党领导辽宁人民支援抗美援朝运动 / 124

四、辽宁地区率先开展"三反""五反"运动 / 127

五、辽宁地区"三大改造"的基本完成与社会主义经济制度的建立 / 129

六、国家重工业基地在辽宁地区的初步形成 / 132

七、中共辽宁省委的组建和中国共产党辽宁省第一届代表大会
　　的召开 / 135

八、"大跃进"运动在辽宁地区的开展 / 137

九、人民公社化运动在辽宁地区的开展 / 139

十、中国共产党辽宁省第二届代表大会的召开 / 141

十一、群众性技术革新和技术革命运动在辽宁的开展 / 142

十二、"调整、巩固、充实、提高"方针在辽宁的贯彻 / 144

十三、学雷锋活动的兴起 / 147

十四、中国共产党辽宁省第三届代表大会的召开 / 150

十五、辽河油田的开发建设 / 152

十六、中国共产党辽宁省第四次代表大会的召开 / 154

十七、全面整顿在辽宁的开展 / 155

十八、辽宁揭、批、查"四人帮"运动的开展 / 157

十九、真理标准问题讨论在辽宁的开展 / 159

二十、邓小平"北方谈话"在辽宁的贯彻 / 162

大事记 / 165

改革开放和社会主义现代化建设新时期 / 191

综述 / 192

一、冲破思想藩篱，全面拨乱反正，实现工作重点转移 / 192

二、对内搞活经济，对外实行开放，各项改革稳步推进 / 196

三、实现"四个转变"，抓好三大战略，不断进行调整
　　改造 / 200

四、抢抓历史机遇，落实国家战略，加快辽宁振兴发展 / 207

重大历史事件 / 214

一、党的工作重点转移决策的贯彻与落实 / 214

二、农村经济体制改革的起步与发展 / 216

三、中国共产党辽宁省第五次代表大会的召开 / 218

四、党的十二大后大规模整党工作的展开 / 219

五、城市经济体制综合改革的开展 / 222

六、中国共产党辽宁省第六次代表大会的召开 / 226
七、20世纪80年代辽宁开展社会治安综合治理 / 227
八、辽东半岛对外开放 / 229
九、中国共产党辽宁省第七次代表大会的召开 / 232
十、学习贯彻邓小平南方谈话精神 / 234
十一、中国共产党辽宁省第八次代表大会的召开 / 235
十二、"三大战略"的提出与实施 / 237
十三、"三个重大突破"的确立 / 240
十四、实现国有大中型企业三年改革与脱困目标 / 242
十五、建立与完善劳动和社会保障体系 / 247
十六、中国共产党辽宁省第九次代表大会的召开 / 251
十七、辽宁资源枯竭型城市的转型 / 253
十八、中央出台老工业基地振兴战略和辽宁省制定
　　《辽宁省老工业基地振兴规划》 / 256
十九、大力推进"一个中心、两大基地、三大产业"建设 / 258
二十、辽宁城市集中连片棚户区改造 / 262
二十一、中国共产党辽宁省第十次代表大会的召开 / 264
二十二、实施区域发展战略 / 265
二十三、努力推进文化体育强省建设 / 269
二十四、"三个代表"重要思想在辽宁的学习贯彻 / 273
二十五、广泛深入开展保持共产党员先进性教育活动 / 274
二十六、扎实推进社会主义新农村建设 / 276
二十七、中国共产党辽宁省第十一次代表大会的召开 / 279

大事记 / 280

后记 / 312

新民主主义革命时期

>>>

综 述

近代的辽宁，饱受帝国主义的侵略和封建军阀的压迫。在俄国十月革命、五四运动的影响下，马克思主义在辽宁迅速传播，促进了进步团体的建立及工人运动的发展，为中国共产党在辽宁建立地方组织提供了思想、组织和阶级基础。20世纪20年代中期，在党中央关注和直接帮助指导下，辽宁各地党的组织相继建立，并逐步发展壮大。从此，中国共产党领导辽宁人民同帝国主义、封建主义和官僚资本主义进行了艰苦卓绝的斗争，终于迎来了中华人民共和国的成立。

一、辽宁地方党组织的创建

1840年，英国发动鸦片战争，中国的大门被西方列强打开。根据中英《天津条约》，辽河入海口附近的牛庄被设为通商口岸。但是，英国领事托马斯·泰勒·密迪乐到牛庄勘察时，发现牛庄海域水浅，且淤塞很厉害，他就选定在营口辽河南岸修筑码头，开始贸易活动。1861年5月24日，营口以"牛庄"为名，成为东北地区最早的通商口岸。此后，英国又强行在营口设立领事馆，从而为帝国主义侵略势力在中国东北地区打开了海陆通道。有着丰富资源的辽宁成为列强争夺的重要目标，其中以日本和俄国的野心最大。1894年，日本发动中日甲午战争，侵占中国辽东半岛、台湾岛及附属各岛屿、澎湖列岛。俄国则利用"三国干涉还辽"，趁机向中国东北地区南部扩张，取得了在中国修筑中东铁路的权利，强租辽宁的旅顺口、大连湾及附近海域25年。1905年，日本通过日俄战争攫取了俄国在旅顺、大连的租借权及南满铁路的权益，开始对辽宁地区的政治、经济、文化进行全面侵略和渗透。1911年，辛亥革命爆发，清王朝灭亡。代表封建地主阶级的奉系军阀张作霖逐渐统治了东北地区。奉系军阀对外投靠日本帝国主义，对内穷兵黩武，残酷剥削压迫，给辽宁人民带来了深重的灾难。

　　帝国主义的侵略掠夺，封建统治阶级的穷奢极欲，激起了中国人民的强烈反抗。辽宁人民素有反帝反封建的光荣传统。近代史上，辽宁地区曾多次爆发大规模的抗俄反日运动。孙中山领导的革命党人也曾在辽宁进行活动，但因未与人民的斗争真正结合起来，而无法完成反帝反封建的任务。历史呼唤新的领导阶级及其政党的出现。

　　伴随着中国私人资本企业、帝国主义（主要是日、俄）在中国直接经营企业及洋务运动的兴起，辽宁工人阶级逐渐产生和发展起来。至20世纪20年代初，辽宁地区工人人数超过30万。他们深受帝国主义、封建主义和官僚资本主义的三重压迫。据统计，从1918年到1920年6月，辽宁地区发生了70多起较大规模的罢工斗争，年均达20多起。辽宁工人运动的不断发展，为中国共产党组织在辽宁的建立奠定了阶级基础。同时，辽宁工人阶级的成长壮大和辽宁革命形势的发展，也迫切需要有先进的革命理论作指导和作为工人阶级先锋队的政党来领导。

　　1919年5月4日，北京爆发了大规模的反对帝国主义列强在巴黎和会上损害中国主权、反对北洋军阀政府卖国政策的青年学生爱国运动。五四运动的爆发，拉开了中国新民主主义革命的序幕。这场反帝反封建的爱国运动以不可阻挡之势迅速波及全国。在五四运动的影响下，辽宁地区的教育界、工商界也发动了响应五四运动的爱国斗争，推动了辽宁革命形势的发展。在奉天（今沈阳）、鞍山、营口、铁岭等地，商人罢市、学生罢课、捣毁日本人商店、焚烧日货、张贴反日标语、散发传单等活动不断发生。产业工人集中的辽宁工人阶级也积极声援学生的爱国运动，各地纷纷举行罢工斗争。辽宁地区响应五四运动的斗争同京、津、沪等地相比，规模和影响不大，主要是由于日本帝国主义和奉系军阀的严密控制和破坏造成的。但是这些斗争唤醒了人民的爱国热情，锻炼了一些学生骨干，为马克思主义在辽宁的传播起到了促进作用。

　　辽宁地区经济文化相对发达，是通往关内的咽喉，尽快在辽宁建立党的组织，对于推动辽宁乃至东北地区的革命斗争十分重要。党中央非常关注辽宁的建党工作。中国共产党成立不久，就派罗章龙、陈为人、李震瀛、邓中夏等人到辽宁考察工人运动，宣传马克思主义和中国共产党的主张，建立和发展党的组织。

　　1921年，中共北京地方委员会成立（1922年7月成立中共北京区委，1925

年10月改组为中共北方区委）。1921年冬，中共北京地委派中国劳动组合书记部北方分部主任罗章龙到东北考察。他首先到达辽宁的沟帮子，深入到工人中进行宣传和发动，并办起了东北第一所工人补习学校，对工人进行比较系统的革命启蒙教育。接着，他来到奉天，深入到皇姑屯铁路工厂工人中进行调查和宣传，了解工人的生活状况、思想觉悟及工人运动的情况。之后到大连的工厂、车站、码头等地，向工人积极分子和广大群众宣传马克思主义关于工人运动的理论和党的主张。经过几个月的奔波，他对辽宁乃至整个东北的工人阶级状况和工人运动情况有了较全面的了解。回到北京后，罗章龙详细地向党组织汇报了考察情况，并写出了书面报告。他建议党组织立即派专人到东北正式着手建党工作，以便加强对辽宁及东北工人运动和群众革命斗争的发动和领导。

李大钊接受了罗章龙的建议，于1923年3月正式委派北京铁路总工会负责人陈为人和京汉铁路总工会秘书长、中国劳动组合书记部干事李震瀛到东北开展工作。陈为人、李震瀛首先到哈尔滨进行宣传和组织发动工作。1923年年底，陈为人、李震瀛离开哈尔滨返回上海途中，在大连短暂停留。他们访问了大连沙河口工场华人工学会、大连中华青年会、中华增智学校和大连中华三一学校等进步团体和一些文化教育机关，同这些群众团体负责人广泛接触，推荐革命书报给他们阅读。1924年1月，陈为人、李震瀛在广泛调查了东北的政治、经济、文化及工人队伍等状况后回到上海，撰写出《东三省实情的分析》和《大连调查》两份报告。这两份报告较详细地介绍了东北三省的政治、经济等情况，是迄今所能见到的用马克思主义唯物史观系统分析东北地区基本情况的最早著作，对于提醒全党增强对东北情况的重视，加强对东北地区革命斗争的指导，产生了重要影响。1924年1月末，根据中共中央的指示，李震瀛第二次来到大连。他以英语教员的身份作掩护，从事革命活动。返回上海后，李震瀛向党中央汇报了在大连开展工作的情况。中共中央职工运动委员会书记、全国劳动组合书记部主任、中华全国总工会筹备委员会主任邓中夏在听取了李震瀛的汇报后，对大连的工人运动给予了充分肯定。

1924年6月初和年末，邓中夏先后两次亲临大连巡视指导。他详细考察了大连中华工学会和青年团的工作情况，提出了许多指导意见。他指示大连中华工学会要通过夜校提高工人的文化、思想水平，把大连地方和南满铁路工会组织起来，团结各阶层人民，进行反帝反封建斗争。返回中央后，他又不断将《劳动周刊》等革命书刊寄给大连工学会，并经常指导大连革命斗争的开展。党中央根据邓中夏的有关汇报，把指导大连工人运动纳入了重要议程，有力地推动了辽宁的革命运动。

中国共产党对辽宁地区的关注，提高了辽宁工人阶级与广大民众的觉悟，培养了一批革命的骨干和积极分子，建立了工会组织，发展了党团员，为辽宁各地党团组织的建立奠定了重要的思想和组织基础。在党中央的关注和直接帮助下，辽宁各地党组织逐渐建立起来。

中共沟帮子铁路支部的建立。1923年年初，共产党员欧阳强受中共唐山地委的指派，到京奉铁路关外段开展工作，发展党的组织。1923年秋，欧阳强联络关外铁路沿线的党员，建立了中共沟帮子铁路小组。1924年上半年，在党小组的基础上建立了中共沟帮子铁路支部，欧阳强任书记，李华灿任组织委员，林立任宣传委员。中共沟帮子铁路小组、支部是辽宁地区最早建立的党组织。

沈阳地区党组织的建立。早在1923年11月，中共第三届第一次中央执行委员会就提出要以奉天为发展矿工运动的"主要区域"，并具体指示"奉天以设法成立本党组织……为入手办法"。1925年6月，中共北京区委和共青团中央分别派中共党员任国桢和吴晓天来奉天，深入开展反帝斗争。任国桢和吴晓天到达奉天后，与苏子元（进步青年）、韩乐然（共产党员）、粟丰（共青团员）等建立了密切的联系。7月中旬，任国桢、苏子元等人在奉天基督教青年会办起暑期学校，学习的内容主要是社会主义理论，同时安排一些社会科学知识的讲座，目的是要利用这个阵地组织进步青年比较系统地学习马克思主义理论，培养靠近中国共产党的先进分子，推动建立党组织工作的实质性进展。暑期学校结束后，有的同学在扇子上写下了自己的信念："我们的导师是列宁，我们的目的是共产主义，我们的任务是全世界革命"，以此表示要坚决跟共产党走的决心。任国桢和吴晓天又以暑期学校同学会的名义，成立了党团的外围组织——革命同志会。革命同志会陆续发展高子升、吴竹村、李郁阶、巩天民等加入共产党，周东郊、张景珍、李正蔚、苏子元、李耀奎等加入共青团。1925年9月，中共奉天支部、共青团奉天特别支部正式成立，隶属北京区委领导。到1925年年末，共发展党员4人、团员12人。1926年二三月间，中共奉天支部将部分共青团员转为中共正式党员，党员人数增加到15人。9月，中共奉天支部改为中共奉天特别支部，隶属关系由中共北京区委移交给中共中央直接领导。1926年11月，中共奉天特别支部根据中共中央关于团员转党的指示，将早期加入共青团的团员张光奇、周东郊、李正蔚等转为中共党员,党员人数增加到22人。随着党员人数的增加,党的基层组织开始健全,成立了奉天医专、银行、兵工厂、学校党小组。1927年3月,国民党奉天省党部被奉系军阀当局破坏。为了免遭牵连,奉天特别支部决定将一批在国民党奉天省党部备案的跨党党员转移到外地。这样,奉天特别支部的党员数量骤然减少。1927年,奉天特别支部重新组建。

大连地区党组织的建立。李震瀛第二次到大连开展党的工作期间,经过了解和考验,在大连印刷工人中先后发展关向应和赵悟尘加入中国社会主义青年团。1924年4月,大连建立了社会主义青年团小组,关向应被选为团小组长。1924年6月,建立了中国社会主义青年团大连支部,直属团中央领导。1924年年底,大连地区的青年团团员已发展到24人。1925年1月初,团中央派杨志云从上海到大连主持青年团的工作。1月12日晚,大连全体团员召开大会。经过讨论,成立了中国社会主义青年团大连地方委员会,下设4个支部。1925年2月下旬,共青团大连地委改组为共青团大连特别支部。1925年年末,共青团北方区委根据团中央指示精神,将共青团大连支部的8名超龄团员转为中共党员。1926年1月15日,中共大连特别支部建立,杨志云任书记。2月,中共大连特别支部改为中共大连地方委员会。中共大连地方组织的建立,加强了对大连的工人运动和各界人民的反帝爱国活动的领导,大连地区革命斗争形势出现了崭新局面。1926年5月,共青团北方区委特派区委委员尹才一到大连视察工作,传达共青团北方区委对大连共青团组织的指示。此时,大连已有党员22人,但党与团的组织混合在一起。5月30日,大连党团员召开会议,改组和健全党团组织。经过改选,中共大连地委、共青团大连地委各有委员5人。从此,大连党团组织完全分开。1927年6月上旬,中共大连地方委员会改为中共大连市委员会,直属中央领导,有20多个支部,党员达200余名。

中共台安支部的建立。台安地处偏僻,交通闭塞,加之人民生活贫困,阶级矛盾日益深化,既是反动统治的薄弱地区,也是党领导人民群众开展革命活动的有利地区。1927年3月初,中共奉天特别支部派共产党员李焕章(李郁阶)到台安秘密开展党的工作,发展党员,壮大党的队伍,先后吸收了台安县师范中学教员黄吟秋(黄士逸)和台安县第一小学校长张国威(张振华)加入党组织。5月,上级党组织派党员王纯一(王心斋)由奉天到台安负责地下党的工作。不久,李焕章被调走,上级党组织又派党员孙广英(孙润芝)到台安工作。7月,根据上级党组织的指示，在台安县第一小学教师宿舍举行会议，成立了中共台安支部。王纯一任书记，孙广英、黄吟秋为委员，党员共4人。党支部设在黄沙坨小学，党小组设在县城师范中学，通信联络由县城党小组中转。台安支部建立后，积极开展革命工作，宣传马列主义，介绍进步书籍，建立"读书会""文学研究会"等党的外围组织。培养发展了李述申、崔文仕、王润身（女）、金秉坤（女）、刘惠普、吕兴周6名党员，党员由4人增到10人。台安支部隶属中共北方区委领导。1928年4月，中共台安支部改为中共台安特别支部。

辽宁各地党组织成立后，领导工人、学生和广大群众，同帝国主义、封建主义和官僚资本主义进行了不屈不挠的斗争，在促进国共合作、声援五卅运动、反军阀斗争运动中显示出重要的作用和力量。

二、中共满洲省委建立后辽宁地方党组织的发展

为了加强东北地区的革命工作，党中央决定成立东北地区的统一领导机关——中共满洲省委（"满洲"原为部族名，后逐渐成为东北三省的代名词。在中国共产党成立后，沿用了这一习惯叫法，把东北地区党的领导机关定名为中共满洲省委。抗日战争胜利后，"满洲"作为东北三省代称的提法停止使用）。经过一段时间的筹备，1927年10月，在哈尔滨举行了东北地区党的活动分子会议。会议组建了中共满洲省临时委员会，决定省临委机关设在奉天。陈为人任省委书记兼宣传部部长，吴丽石任组织部部长兼农运部部长，王立功任工运部部长，胡步三任军委书记。

1928年1月，中共满洲省临委在奉天召开了东北第二次党员代表大会。出席大会的有哈尔滨、奉天等地的正式代表14人。会议指出，今后党的主要工作任务是进一步健全党的各级组织，加强干部训练，加强省临委对各地的巡视，建立秘密工作系统，把农民运动和士兵运动重点开展起来，努力造成工农暴动与对旧统治形成割据的局面。这次代表大会是在"左"倾盲动思想的影响下召开的，因此，会议对东北的革命形势和革命任务还缺乏正确的认识。不久，满洲省临委的5名代表赴莫斯科参加党的六大。六大闭幕后，周恩来从苏联回国路经奉天，向满洲省临委传达了会议精神。指出革命正处于两个高潮之间，党的总任务不是进攻和普遍组织武装起义，而是积蓄力量，争取群众，准备新的高潮。这给满洲省临委指明了正确的政治方向，为即将召开的东北第三次代表大会奠定了思想基础。

1928年9月，中共满洲省临委召开东北第三次党员代表大会，参会代表21人。大会听取了党的六大代表的传达报告，决定将中共满洲省临时委员会改为中共满洲省委。这次会议是东北党组织在党的六大精神指导下召开的一次重要会议。会议解决了满洲省委政治路线方面的一些重大问题，对革命形势做了正确的估计，澄清了东北党组织内的混乱思想，制定了基本正确的路线和方针。

中共满洲省委成立后，集中力量加强了党的建设，积极发展党的组织工作。在奉天，1928年5月，中共奉天市区委成立。9月，已建成奉天兵工厂、小河沿医专、南满医大三个党支部，共有党员50余人。11月，奉天北郊农村发展了党员48名，成立了沈北区委。在大连，1928年1月，建立了中共关东县委，有满铁、纱厂、印刷、窑业、码头、油坊、旅顺、金州等10个支部，党员45人。在抚顺，1928年8月，成立了抚顺特支，党员10余人。此外，安东（今丹东）、营口、朝阳的党组织也得到了发展。到1928年年底，满洲省委领导的辽宁地区党组织有关东县委，奉天市、沈北区委，台安、安东、抚顺特支和营口支部。

在恢复和发展党组织的基础上，辽宁各级党组织积极领导和发动工人运动。1927年12月，大连南关岭装卸工人因不满日本监视员的欺压和毒打，发生了暴动。工人们砸毁了铁路指挥设备和其他设施，把日本监视员打倒在地。这次斗争虽然遭到了日本军警的武装镇压，但对激发工人们的抗暴斗争精神却产生了积极的影响。1928年年初，大连油篓工人为增加工资，在生产旺季举行了行业罢工，并取得胜利。在这两次工潮的带动下，中共满洲省委和大连党组织进一步组织了码头、窑业、盐业、海运、交通、印刷等行业的罢工斗争。在辽宁的其他地区，工人斗争也是此起彼伏。营口东亚烟草公司、奉天12家造纸厂、奉天兵工厂、沟帮子铁路等处举行的工人斗争，都给日本侵略者以沉重的打击。

辽宁各级党组织还十分重视对农民运动的领导。辽宁地区的农民运动，以抗租、抗税、抗粮、抗债的日常斗争为主。在大连，中共关东县委把旅顺、大连、金州、普兰店作为4个农运区，并在县委设立了专职农运负责人。在农运工作中，注意把失业工人和正在乡间的工人同志发动起来，布置他们在农民中开展工作，同时又加派学生党员到乡间发动农民。在沈阳地区，沈北张家堡党支部成立后，将扩大宣传、发展组织、组织农民进行秋收增资运动作为主要任务。为了扩大宣传，省临委特意给他们配备一台油印机。他们秘密印发了大量传单和小册子，向附近的六王屯、新城堡、岳士屯等处张贴和散发，甚至还到奉天通往新城子的火车上散发。

1928年12月，中共满洲省委召开扩大会议，总结东北第三次党员代表大会以来的工作，并讨论省委的中心任务。会议正在进行之时，十几名警察突然破门而入，以查户口为名，对参加会议的人员进行盘问之后，全部带到奉天小东警察分局。除共青团省委书记张任光趁敌不备逃脱外，其余13人全部被捕。满洲省委这次遭到破坏，省委主要负责人几乎全部被捕，省委机关和奉天市区机关也被破坏，党的干部和党员的情绪受到很大影响，党内的一批机密文件也都落入敌手。此时，受中共中央指派刚刚与满洲省委接上关系的刘少猷立即向中央作了汇报，并召开党、团省委联席会议，组成了临时省委。刘少猷对奉天党的工作特别重视，责令组建新的组织部，侧重于奉天各产业支部的整顿和建立。经过几个月的工作，奉天市各区的党组织得到了恢复。抚顺、大连、营口、台安等地的党组织也相继恢复并开始工作。到1929年4月，辽宁地区共建立了17个支部，有党员149人。临时省委采取的积极措施，使遭到破坏的省委的工作得以恢复和开展，党的各级组织工作也得到了稳定。在临时省委和各级党组织的宣传、教育和领导下，辽宁工人的斗争日趋活跃，抚顺铁工厂、抚顺窑业会社老虎台分工场、奉天大安烟厂、奉天南满铁路、营口东亚烟厂都相继举行了罢工。临时省委还及时派巡视员对沈北、庄河、台安一带农民要求增资和给予土地永佃权的斗争进行了指导。

但是，由于当时过分强调工人成分，中共中央指定工人出身的王立功任省委书记。王立功到任后，与刘少猷在工作中产生矛盾，致使组织恢复工作陷于停顿。中共中央驻满洲特派员谢觉哉针对省委内部不团结和力量薄弱的问题，向中央作了汇报。1929年6月，党中央在上海召开满洲工作会议，专门讨论研究东北党的工作。会议决定组成新的中共满洲省委，由刘少奇任满洲省委书记。7月，刘少奇抵达沈阳，立即着手恢复和整顿党的组织，派出党员赴各地分头做恢复党组织工作。省委派杨一辰等人在奉天兵工厂附近，通过开办工人夜校，接近群众，寻找线索，开展工作。杨一辰根据刘少奇提供的线索，找到了刘少奇当年在武汉工作时认识的汉阳兵工厂两名工人党员，又吸收了一名党员。到1930年年初，重新建立了兵工厂党支部和团支部。刘少奇还亲自指导奉天纺纱厂党组织的恢复工作，7月下旬，纱厂有党员3人，团员2人。纺纱厂党支部在省委指导下，积极进行宣传联络工作，开展工人运动。奉天油漆厂和市郊的城南、城北，都吸收了新同志入党，相继成立了党支部，沈阳党的基层组织已经基本恢复到大破坏以前的局面。1929年，在中共抚顺特支关世杰的领导下，党团组织恢复发展得很快，到5月，党员发展到12人，团员发展了3名。1929年，满洲省委决定抽调党员李维周作为省委特派员去辽中县开展建党工作。李维周以辽中师范学校英文教员的身份，借帮助学生学习为名，组织文学会、研究班等向学生介绍进步书刊，传播马克思主义和反帝爱国思想。1930年2月，李维周建立了中共辽中县特别支部。中共关东县委被破坏后，满洲省委一直设法恢复大连党的组织。1929年10月，省委派张干民到大连工作。张干民到大连后，与党员朱全盛接头，组建了中共大连特别支部。到1929年9月底，辽宁党组织分布状况是：沈阳5个支部，党员30人；大连1个支部，党员3人；抚顺1个支部，党员9人；营口1个支部，党员3人；锦州1个支部，党员3人；台安1个支部，党员12人；沟帮子1个支部，党员4人；此外，辽阳1个支部，旅顺有党员2人。辽宁各地的党组织得到恢复后，大力开展了工人运动、农民运动、学生运动、士兵运动，推动了革命形势的发展。

1930年3月，刘少奇被调回中央。4月，中央派李子芬担任中共满洲省委书记。此时的党中央片面夸大了国内外革命形势的有利方面，因此提出了一系列"左"倾冒险的错误主张。在李子芬的主持下，中共满洲省委制定了"左"倾的工作方针。1930年4月12日晚，满洲省委派反帝大同盟党团书记杜兰亭和赵尚志、陈尚哲等人带领部分党、团员和反帝大同盟成员出席辽宁国民外交协会举行的国民常识演讲会议，并借机发表演说和散发传单，开展反帝宣传。会上，赵尚志跳上听众席第一排的长凳中间面向群众进行讲演。满洲省委预先安排好的人趁此机会从楼上往下散发题为"打倒国民外交协会"的传单，斥责国民外交协会是帝国主义的工具，署名为反帝大同盟。宪兵司令部立即派人赶到会场，将赵尚志、杜兰亭、陈尚哲三人捆绑起来，押到宪兵司令部。杜兰亭、陈尚哲二人在敌人的恫吓和引诱下叛变，向敌人供出满洲省委地址，并带领宪兵大肆搜捕党、团员和广大进步群众。4月18日清晨，敌人闯进共青团省委秘密机关，逮捕了满洲省委书记李子芬、中央巡视员邱旭明（邱九）、共青团满洲省委书记饶漱石等人。同日，满洲省委组织部部长丁君羊和满洲省委秘书长刘若云也被敌人逮捕，满洲省委的主要领导人几乎全部被捕。随后，又有近30名党、团员和进步群众被捕。

1930年5月，林仲丹重新组建中共满洲省临委，8月，成立中共满洲总行委。8月下旬，中共中央派陈潭秋来东北工作，对满洲总行委进行改组，陈潭秋任满洲总行委书记。总行委成立后，开始制定并执行了一系列冒险计划。8月10日，满洲总行委正式提出了《关于以抚顺为中心的地方暴动的具体计划报告》（简称"武暴"计划），并派出数名党员到抚顺加强力量。中共抚顺特别支部在省总行委的支持下，成立了抚顺工人联合会和工人纠察队，大搞舆论宣传。这时，中共六届三中全会于1930年9月在上海召开，结束了李立三"左"倾冒险主义的错误统治。11月，满洲总行委召开扩大会议，传达中央精神。会议恢复了中共满洲省委，确定了满洲省委的斗争策略，规定了各地的具体工作任务。满洲省委职工委员会书记林仲丹还到抚顺传达上级指示精神，提出指导意见。由于林仲丹的及时指导，抚顺党组织及时纠正了"左"倾错误路线的影响，取消了暴动计划。经过几个月的努力，遭受不同程度破坏的奉天、清原、抚顺、大连等地区的党组织均得以恢复，并新发展了40多个基层组织。

但时隔不久，中共中央召开六届四中全会，以王明为代表的"左"倾教条主义错误开始统治党中央。1931年1月，党中央派张应龙来东北传达六届四中全会精神，并担任中共满洲省委书记。这样，满洲省委的工作不可避免地又一次受到"左"倾错误的影响。由于满洲省委提出的口号和要求不切实际，各地工作无法开展。沈阳、大连党组织只是做了工作计划，散发了一些宣传品。营口、北宁路召集了仅20余人的会议。这说明，"左"的错误在党内没有思想基础，在社会上得不到群众的支持，必然招致失败。

三、九一八事变后，党领导辽宁人民的十四年抗日战争

1929年年底，资本主义世界爆发了新的经济危机，日本经济受到了严重冲击，引发了日本社会的政治危机。1931年，日本趁英美等国疲于应对国内经济危机、蒋介石政府忙于"围剿"红军之机，决定实行其先侵略东北、后侵吞整个中国的计划。为此，日本关东军在沈阳周围开始进行一系列军事演习，并蓄意挑起万宝山事件和中村事件，为发动侵略战争制造借口。日本帝国主义不但利用这两个事件大肆制造舆论、煽动战争，还通过实地军事侦察、军队换防、关东军司令官换人等手段，加紧侵略前的各项准备工作。

在时机成熟后，日本帝国主义开始实行其策划了多年的侵占东北的计划。1931年9月18日晚10时20分，日本关东军自行炸毁南满铁路柳条沟段的一段路轨，反诬中国军队破坏铁路。坐镇沈阳的关东军高级参谋板垣大佐收到路轨被

炸的报告后，当即以关东军代理司令官、先遣参谋的名义向关东军部队发布了进攻中国军队驻地北大营和沈阳的命令。各路日军向北大营发起了猛烈进攻，震惊中外的九一八事变爆发。

9月19日，关东军迅速占领了南满、安奉铁路沿线的重要城镇营口、盖平（今盖州）、复县（今瓦房店）、大石桥、海城、辽阳、鞍山、铁岭、开原、昌图、四平、公主岭、安东（今丹东）、凤城、本溪等地。日军又向长春等地发起进攻，仅用4个月零18天的时间就占领了辽、吉、黑三省和东省特别行政区。

九一八事变爆发后，中共中央和中共满洲省委立刻做出反应。满洲省委9月19日即发表了《中共满洲省委为日本帝国主义武装占领满洲宣言》。9月20日，中共中央发表《中国共产党为日本帝国主义强暴占领东三省事件宣言》。宣言揭露了日本帝国主义的侵略罪行和国民党政府的不抵抗政策，号召东北各族人民和劳苦群众紧急行动起来，反抗日本帝国主义的侵略，并要求各地党团组织"积极的扩大罢工、罢课、罢市，做反抗占领满洲的运动"，立刻紧急动员党内全体同志到群众中去开展工作。

1931年9月27日，流亡到北平的爱国人士组织成立了东北民众抗日救国会，选出高崇民、阎宝航、王化一、卢广绩、黄显声、彭晓秋、熊飞、车向忱、杜重远、陈先舟、王卓然、张希尧等31人为执行委员会委员。在党的影响下，救国会成为推动东北抗日救亡运动的民众救国团体，为广泛开展抗日救国运动，做了大量的抗日救亡工作。

日本帝国主义的野蛮入侵，激起了东北各阶层人民的强烈反抗，辽宁民众纷纷拿起武器，组织各种形式的抗日义勇军、救国军，同日本侵略者展开了殊死的斗争。到1932年3月，义勇军已达56路，并有27个独立支队，6路骑兵以及特种编制义勇军。1932年4月21日，辽东的唐聚五举起义旗，在桓仁召开辽宁民众抗日救国会和辽宁民众自卫军成立大会。自卫军下辖18路军（后发展为19路军），5个大队。随着日军沿铁路步步扩大其侵略势力范围及义勇军的发展壮大，辽宁义勇军逐渐形成了三大活动区域，即：以北宁路、大通路（大虎山到通辽）、营沟路（营口至沟帮子）为中心的辽西、辽北义勇军活动区；以安奉路（安东至奉天）、南满路中段（奉天至盖平）为中心的辽东三角地带和辽南义勇军活动区；以通化、桓仁为中心的东边道义勇军活动区。1932年5月，辽宁境内的抗日义勇军又编为5个军区：辽西地区为第一军区，以彭振国为总指挥；辽南地区为第二军区，以王化一为总指挥，因王化一要在北平参加救国会的工作，由李纯华代理总指挥；辽东地区为第三军区，由唐聚五担任总指挥；辽北地区为第四军区，由熊飞担任总指挥；辽北蒙边地区为第五军区，以高文斌为总指挥。

抗日义勇军的英勇斗争得到了中共满洲省委的充分肯定。同时，满洲省委还逐步认识到，应加强对义勇军武装反日斗争的领导。1931年11月，满洲省委再次遭受严重破坏。12月，中共中央派正在东北巡视的中央政治局候补委员、中央驻满洲代表罗登贤重新组建满洲省委。在新省委召开的紧急会议上，罗登贤分析了九一八事变后的东北形势，号召所有共产党员要与东北人民共同坚持抗日到底。当时，党内有的同志受"左"倾错误影响，对义勇军缺乏正确认识。罗登贤带领省委成员认真学习周恩来以"伍豪"笔名发表在《红旗周报》第20期上的《日本帝国主义占领满洲与我们党当前任务》一文。该文指出："救国义勇军的组织已成为工农劳苦群众普遍要求，党要领导工人和一切被压迫民众自己组织武装的抗日义勇军。"经过学习讨论，大家认识到，义勇军虽有个别头目出身军阀土匪，但他们进行这场反日战争的目的是反侵略的，我们党的任务是加入并领导义勇军，夺取战争的领导权。统一认识之后，满洲省委制定了一系列具体的抗日措施。为加强对义勇军的工作，满洲省委先后派出200余名党团员直接参加义勇军，其中有半数左右被派到辽宁各地义勇军中。

在党的领导和影响下，辽宁各地义勇军发展迅猛，民众抗日武装斗争势如潮涌。1932年夏秋之际，辽宁抗日义勇军发展到鼎盛时期，人数多达20余万。但从9月起，日军陆续从国内调动大量军队，采用分割包围、各个击破的战术，对辽东、辽西、辽北和辽南地区进行了大规模"讨伐"。在日伪的进攻下，到1932年年底，辽宁义勇军一部分被消灭，一部分分散，一部分退守到热河、河北一带。

中共满洲省委在支持协助义勇军的抗日活动过程中，也发现义勇军队伍存在一定的弱点：成分复杂，缺乏党的正确领导，容易被日军收买、分化。1931年10月12日，中共中央在《中国共产党为反抗帝国主义、国民党一致压迫与屠杀中国革命民众宣言》一文中指出："我们唯一出路，就是扩大与继续罢工、罢课与罢操，组织我们自己的力量，武装我们自己。"12月，《红旗周报》发表了署名文章《反对帝国主义占据满洲中共党部的中心任务》。文章明确指出，满洲党的中心任务"决不是仅仅笼统的提出罢工、罢课、罢市反对日本帝国主义"，"而要更切实际的更抓住中心的提出满洲群众自动武装起来，赶走日本帝国主义，建立自己政权"。根据中共中央的指示精神，满洲省委提出了创建党直接领导的反日游击队的方针。

在中共满洲省委的领导下，辽宁各地党组织积极发动群众开展创建游击队的工作。当时，辽宁党组织的力量还很薄弱，党的组织主要分布在沈阳、大连等中心城市和铁路沿线一些城镇及少数地区。在农村，绝大部分地区尚未建立起党的组织，更无党领导的武装斗争的工作基础。在这种情况下，要建立党领导的新型抗日武装，是一项极为艰巨的任务。从1932年年初开始，满洲省委派出省委军委书记杨林、杨靖宇到南满地区，同当地党组织一起深入农村，发动群众夺取武器，创建党直接领导的抗日武装。1932年5月，中共奉天特委在所属的中共磐石中心县委创建了磐石工农反日义勇军。11月，杨靖宇将这支义勇军改编为中国工农红军第三十二军南满游击队。海龙游击队是党在南满地区创建的另一支抗日武装。1932年8月，隶属于中共奉天特委的中共海龙中心县委组建海龙工农义勇军，1933年1月改组为中国工农红军第三十七军海龙游击队。党领导的抗日武装的建立，使辽宁人民的抗日斗争发展到了新的阶段。

1933年1月26日，中共驻共产国际代表团发出《中共中央给满洲各级组织及全体党员的信——论满洲的状况和我们党的任务》（简称《一·二六指示信》）。《一·二六指示信》决定联合一切反日力量建立反日统一战线，共同抗击日本侵略者。这对于转变路线和东北地区革命斗争具有重大的指导作用。《一·二六指示信》到达南满后，中共磐石中心县委会议立即纠正过去"左"倾关门主义错误，与活动在磐石、伊通一带的抗日义勇军、山林队等队伍相联络，做争取和团结教育工作。县委通过写信、送传单、送画报以及派党团员、积极分子等办法到抗日义勇军中做宣传教育和争取团结工作，杨靖宇还亲自深入到抗日义勇军中，宣传党的抗日政策。根据《一·二六指示信》关于建立抗日民族统一战线的策略方针和中共满洲省委的有关指示，1933年7月下旬，杨靖宇组织活动在磐石地区的抗日义勇军"马团""毛团""赵团""殿臣"等各抗日武装领导人共70余人召开会议，成立南满反日联合参谋部，作为联合指挥机关。联合军参谋部的组建，标志着抗日武装联合局面已在南满磐石地区初步形成，党关于团结一切抗日武装力量共同抗日的指示在南满得到落实。

经过一年抗日游击战争的锻炼，南满游击队和海龙游击队得到了发展壮大。中共满洲省委根据中央改编红军游击队的要求，酝酿在南满建立东北人民革命军第一军独立师,并做了大量的准备工作。第一,进一步巩固和发展了红军游击队,积极吸收广大工人、农民参加游击队。第二,不断扩大反日统一战线,使南满地区出现了以红军游击队为中心的各路抗日大军联合抗日的好局面。第三,在实践中培养和提拔了一批政治军事干部,为独立师的建立在组织上创造了条件。第四,积极发展党和群众组织,营造良好的氛围和环境。1933年9月,东北人民革命军第一军独立师正式宣布成立。杨靖宇任师长(司令)兼政治委员,李红光任参谋长,宋铁岩任政治部主任。独立师下设两个团和政治保安连、少年营,全师共380余人。独立师以连为基本作战单位,师、团设政治委员,连队设政治指导员。东北人民革命军第一军独立师的成立,极大增强了南满地区抗日武装力量,为进一步开展抗日游击战争、扩大革命根据地创造了条件。到1934年8月,第一军独立师已发展至700余人。独立师的活动区域,由以磐石为中心的8个县扩展到辉发江南北两岸的磐石、双阳、桦甸、伊通、临江、柳河、金川、桓仁、抚松、清原、兴京(今新宾)、海龙、东丰、濛江(今靖宇)、辉南、吉林等县。

随着东北人民革命军第一军独立师活动区域的扩大和力量的不断增强,组建东北人民革命军第一军已是必然趋势。1934年11月7日,中共满洲省委宣布成立中共南满临时特委,并宣布东北人民革命军第一军成立,杨靖宇任军长兼政委,朴翰宗任参谋长,宋铁岩任政治部主任。军部直属保卫队和两个教导连。第一军下辖两个师,第一师师长兼政委李红光,副师长韩浩,政治部主任程斌,军需部长及党委书记韩震;第二师师长兼政委曹国安,参谋长李松波,政治部主任张云志。全军800余人。第一军正式成立后,由第一师主力进入桓仁、宽甸地区开展游击活动,开辟游击根据地。第一师通过发动群众,建立了群众和党的组织、政权,从而在桓仁、宽甸、本溪、兴京四县交界处的老秃顶子和和尚帽子两座大山附近的斜长地带开辟抗日游击根据地。

1935年6月3日,负责领导东北工作的中共驻共产国际代表团根据共产国际七大的精神,发出《王明、康生给吉东负责同志的秘密信》,提出了扩大游击运动与联合一切反日武装力量共同抗日的任务。此后不久,中共驻共产国际代表团又发出《八一宣言》,建议一切愿意参加抗日救国的党派、团体、名流学者、政治家和地方军政机关进行谈判,共同组成国防政府,一切抗日军队组成统一的抗日联军。为贯彻《八一宣言》精神,1936年2月10日,中共驻共产国际代表团以中共中央名义发布了《为建立全东北抗日联军总司令部决议草案》,提出了全东北抗日军队统一名称为"东北抗日联军"。2月20日,中共驻共产国际代表团发表了《东北抗日联军统一军队建制宣言》,宣布将军队建制、名称不同的东北各抗日军一律改组建制为东北抗日联军第一、二、三、四、五、六军,以及抗日联军××游击队。1936年7月,东北人民革命军第一军改编为东北抗日联军第一军。军部下辖教导团和3个师,杨靖宇任军长兼政治委员,宋铁岩任政治部主任,安光勋任参谋长。程斌任第一师师长兼政治委员;曹国安任第二师师长兼政治委员;王仁斋任第三师师长,周建华任政治委员。全军总兵力3000余人。不久,抗联第一军又与东满地区的抗联第二军合编为东北抗日联军第一路军。这是党所领导的活跃在辽宁地区的最有影响的抗日武装力量,对于党在辽宁地区开展游击斗争,起到了巨大的推动作用。杨靖宇率领的抗联第一军一直转战于清原、新宾、桓仁、宽甸、本溪、凤城、西丰、岫岩一带方圆几百里的地区。他们采取埋伏、夜袭、阻击、突袭、避强攻弱、乘隙向虚等战略战术,利用游击战,在与武器装备精良的敌军周旋的同时,主动进攻,消灭大批敌人的有生力量。其中影响较大的有攻取兴京县城、火烧东昌台警察署、激战歪脖子望山、痛歼伪军邵本良部、夜袭崔家大院等战斗。

随着东北反日斗争的发展,中共驻共产国际代表团决定撤销中共满洲省委,另行组建中共南满省委、中共吉东省委、中共北满省委和中共哈尔滨特委。1936年1月,满洲省委结束工作。1936年7月,中共南满省委正式成立,其下属组织有中共东满特委、中共磐石中心县委和中共柳河、长白、抚松、桓(仁)兴(京)、抚顺等县委,以及东北抗联第一、第二军党委。南满省委的组建对辽东、辽南地区党组织建设,抗日游击根据地建设以及抗日斗争的开展,具有非常重要的意义。南满省委机关曾一度设在桓仁县境内,直接领导着辽东地区党的建设和抗日斗争。在满洲省委撤销和南满省委组建前后,当时辽宁地区的党组织,除了南满省委所属的中共桓兴县委和中共抚顺支部、县委外,还有中共奉天市委、中共大连市委、中共锦州地下工作委员会以及中共胶东临时支部和中共安东支部等。这些党组织虽隶属关系不同,但都分别在辽宁境内各自区域发展党的组织,进行党的建设,领导各阶层民众开展艰苦卓绝的抗日斗争。

1937年7月7日,全面抗战爆发。为了急于完成其所谓的"治安肃正"计划,以"巩固满洲"威胁华北,实现其独霸中国的侵略野心,1937年以后,日军不断往东北增兵。到1938年,日本在东北的兵力已达8个师团,并有伪军和警察大队数万人。日伪当局以强大兵力对抗联部队进行连续不断的"讨伐",同时极力强化在城乡的法西斯统治。他们在城市疯狂屠杀共产党人和爱国者,摧毁抗日救国组织,严密控制人民活动;在农村加紧推行"集团部落"政策,把分散居住的农户强行迁到它控制的"部落"中去,实行保甲制、连坐法;在抗日游击区实行惨无人道的烧光、杀光、抢光的"三光政策",制造无人区,割断抗联部队与人民群众的联系,断绝抗联部队的给养来源。抗联部队在敌人重兵"讨伐"、军需给养无援又难以得到群众支持的极端困难和险恶的环境里转战各地,坚持游击战争。

面对新的形势,1937年7月25日,杨靖宇以东北抗联第一路军总司令部、全体将士名义发表了《为响应中日大战告东北同胞书》,号召东北全体同胞为"恢复中国人之东北"而战,"驱逐日寇滚出中国"。8月20日,杨靖宇署名颁布《东北抗联第一路军总司令部布告》,再次号召广大民众响应中日大战,打倒日本帝国主义,为独立自由幸福之中国而奋斗。从此,抗联第一军以支援、配合全国抗战为己任,频繁与日军交战。7月中旬,杨靖宇率领抗联第一军军部直属教导团150余人,在抚顺永陵附近的山林中与500余日、伪军遭遇。抗联战士在杨靖宇的指挥下,顽强战斗,打死打伤日军20余人、伪军10余人。战斗结束后,杨靖宇率领军部直属部队回到兴京、桓仁、宽甸游击区,与抗联第一军第一师共同多次出击敌人:8月7日,在兴京袭击东昌台伪治安队;9月,在本溪大青沟歼灭日、伪军30余人;10月,在本溪红土甸子红通沟痛击日军牛岛部队,打死牛岛队长以下60余人;10月31日,在宽甸小佛爷沟设伏痛歼来自双山子、四平街的水出佐吉大队长所率的日军守备队和陆岛元三所率的日军小队,毙伤水出佐吉大队长和陆岛元三小队长以下30余人、伪警察10余人,烧毁敌人汽车1辆,缴获步枪30多支;11月中旬,在本溪老边沟设伏,打死日军40余人,缴获大枪40余支,子弹4000余发,掷弹筒1具。与此同时,第一军第三师也在积极钳制日军:7月18日,在开原南松木岭击毙日军"讨伐"队冈田少佐以下13人;10月初,在清原湾甸子击毙日本指导官黄谷等12人,俘虏3人,缴获长短枪20余支、轻机枪1挺、子弹数百发。据粗略统计,从七七事变到1937年年底,抗联第一路军进行较大规模的战斗33次,毙伤日、伪军1300余人,俘敌120余人。这些大大小小的战斗,积小胜为大胜,扩大了抗联为配合全国抗战而主动出击的政治影响,极大鼓舞了广大辽宁人民抗战斗志和必胜的信心。日伪当局不得不动用大量资金和兵力来"讨伐"抗联部队,无法实现其尽快吞并中国的侵略阴谋。1938年5月,毛泽东在《抗日游击战争的战略问题》一文中对东北的游击战争有过精辟的分析:"东三省的游击战争,在全国抗战未起以前当然不发生配合问题,但在抗战起来以后,配合的意义就明显地表现出来了。那里的游击队多打死一个敌兵,多消耗一个敌弹,多钳制一个敌兵使之不能入关南下,就算对整个抗战增加了一分力量。至其给予整个敌军敌国以精神上的不利影响,给予整个我军和人民以精神上的良好影响,也是显而易见的。"

受到严重打击的日军并不甘心失败。为了扑灭抗日烽火,他们在对抗联部队采取更加野蛮的镇压"讨伐"的同时,组织了"长岛特别工作班",不断派遣特务、间谍出没于抗联部队活动地区,搜集情报,甚至打入抗联第一军内部,实施金钱收买、封官许愿、暗杀、策反、瓦解等更加狡猾的对策。1936年冬以后,日军派出大批特务从事诱降活动,少部分接受抗联第一军第一师收编的土匪开始向日军投降,极少数的不坚定者也在被捕后叛变,给抗联的斗争带来了极大的危害。抗联第一军军需部长胡国臣、抗联第一军参谋长安光勋先后叛变,使中共南满省委机关遭到严重破坏。抗联第一军第一师师长程斌在胡国臣和安光勋的劝降下,于1938年6月29日,裹胁第一师师部及保卫连向"长岛特别工作班"投降。由于程斌了解抗联第一路军的战略战术,也知道密营的分布及粮食、武器、弹药的储藏和地下组织系统情况,他带领伪警察队,将第一师的密营、医院、粮库逐一烧毁,对坚决抗日至死不投降的第一师第三团、第六团以及特务连、游击连进行多次攻击,第一师部队遭到重创。桓兴抗日游击根据地因不断遭到洗劫,军事密营陆续被破坏,活跃在桓仁、本溪、兴京、宽甸的桓兴县委领导人李明山无法开展工作,中共桓兴县委自行消失。中共南满省委所属的地方党组织,完全处于无实体组织的状态。为适应形势的变化,第一路军决定取消第一、第二军番号,编成三个方面军、一个警卫旅,实行分区作战。各部指战员不畏艰险,主动出击,以巧妙的战术打击敌人,取得了许多胜利。对于东北抗日联军和杨靖宇率领的抗联第一路军英勇顽强、不怕牺牲的斗争精神,1938年11月6日,中国共产党扩大的六届六中全会在给东北抗日联军和杨靖宇的致敬电中,称赞他们是"在冰天雪地与敌人周旋七年多的不怕困苦艰难奋斗之模范"。

1939年10月,日本关东军司令部调集兵力,对东南满地区实行重点"讨伐"。日、伪军采取分割包围、追击围攻的战术,日夜不停地搜寻、追击,同时更残酷地推行"集团部落"和"三光政策"。抗联第一路军各部指战员在缺衣少食的条件下，与人数超过我军几十倍的敌人作战，困难日益加重。特别是进入冬季以后，指战员们常常冒着零下三四十摄氏度的严寒与敌搏斗，有时一日数战。许多优秀指挥员相继牺牲，部队减员很大。1939年年末，杨靖宇率领一部队伍转赴吉林省濛江县境活动，在濛江、辉南之间山区转战50余天，战斗达30次之多。1940年2月23日，杨靖宇在濛江县三道崴子被日、伪军层层包围，壮烈牺牲，时年35岁。1941年后，抗联第一路军余部与东北抗联其他部队一起，转移到苏联境内集中进行训练整顿，并在后来成立的东北党委员会的领导下继续进行战斗。

东北抗日联军第一军是中国共产党创建和领导的东北各族人民的抗日武装，是中国人民抗日军队的组成部分。这支军队，在极其艰难困苦的条件下，同日本侵略军浴血奋战，前仆后继，英勇不屈，坚持游击战争达14年之久，歼灭了大量日、伪军，牵制了敌人的大量兵力，为东北和全国抗日战争胜利作出了重要贡献。

抗日战争时期，中共中央为加强对东北地区的领导，组织人民反抗日本帝国主义的侵略，收复东北失地，解救铁蹄践踏下的苦难同胞，于1942年7月成立了中共中央东北工作委员会（简称东工委）。东工委遵照党中央提出的"隐蔽精干，长期埋伏，蓄积力量，以待时机，配合反攻"的工作方针，选调了大批与东北有联系的干部，经过严格的培训后秘密派遣。从1942年秋到1945年夏，东工委先后派遣到奉天、营口、抚顺、阜新、鞍山等地多名干部，开展各种形式的地下斗争。被派到东北工作的干部，扎根于群众之中，宣传党的方针政策和抗日救国的政治主张，扩大党的政治影响，组织和发动群众，培养干部和发展党员。受派遣的干部由东工委直接领导，不与当地党的组织和其他党员发生横向联系，采取"人自为战"的原则，以自己为中心展开工作。根据东工委的工作方针和组织原则，地工人员不进行公开的、大规模的对敌斗争。他们在不暴露自己身份的前提下，通过认"老乡"、"拜把子"结交、"以亲会亲、以友引友"等形式不失时机地进行宣传教育、组织发动群众工作。东工委及所派遣的地工人员，在基础十分薄弱的环境中，深入到日伪腹地，开展了各种形式的宣传、组织群众的工作，发挥出了特有的战斗作用。

1945年8月8日，苏联对日宣战。8月9日，苏军从东、北、西三路进军中国东北，向日本关东军展开全线进攻。同日，毛泽东主席发表《对日寇的最后一战》的声明。10日，朱德总司令发布第一号命令，令各解放区所有抗日武装部队,向日伪举行大反攻,消灭日、伪军,收复失地,积极配合苏军作战。11日,朱德总司令发布第二号命令,令原东北军吕正操所部,由山西、绥远现地向察哈尔、热河进发;原东北军张学思所部,由河北、察哈尔现地向热河、辽宁进发;原东北军万毅所部,由山东、河北现地向辽宁进发;驻河北、热河、辽宁边境之李运昌所部,即日向辽宁、吉林进发。在苏联军队和中国解放区军民的攻势下,侵华日军迅速土崩瓦解。8月15日,日本宣布无条件投降。9月2日,日本在投降书上签字。

经过14年艰苦卓绝的斗争,辽宁人民迎来了抗日战争的伟大胜利。在这场关系到中华民族生死存亡的斗争中,辽宁人民以不怕牺牲、不畏强暴的战斗精神,谱写了不朽的英雄壮歌,为中国人民的解放事业作出了重要贡献。

四、辽宁党组织贯彻中共中央关于建立巩固的东北根据地的战略决策

抗战胜利后,国民党统治集团在美国支持下采取各种手段抢夺抗战胜利果实,同时积极准备发动新的内战,妄图利用军事上的暂时优势,消灭中国共产党及其领导的革命力量。为达此目的,蒋介石再次玩弄反革命两手策略:一方面调兵遣将,积极进行内战准备;一方面邀请中共中央主席毛泽东到重庆进行和平谈判,以便争取部署内战兵力的时间和寻找发动内战的借口。在这种形势下,中国共产党一方面尽力争取和平,反对内战,派毛泽东、周恩来、王若飞赴重庆同国民党进行谈判;另一方面,对内战的爆发做了充分的准备,坚决保卫人民的胜利果实。重庆谈判开始后,由于国民党反动派毫无和平诚意,共产党同国民党在政治上和军事上的斗争便全面展开。在这场尖锐复杂的斗争中,东北因其重要的战略地位成为国共两党首先争夺的对象。东北地域辽阔,交通方便,资源丰富,工业发达,重工业占当时全国的90%。此外,这里北靠苏联,西接蒙古,东邻朝鲜,南与华北解放区相连,又与山东半岛解放区隔海相望。中国共产党一旦控制东北,红色区域连成一片,这里便成为巩固的根据地。辽宁位于东北的南部,是进入吉、黑两省的必经之地,战略地位更为重要。

党中央对东北的重要战略地位有着十分清醒明确的认识。早在1945年4月召开的中国共产党第七次代表大会上,党中央就明确提出了争取东北的战略任务,

毛泽东反复说明了争取东北的重要性。苏联红军的出兵东北，为实现七大争取东北的任务提供了十分有利的条件，因此党中央及时调整了战略部署，迅速向东北派出部队和干部，配合苏军解放东北，争取对东北的控制。1945年9月4日，冀热辽军区李运昌部解放了辽西地区的重要城市锦州，并以锦州为中心，先后接管了朝阳、北票、阜新、彰武等地。9月6日，冀热辽军区第十六军分区曾克林、唐凯部自锦州进驻沈阳。与此同时，配合苏军抢占东北战略要地的抗联主力部队从9月初开始分批返回东北。9月9日，东北党委员会成员冯仲云率20多名抗联指战员进入沈阳，与曾克林、唐凯率领的冀热辽部队取得联系。抗联人员分赴辽阳、鞍山、营口、大连等地，协助八路军接管城市，开展建党建政建军工作。

根据形势的发展，9月14日晚至15日，中央政治局决定成立以彭真为书记，彭真、陈云、程子华、伍修权、林枫为委员的中共中央东北局，加强对东北工作的领导。9月18日，彭真、陈云、伍修权、叶季壮等从延安到达沈阳。19日，中共中央作出了"向北发展，向南防御"的战略决策，决定增派罗荣桓、李富春、林彪、高岗、张闻天等赴东北工作，以加强东北的领导力量。同时，从山东军区、新四军及晋冀鲁豫、晋察冀、晋绥等军区和延安总部，先后派出2万名干部和11万人的部队迅速开往东北。根据中央统一战略部署，先后共派遣中央委员和候补中央委员20余名。到达东北的部队包括山东军区司令员兼政治委员罗荣桓等所率山东主力部队6万余人，新四军第三师师长兼政治委员黄克诚所部3.5万人等。

我党政军干部和部队进入辽宁地区后，迅速分赴各地，与东北抗联干部密切配合，摧毁敌伪组织，接管敌伪政权，建立各级领导机构。在全国解放战争时期，辽宁地区隶属中共中央东北局的党组织除辽宁、安东、辽东、辽南、辽吉、辽北、辽西等省委外，还建立了中共辽西地委、中共沈阳市委、中共大连市委等。从1945年9月至1946年年初，在党的领导下，东线46个市、县基本上都建立了党的组织和人民政权机构，辽西建立了14个县政权，中国共产党的方针政策日趋深入人心，党的威望和政治影响日益增强和扩大。

1945年10月，在美帝国主义的授意和唆使下，国民党政府坚持调集其精锐部队向东北发动进攻。由于大批国民党主力部队进入东北，敌我军事力量的对比处于敌强我弱的态势。加上苏军根据中苏条约的规定，将东北各大城市移交给国民党政府，形势发展对我党我军极为不利。中共中央指示东北局，让出大城市，

"在东满、北满、西满建立巩固的东北根据地"。1945年12月28日，中共中央发出了毛泽东为中央起草的《建立巩固的东北根据地》的指示，提出我党现实在东北的任务是到远离大城市的中小城市和广大乡村建立根据地。毛泽东同志的这个指示，对中国共产党在东北工作的策略和任务作了明确的规定，是中国共产党与国民党争夺东北的指导策略。在这个方针的指导下，辽宁地区的各级党政组织开始了建立巩固的根据地的伟大斗争。

为了保证根据地建设的顺利进行，各级党组织开展了清剿土匪的斗争。当时，敌伪残余、地主恶霸结伙为匪，杀害干部，骚扰百姓，破坏政权，活动极为猖獗。我党果断地开展了剿匪斗争。至1946年春，大股土匪基本清除。党还领导群众开展了反奸清算、减租减息和没收与分配敌伪土地的斗争。这些斗争的开展，使贫苦农民得到了经济利益，提高了觉悟，建立、健全了农村基层政权，部分满足了农民的土地要求，削弱了农村封建势力。同时，辽宁的地方武装支援配合主力部队进行了秀水河子战役、本溪保卫战和鞍海战役等，粉碎了国民党的进攻。

面对敌强我弱和错综复杂的形势，党内、军内许多同志对东北斗争的严重性和长期性缺乏足够认识，少数人甚至对斗争前途失去信心。在这种情况下，为加强党对东北工作的领导，1946年6月，中共中央对中共中央东北局组成人员内部分工进行适当调整，同时再次重申了1945年12月中央对东北工作的指示，电告东北局要做长期打算，为在中小城市及广大乡村建立巩固的根据地而斗争。1946年7月7日，东北局作出了《关于形势与任务的决议》（简称《七七决议》）指出，必须坚持党中央建立巩固的东北根据地的正确方针，把发动农民群众、创建根据地摆到一切工作的首位。只要利用国际国内有利条件，团结一致，充分发动和紧紧地依靠东北人民群众，使我党与东北人民密切地结合起来，一定能够建立起巩固的根据地。《七七决议》统一了东北全党干部和指战员的思想，使东北的工作方针和作战指导思想沿着中央指示的道路走上正轨。辽宁解放区各省委及时召开会议迅速传达贯彻《七七决议》，并积极动员组织大批干部深入农村，发动群众，开展土地改革，配合部队肃清土匪，创造可靠的根据地，同敌人进行持久斗争。

1946年12月17日，国民党军集中6个师兵力，进攻南满解放区的临江地区。12月18日至次年4月3日，南满军队在临江地区连续击退敌人的4次进攻。1947年1月5日至3月8日，我北满、西满、东满部队为配合南满军队作战，三次向松花江南岸出击。这就是东北解放战争中的"四保临江"和"三下江南"战役。此役共歼灭国民党军 4 万余人，收复城镇 11 座，粉碎了敌人"南攻北守，先南后北"的战略计划。从此，东北民主联军开始由被动转为主动，东北战场形势发生了有利于东北民主联军的变化。从 1947 年 5 月到 1948 年 3 月，我军向国民党军连续发动了夏、秋、冬三大攻势，并取得了胜利，东北地区的国民党军被压缩在长春、沈阳、锦州三块孤立地区 12 个据点内，国民党军"固点、联线、扩面"的方针彻底破产，这为解放军后来在东北取得全面胜利打下了坚实的基础。辽宁地区广大军民全力配合主力作战，积极支援前线，为保障三大攻势的全面胜利作出了重要贡献。

在此期间，辽宁各根据地广泛进行剿匪斗争和锄奸反特斗争，普遍开展平分土地运动。到 1948 年春，辽宁解放区的土改接近尾声，封建土地关系已被废除，封建剥削制度基本消灭，生产力获得极大解放，为 1948 年的生产发展创造了有利条件。1948 年 3 月，辽宁地区各省委、省政府根据东北局、东北行政委员会 1948 年 2 月发出的开展大生产运动的指示，发布一系列指导农业生产的文件，要求党政军民全力开展大生产运动，改善人民生活，支援解放战争。各级党委、政府还抽调大批干部下乡，加强对农业生产的领导。由于政策和措施有力，辽宁解放区 1948 年的农业生产普获丰收，全年粮食总产量比 1947 年增产 12%，大田平均亩产比 1947 年提高 28%，副业生产收入也很可观。辽宁解放区农业生产的恢复与发展，为工业生产的发展奠定了坚实的基础。辽宁解放区各级党组织和人民政府，从当时的军需民用出发，从急需而又可能的条件着手，确定了"恢复与发展必需的工矿业，尤以军工、军需、纺织、采煤、采金、钢铁与电力等为重点"的工业发展方针，并据此制定了 1948 年的工业发展计划。为了加强对解放区工业生产的领导，1947 年年末到 1948 年年初，东北行政委员会辽东办事处和冀察热辽办事处先后加强了对工业生产的领导力量，各省政府也将原工业管理处升设为工业管理局，原有林业、电业、矿业、纺织等部门也扩大机构，加强了管理。从此，辽宁解放区的工业由分散、盲目生产，开始逐步转变到统一领导的有计划的生产。辽宁解放区各级党和政府加强对较大的国营企业和公营企业特别是军工企业的领导和管理，实行了企业化管理制度，广泛开展了献纳器材、生产节约和生产竞赛运动，提高了劳动效率，促进了生产的发展，满足了战场的需要。随着解放区各项事业的全面展开，辽宁解放区国营商业通过增加资金投入和推行境内贸易自由政策得到全面发展，对外贸易大幅度增长，私营工商业在经过纠偏后也迅速发展起来。

五、辽沈战役的胜利与辽宁全境解放

1948年秋，国共双方力量发生重大变化，中国人民解放军同国民党军在东北战场上首先进行战略决战的条件已经成熟。1948年9月12日，东北野战军开始发动辽沈战役。野战军主力首先分路奔袭北宁路，至10月1日，相继攻克绥中、兴城、义县等地，切断了国民党军东北、华北两个战略集团的陆上联系，并包围了锦州，完成了攻锦部署。蒋介石为解锦州之危，于10月2日飞到沈阳，亲自调兵遣将，组成东进兵团和西进兵团，企图以该两兵团东西对进，夹击围攻锦州的东北野战军主力。东北野战军在东西两翼阻援部队的保障下，从10月9日开始发起对锦州的进攻，15日攻克锦州。攻克锦州当天，蒋介石又飞抵沈阳，令长春的国民党守军向沈阳突围。被围困在长春的国民党第六十军经中国共产党和东北人民解放军大力争取，于17日起义。18日，蒋介石第三次飞抵沈阳。他命令东进兵团继续北犯，西进兵团则立即南进，形成南北夹击，掩护国民党军撤回关内，同时令一个军南下抢占营口，控制从海上撤退的通道。东北野战军一面在黑山、大虎山一带坚决阻击，一面令攻锦部队立即回师，从两侧包围敌人。10月26日，东北野战军各部完成了对西进兵团的分割包围。经过两天的浴血奋战，28日，东北野战军全歼西进兵团5个军12个师共10万余人。随后，东北野战军乘胜分多路向沈阳、营口猛追疾进，于11月2日直下沈阳、营口，辽沈战役胜利结束。9日，锦西、葫芦岛的国民党军从海上逃走，辽宁全境解放。

辽宁全境解放后，辽宁的历史翻开了新的篇章。辽宁人民积极建设新辽宁，大力支援全国的解放战争。党在辽宁的工作重心由战争走向建设，由农村转向城市，开始了经济建设的新时期。这是一次带有重大历史意义的转变。为了做好新收复城市的恢复和建设工作，东北局从老区抽调大批干部，由陈云同志率领，接收沈阳及其周围的工业城市。沈阳、鞍山、抚顺、本溪、锦州、营口等城市都是东北地区的重要工业城市，也是军事、政治、经济、文化的中心城市。这些城市，经国民党反动统治的摧残，各种建设已遭空前破坏，而且大批敌伪残余、反动分子汇集在这里。因此，这些城市的恢复和建设是一个十分严峻的问题。但在东北局和辽宁地区各级党和政府的领导下，自1948年10月下旬至1949年9月底，不到一年时间，这些新收复城市的恢复与建设就取得了显著成绩。首先，我党接管这些城市后，立即彻底摧毁敌伪军事组织力量，处理散兵游勇和政治土匪，对反动党团特务分子进行登记，打击刑事犯罪分子，建立新的革命秩序。第二，积极恢复和发展工商业。我党依靠工人，团结工程技术人员、职员，积极组织修复、评议工资、建立工厂管理委员会、开展劳动竞赛活动以及实行定额管理、经济核算制度，使国营企业的恢复与建设取得了显著的成绩。第三，努力发展教育事业。新收复城市接管后，各市委、市政府都十分重视教育工作的建设与发展。除学校教育外，各市还加强了社会教育，途径主要是通过建立文化馆，组织工人夜校、学生读书会、识字班等，配合每个时期的中心工作，进行对各阶层人民广泛的宣传和文化教育。第四，加强政权建设和建立人民公安、司法机构。各市均打碎了反动政府的市区政权机构，废除了保甲制，建立了新的市区政权组织和街道办事机构。各市接管后，即全部摧毁了旧警察机构，建立了新的人民公安机关，同时建立了人民法院，巩固社会秩序。第五，在市政建设和市政管理方面各市均做了大量工作，电业、市内交通、供水、卫生都逐步得到了恢复和发展。辽宁地区新收复城市的恢复与建设方面所取得的巨大成就，对全东北地区的建设与巩固起了重大的作用，也为全国各新解放城市的建设提供了宝贵的经验。新解放区还顺利完成了土地改革，工业、农业、新闻出版业、教育事业也得到了迅速的恢复发展。

东北全境解放后，东北局要求各级党委和政府领导人民，担负起建设新东北与支援全国解放战争的双重任务。遵照东北局的指示，辽宁解放区集中了大量人力物力，对全国解放战争进行了全力支援。辽沈战役结束不久，东北野战军挥师入关，参加解放全中国的战斗。辽宁各级党组织迅速组织了6万名民工随军入关，担任警戒、抢救伤员等战勤任务，并组织万余辆大车、数万副担架随军行动。辽宁解放区还抽调20余个卫生机关、近6000名医务人员随军入关，并集中大批粮食和其他军用物资，满足入关部队的需要。辽宁的军工产品特别是武器弹药，除少部分供应东北留守部队外，绝大部分支援关内人民解放军。这些武器弹药对关内解放战争的胜利发挥了举足轻重的作用。

为开辟新解放地区的工作，中共中央决定从东北解放区抽调1.5万名干部随军南下。按照东北局的分配指标，辽宁解放区共抽调9000人，并于1949年1月开始集中整训。3月末，这些干部随军南下，参加新区建设。6月，东北局又从辽宁解放区抽调 300 余名老干部入关南下担任领导工作。同时抽调一大批新干部到新区基层工作，支援新区各项建设。这些干部、积极分子、技术工人、职员、知识分子和学生在新解放地区，配合军事行动，摧毁国民党的反动统治机构，建立革命政权，率领人民群众迅速恢复和发展生产，支援前线，推进了全国解放战争胜利的进程。

辽宁解放区作为东北的重要工业区，除派出大批干部参加关内新解放区的经济建设外，还调运大量物资支援关内新解放区，帮助其恢复和发展经济。1949 年，东北解放区支援关内新解放区 100 多万吨粮食、150 万立方米木材、20 万吨钢铁、302 万吨其他建设物资，其中很大一部分是由辽宁解放区支援的，而钢铁则全部出自辽宁。辽宁解放区还支援关内机车 20 余台、客车百余辆、货车数百辆，有力地支援了关内解放区的经济建设。

1949 年 10 月 1 日，中华人民共和国宣告成立。辽宁地区作为中华人民共和国的重要组成部分，在各级党委和人民政府的领导下，在社会主义革命和建设事业中，继续发挥着重大作用。

重大历史事件

一、马克思主义在辽宁的传播

"十月革命一声炮响,给我们送来了马克思列宁主义"。在中国,马克思主义的广泛传播是从俄国十月革命后开始的。随着五四运动的深入影响和革命运动的发展,马克思主义也在辽宁地区传播起来。

马克思主义在辽宁的传播,大连地区是较早的。傅立鱼是辽宁最早介绍俄国十月革命情况的先进分子。俄国十月革命胜利的消息传到中国后,傅立鱼利用《泰东日报》发表文章,比较系统地介绍了俄国十月革命和俄匈两国人民的革命精神以及无产阶级政党的力量,赞扬了列宁的卓越功勋。1918年至1923年,歌颂社会主义,赞扬革命导师马克思、列宁,宣传马克思主义理论的文章在《泰东日报》经常出现。引人注目的是这一时期大连报刊上出现了早期中国马克思主义者和共产党领导人李大钊、陈独秀、瞿秋白、陈望道、施存统、李达、李汉俊、恽代英、向警予等人的文章。这些革命者的文章,使马克思主义在大连的传播更加深入人心。1920年7月成立的大连中华青年会,是传播马克思主义的一个阵地。该会由大连进步青年组成,傅立鱼任会长。初创时有会员400多人,后来发展到3000多人。该会制定的章程规定其宗旨是:"专以辅助青年发挥德育、智育、体育,养成高尚优美之人格,服务社会"。该会设置了"星期讲坛",经常以此为阵地邀请一些革命者和进步人士宣传民主思想,传播马克思主义。如共产党人李震瀛曾被邀请在第八十九次"星期讲坛"上,以"中国与世界"为题目,宣传马克思主义的基本理论,批判和驳斥了反动观点,在大连思想界产生了很大影响。傅立鱼创办的图书馆,一次购买最新出版的书籍竟达800多部,订阅报刊近40种,一时集国内外著作、杂志、报章于一室中。其中有《共产党宣言》《社会科学概论》《列宁传》《三民主义》等书籍,《新青年》《新中国》《新潮》《觉悟》《晨报副刊》等刊物。许多青年听了演讲,阅读了书刊,耳目一新,开阔了视野。大连中华青年会成为当时进步青年获取知识、培养爱国思想的摇篮。一些青年在这里接受了革命思想,最终选择了信仰马克思主义,投身中华民族独立和人民解放的伟大事业。

★关向应

除大连中华青年会之外,五四运动后大连地区成立多个进步教育机构,主要有中华增智学校、中华三一学校、中华觉民学校等。这些教育机构组织失学的青年、工人和店员进行学习,并向他们宣传五四运动及俄国十月革命,介绍马克思主义阶级斗争学说。在这些爱国教育机构学习后,很多民众受到了鼓舞。关向应就是在中华三一学校接受了革命启蒙教育走上革命道路的。

借助五四运动的强劲东风,新文化运动之风乘势吹入省城奉天,科学与民主的思想迅速传播,使青年知识分子不断受到新思想的影响和洗礼。广大青年学生争相阅读新书刊,参加讲演会,寻求认识和改造社会的思想武器。奉天第一工科高级中学屈以诚、第一师范学校周东郊、女子师范学校张光奇、医科专门学校白希清、第三中学郝克勇,省立第四小学教员李玉阶、吴竹村、朱焕阶,银行界职员高子升、何松亭、巩天民,奉天基督教青年会郭纲、苏子元、阎宝航等进步学生和进步青年,经常在一起读书讨论,交流思想,增长了知识,启迪了思想。1921年前后,以奉天基督教青年会为中心,逐渐形成了"星期三会"。该会以基督教青年会干事阎宝航为首,由基督教青年会干事郭纲、张蕴冷、朱延生,青年会会员高子升、吴竹村、何松亭、巩天民等组成。"星期三会"以基督教会为据点,每星期三聚集到一起,阅读书报,品评时政,漫谈新思想,研究新文化,讨论国家命运,探讨青年出路。随着"星期三会"的发展完善,一些进步青年开始在这里阅读和学习马克思主义书刊。1923年年初,郭纲到广州等地参加会议,带回一些中国共产党的党刊和介绍俄国十月革命的书籍。这些革命书刊首先在"星期三会"成员中阅读和学习,然后建立巡回书库在其他进步青年中传阅。这样,"星期三会"便成为奉天进步青年和知识分子学习马克思主义的组织和秘密据点。1924年，又组成以高子升为核心的"社会主义研究小组"，成员有苏子元、郭纲、吴竹村、巩天民、何松亭等。同年，苏子元又将奉天中学的一些学生组织起来成立了"文学研究会"。该会以研究文学为名，组织学生传阅革命刊物，会址设在基督教青年会，有30余名学生参加。"文学研究会"成员主要阅读《向导》《中国青年》等党团机关刊物。《向导》《中国青年》上刊载的恽代英和萧楚女的文章，最受大家欢迎。文章对中国革命及社会主义前途的阐述，真正成了进步青年学习、生活和斗争的

★阎宝航

向导。瞿秋白的《赤都心史》《新俄国记》，也对广大青年产生了共产主义启蒙教育的作用。"星期三会""社会主义研究小组""文学研究会"为传播马克思主义发挥了重要作用。许多进步青年通过这些组织开始接受马克思主义，走上革命道路，有的加入了中国共产党，成为早期党组织的中坚力量。

以陈镜湖为代表的一批建平县的青年知识分子，受五四运动影响，接受革命思想，开始传播马克思主义。陈镜湖1918年考入直隶省立第一中学。他怀着爱国热情，加入了"雪耻救国团"，在天津参加了五四爱国运动。他还参加了李大钊指导建立的"新生社"，并创办了《新生》杂志，组织并联络建平一些同学，向他们宣传新思想新文化。1920年，"新生社"在李大钊帮助下改组为"马克思主义研究会"。陈镜湖接受马克思主义后，发动并团结一些进步学生成立了"向明学会"，创办半月刊《向明》杂志，传播革命思想

★陈镜湖

和马克思主义。他还组织在天津的建平进步青年共同商定，回母校和家乡宣传爱国思想，反对日本提出的灭亡中国的"二十一条"等。他和"向明学会"会员利用假期，在乡亲、老师和校友中进行宣传活动，在建平县产生了广泛影响。1923年，陈镜湖由李大钊介绍加入中国共产党，成为最早的辽宁籍共产党员。

在五四运动的影响下,1919年6月,北京大学学生李秀实回到家乡本溪,邀集社会贤达和亲朋好友,介绍自己参加五四运动的经历。同年7月,北京大学俄文系的桓仁学生孙文斗、张恩鼎等人罢课回乡,到县城进行社会调查,宣传进步思想,并在一些学校建立"同学读书会",在教师和学生中传阅《新青年》《每周评论》等进步书籍。孙文斗还撰写了《国家之基础在少年》等文章介绍给"同学读书会"。他们的这些宣传活动在当地都产生了积极的影响。

五四运动后,以铁岭城内青年教师刘涧躬、石三一为代表的先进分子,冲破封建思想的层层禁锢,向学生们宣传新文化、新思想,宣传马克思主义。刘涧躬曾在大连《泰东日报》文艺栏任编辑,是北京大学"马克思主义研究会"会员。石三一与刘涧躬在同一所学校教书,她思想进步,赞赏俄国十月革命,认真研究马克思主义理论。1923年秋,刘涧躬由大连来铁岭创办《铁岭公报》,继续宣传新文化、新思想。他还把关向应介绍到《铁岭公报》学习印刷。关向应曾写了一篇反映冲破封建包办婚姻枷锁的小说在《铁岭公报》上连载。

马克思主义在辽宁的传播,很多是通过出版发行刊物渠道实现的。1923年2月,傅立鱼在大连主办出版《新文化》月刊(翌年4月更名《青年翼》)。这是当时东北地区最先出版的传播新文化、新思想的进步刊物,孙中山先生为创刊号书写了"宣传文化"的题词。李大钊、瞿秋白、恽代英、萧楚女等中国早期马克思主义者和共产党人的文章都有刊载。营口因为开埠通商,一些具有进步思潮的刊物和印刷品,通过航运渠道传入营口。据1919年营口县行政公署档案记载,截至年底,营埠传播和没收封存的刊物有《革命思想在革命中》《社会主义与工团主义》《新世纪》《无政府讨论集》《战争与资本主义》《国家与革命》《世界工会》《社会主义讲演集》《社会主义与共产主义》等。1919年至1920年,上海的《申报》、共产主义小组的《劳动界》,广州共产主义小组的《劳动者》《劳动与妇女》,北京共产主义小组的《劳动音》等在营口传播。《工人周刊》也是早期传播马克思主义的刊物之一,邓福林被中国劳动组合书记部北方分部派到沟营铁路营口河北火车站后,在铁路工人中传播《工人周刊》,提高了工人的思想觉悟。

在马克思主义的传播过程中,还有一支特别的队伍——赴俄归国的华工。第一次世界大战期间,沙俄从中国北方招募了大批华工。俄国十月革命胜利后,这些华工陆续回国。部分华工直接接受俄国十月革命和马克思主义思想的影响,亲身经历苏俄革命斗争锻炼,有的参加过俄国的赤色工会组织,回国时一些人还带回宣传马克思主义的书刊。归国后,他们经常向工友们讲述亲身经历,宣传"列宁伟大、社会主义制度好,工人不受剥削和压迫,工人受尊重"。这些传播,对工友们有很大的吸引力和说服力,成为马克思主义传播的又一个途径。

马克思主义的传播,有力地促进了辽宁人民的觉醒,推动了工人运动的发展,为中国共产党在辽宁的建立和发展提供了思想、组织和干部准备。

二、辽宁第一个地方党组织的建立

辽宁境内第一个党的地方组织是1924年上半年建立的中共沟帮子铁路支部。

京奉铁路是贯通关内外的咽喉要道,沟帮子则是京奉铁路关外段较大的枢纽车站。早在1907年,沟帮子就建有机车修理厂,隶属唐山铁路制造厂(现称唐山机车车辆厂),大批工人被调到沟帮子从事机车修理和运输工作,他们大部分来自天津、唐山、丰台等地铁

★沟帮子铁路支部旧址

路部门。京、津、唐工人运动和党组织的蓬勃发展,对沟帮子铁路工人影响很大。1922年4月,中共唐山地方委员会(亦称中共唐山铁路制造厂支部)建立,唐山铁路制造厂从此成为京奉铁路和唐山工人运动的中心。沟帮子铁路党支部是在中共唐山地方委员会书记、工人运动领袖邓培的直接领导下建立起来的。

1922年10月,唐山铁路制造厂工人为了增加工资,改善生活待遇,在党组织的领导下,进行了历时8天的大罢工。罢工取得了胜利,显示了工人阶级的力量。罢工前夕,邓培派人到沟帮子机车修理厂进行联络。修理厂工人积极行动起来,纷纷捐款支援唐山铁路制造厂工人的罢工斗争。唐山铁路制造厂工人罢工的重大胜利,极大地鼓舞了京奉铁路包括沟帮子在内的各站、段、厂工人的斗争。

唐山铁路工人大罢工的胜利和工人运动的不断发展,引起了铁路当局的不安。为了破坏工人运动,他们把所谓的"不安分子"调往外地。特别是1923年二七

惨案后，军阀加紧了对工人运动比较活跃的京、津、唐地区的控制，大肆迫害共产党人和罢工骨干，破坏工人运动。唐山地委为了保存革命力量，开辟新的活动基地，决定借京奉路当局往关外段调人之机，有计划地转移一批共产党员和工人积极分子。1923年年初，中共党员欧阳强受党的指派到京奉铁路关外段开展工作，发展党的组织。欧阳强先在锦州落脚，后进入锦州铁路机务段当钳工，并以此为掩护，经常往来于锦州至沟帮子之间，秘密进行活动。不久，欧阳强与先期从唐山地区到沟帮子活动的共产党员冯昌等人取得了联系。他们在工人中进行革命宣传，提高工人思想觉悟，秘密酝酿筹建工会组织。三四月间，工会小组建立。8月，又建立了京奉铁路总工会沟帮子分会，会员达80多人。工会组织成立后不久，他们又在沟帮子扶轮小学办起了夜校，传播革命思想，介绍外地工人运动情况以及斗争经验。这些活动为党组织的建立奠定了基础。

1923年下半年，沟帮子铁路党小组建立，欧阳强任组长。1924年，沟帮子火车站及机车修理工厂已有共产党员7人。经欧阳强的活动，1924年上半年，在沟帮子铁路党小组的基础上建立了中共沟帮子铁路支部，欧阳强任书记，李华灿任组织委员，林立任宣传委员。

中共沟帮子铁路支部成立后隶属中共唐山地委领导，日常工作由设在唐山的京奉铁路总工会党团组织负责。后来党员发展到10人。由于党员人数的增加，支部设立了干事会。1927年10月后，支部归中共满洲省临委领导。

三、奉天"六十"学生运动

1925年5月30日，震惊中外的五卅惨案发生。消息传来，奉天大中学校的学生酝酿开展一次大规模的反帝、援助上海学生工人的学潮。中国社会主义青年团团员粟丰召集满洲医科大学的中国学生集会，提出声援五卅运动。他将自己在同学中秘密组织的进步团体木铎社公开，鼓动同学们进行反帝爱国斗争。粟丰与外校联系，将领导学生进行反帝斗争的中心转移到奉天医专。

为了加强对运动的领导，中共北京区委派党员陶梁来到奉天。陶梁住在距满洲医科大学较近的旅馆，以方便与粟丰联系。在粟丰等人的协助下，陶梁向进步青年学生进行了耐心细致的关于反帝斗争的宣传教育工作。根据共产党员任国桢的建议，苏子元到奉天医专同该校进步学生高启福、吴执中等具体研究了发起组织学联筹备会、声援五卅运动等问题,然后又联系了各中等学校的进步学生。经苏子元和粟丰的联络,6月5日夜,在奉天医专的学生宿舍,召开了第一次各校学生联席会议。满洲医科大学的粟丰、盖文华,奉天医专的毕天民、高启福、吴执中,第一师范的张执中、刘杰忱,文会中学的潘连珊、李耀奎,第一工科高中的屈以诚、佟汝励,第二工科高中的苏士清、张德厚(张希尧),第一中学的宫韵清,女子师范中学的顾晋文、张景珍,坤光女中的王佳文等参加了会议,粟丰和高启福是会议的主持者。会议决定各校学生秘密选举代表,组织学联筹备会。各校选出的代表在奉天医专为声援五卅运动召开了几次专题会议,决定6月10日举行游行请愿,领导机关设在奉天医专。虽然该校为英国教会所办,但学生都是中国人,且关卡较松,便于集会。会议还决定组织4批请愿代表,每批4人,选举毕天民为学生的总代表。

6月10日上午9时,奉天十几所大中学校的学生2000多人,会集到金银库街的省公署门前,请愿示威。学生们分别来自满洲医科大学、奉天医专、文会中学、南满中学堂、第一师范、文华中

★参加"六十"运动的满洲医科大学学生

学、农林中学、第一中学、第一工科高中、第二工科高中、坤光女中等。毕天民首先宣读请愿书,声讨英、日帝国主义的在华暴行,向奉天省政府提出电促外交部与英、日政府严重交涉,准许学生向民众讲演五卅惨案真相、募捐和散发宣传品,请省署通电慰藉上海学生并筹款救济沪上罢工工人,实行对英、日两国经济绝交等条件。省长王永江拒绝答复请愿条件,省公署也拒不接待学生代表。奉天当局见学生越来越多,而且有市民加入到学生队伍中,即调城关警察弹压,又调宪兵前来监视。学生队伍的四周都站满了荷枪实弹的军人。但学

生们不仅没被吓倒，反而更激起了反帝爱国的热情。他们意志坚决，誓死不肯回校。

政务厅、教育厅、警察处的官员也纷纷"规劝"学生们尽快返回学校，安心上课。经过对峙，省公署同意学生代表毕天民、粟丰、王佳文、潘连珊4人进入省公署谈判，学生们则依旧秩序井然地在大街上等候。学生代表所提的请愿条件，被省公署官员一概拒绝。背信弃义的省公署官员以"暴徒捣乱"的罪名命令警察强行将学生代表扣押。学生们毫无惧色，继续高呼口号，并强烈要求释放请愿代表和予以答复。按照事先的安排，高启福、李耀奎、顾晋文等组成第二批代表，坚持要求省公署答复请愿条件。经过几个小时的交锋，省公署迫于学生的压力，答应了学生们所提请愿的部分条件，各校学生开始返校。

尽管当局不准游行，学生们仍在分路返校的途中游行示威，并向路两旁的市民散发传单，高呼口号，控诉帝国主义的野蛮罪行。奉天当局对学生们采取了严格的防范措施，各主要街口都有许多警察守卫。返校的学生队伍4人一横排，每隔一排就有两名军警跟随监视。但学生们并不在意，有的甚至偷偷地将传单塞进军警的衣兜里。学生们在游行途中，得到市民的极大同情。上万的市民围观或参与学生的爱国行动，用掌声来鼓励和支持学生们。有的还为学生们送热水、送饭，有的加入到学生们游行的行列。不少小学生也加入到游行的队伍。

为了扑灭学生斗争的烈火，统治当局决定提前一个月将中等以上学校放假。面对反动当局的阴谋，以粟丰为会长的奉天学生联合会于6月中旬成立，并通过该会组织进步学生分赴各县开办暑期补习学校，深入发动和开展反帝反封建的革命斗争。随之，奉天学联又成立了"上海罢工工人后援会"，组织全市各大中学校学生走向社会，广泛开展反帝宣传和募捐活动，动员社会各界全力援助上海工人的罢工斗争。

奉天的"六十"反帝爱国运动，在整个东北地区产生了巨大震动，尤其是对教育界、知识界的影响更为深远。任国桢等共产党员不仅卓有成效地指导了这场运动的健康发展，而且在革命斗争的实践中培养和锻炼了一批愿为共产主义伟大事业奋斗终生的坚强战士，有力地促进了建立中共奉天地方党组织的历史条件进一步成熟。

四、大连福纺工人大罢工

1926年,在日本帝国主义统治下的大连发生了一次震惊全国的大罢工——福纺工人大罢工。

大连福纺是日本纺织托拉斯福岛纺织株式会社的一家企业。1925年春,大连福纺建成投产时有1万多纱锭、500多名工人。1926年春,增加到近2万纱锭、1200名工人。1926年4月,"关东州"当局宣布金票涨价,每元金票换一元二角小洋(奉洋)。4月25日,厂方用小洋开饷按金票扣饭费,发饷的工头又从中克扣。工人的微薄工资本已难以糊口,加上厂方如此盘剥,引起了全厂中国工人的不满。工人们向厂方提出按小洋收饭费的合理要求,遭到拒绝,这就更加激怒了工人。第二天早晨,有一部分工人没有上班,要找厂方算账。

4月26日,大连党组织的领导人杨志云、傅景阳、唐宏经、王立功等人开会讨论了福纺工人罢工的策略问题,帮助修改了罢工要求,把工人群众提出的20余条要求归纳为6条:不得打骂和虐待工人;准许孩子妈妈在工间给孩子喂奶;增加工资三分之一,不许涨饭费;每两周有一个公休日,公休日干活发双倍工资;缩短劳动时间,每天以10小时为限;降低内宿工人房租,外宿工人发补助费。会议决定成立罢工委员会,由大连中华工学会福岛纺纱厂分会委员长、共产党员侯立鉴为总指挥,并从党的活动费中拿出100元作罢工活动费,组织罢工纠察队、宣传队、救济队,以维持罢工秩序,保证工人安全,安排好童工及独身工人的食宿等。大连党组织和大连中华工学会对福纺工人的罢工做了周密安排。

★傅景阳

4月27日上午8时,侯立鉴、初玉昆、刘庆枝3人代表工人向日方厂主角野久造正式提出6项要求。但是,这些合理要求遭到了角野蛮横无理的拒绝,工人们再也按捺不住心中的怒火,纷纷要求立即罢工。上午10点30分,侯立鉴下令工人拉下电闸，拉响汽笛。工人们伴随着汽笛声，像潮水般涌出工厂大门，开始了闻名全国的大连福纺工人大罢工。

当天晚上，侯立鉴在工厂北门外召开了罢工工人大会，成立纠察队、宣传队和救济队，并宣布没有大连中华工学会的通知，谁也不得复工的罢工纪律。同时对一时无法回家的童工和生活困难的工人都做了妥善安排。罢工开始后，中共大连地委对可能出现的问题进行分析，研究对策。大连中华工学会筹集了资金，解决罢工工人生活的燃眉之急。

此时，角野久造勾结日本统治当局以谈判为名，诱捕了罢工领导人侯立鉴等3人，还雇用流氓、工头四处进行欺骗宣传，企图达到破坏罢工、孤立罢工工人的目的。为了揭露敌人的破坏阴谋，中共大连地委决定以大连中华工学会的名义，由傅景阳主持举行记者招待会，介绍福纺工人罢工的起因、经过，并由女工杜秀珍等人控诉日本资本家残酷虐待中国工人的罪行。与会的新闻界人士纷纷表示不平。4月30日，《泰东日报》详尽报道了大连福纺工人罢工的真相，谴责工厂当局"专以巧取工人之膏血为能事"。同日，《关东报》在发表的消息中也一针见血地指出："福纺此次罢工表面虽因食费问题，其实则不然，闻系因内部专横，已至极点"，角野久造"视工人如草芥，故皆恨入骨髓，结果如斯爆发"。大连的工人和各界人士群起而鸣不平，就连日本工人和有的警察对福纺工人的罢工也表示同情。5月1日，罢工工人发表了《福纺纱厂一千二百名工友泣告各界同胞书》，进一步揭露和控诉了日本资本家残酷压迫剥削工人的罪行。

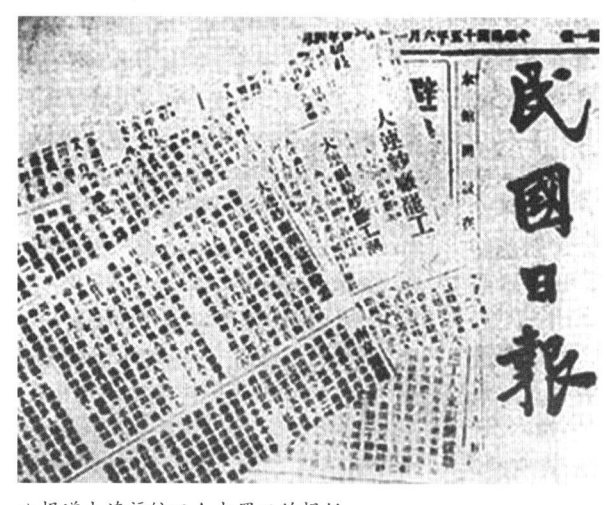

★报道大连福纺工人大罢工的报纸

大连福纺工人大罢工的影响不断扩大，日本福岛纺织株式会社胜木宗太郎从东京赶到大连，企图以小恩小惠为诱饵，涣散工人斗志。他答应每人工资可提高三分五厘，同时又威胁工人，如不接受就解雇，重新招收新工人。中共大连地委通过大连中华工学会，及时戳穿了敌人的阴谋，组织发动各社会团体分赴各乡，针锋相对开展了反招工斗争。福纺工人纠察队严守路口，严密封锁工头到乡下招工，致使角野一伙一筹莫展，先前被骗入厂的新工人明白了真相以后也纷纷逃走。1926年6月8日，《大连地委五月份报告》记载工厂方面："自从停工以来受的损失是很大的。目下纵然是不肯让步，但已是外强中干……所以它们不惜掷金小布匹贿买奸人，替它招人。先前招过几次，有的叫罢工工人向新工人陈述利害并揭穿工厂欺骗面具给破坏了的。有的进厂之后，悔恨不及自动跑回的"。

李大钊非常关注大连工人的罢工斗争，先后派尹才一、张炽到大连指导罢工斗争。1926年5月23日，尹才一传达了共青团北方区委的指示。25日，张炽到大连后，深入到各大厂矿，参加支部会议，了解党团员的思想状况，宣传党的方针政策和革命形势，强化了党对工人运动的领导。张炽与党团领导一起，深入罢工工人之中，分别召开干部和工人座谈会，到工人家中访问，帮助罢工工人分析形势，传达中共北方区委指示精神，采取一系列行之有效的措施，帮助罢工工人解决生活困难。大连中华工学会出资400余元，补助生活有困难的罢工工人。郊区农民用20多台大车把大连中华工学会购买的40多石粮食送到福纺分会，有的农民还帮助磨面，全力支持福纺工友的斗争。党组织还让大连中华工学会出面，呼吁全市各界人士募捐救济罢工工友。大连铁道工厂、中村铁工所、大连船渠、大连小野田水泥厂等工学会会员，为福纺工友捐献了一天或半天的工资。中华全国总工会发动上海、青岛等地工人捐款3000元，全国铁路总工会也汇来300元。

为了推动全市的反帝爱国斗争，中共大连地委决定动员全市工人召开声援大会。6月24日，傅景阳在福纺厂北的荒地上，主持召开了全市工人声援福纺罢工大会。铁道工厂、小野田水泥厂、中村铁工所等全市13家工厂的3000多名工人和附近农民云集会场。参加大会的工人多带有铁锤、铁棒，还组成纠察队，以防万一。傅景阳代表4000名大连中华工学会会员向坚持罢工斗争的福纺工人致敬，向参加声援大会的工人、农民致谢。他号召全市工人、农民团结起来，争取福纺罢工的最后胜利。会场群情激奋，与会者不畏手持刺刀、长枪的警察的威胁，围绕福纺工厂游行示威3圈，高呼"坚决支持福纺罢工"等口号，显示了工人阶级团结斗争的伟大力量。声援大会的当晚，大连民政署就把傅景阳传去，威胁他下令复工，傅景阳坚决拒绝。敌人见威胁不成，先后逮捕了傅景阳等19人。6月28日，又逮捕了7人，大连地区被白色恐怖笼罩着。傅景阳等人被捕后，大连地委决定由中华工学会副委员长唐宏经接替傅景阳的工作。为了继续发动群众坚持斗争，大连地委发表《福纺罢工工友致大连全体工友书》和《福纺罢工工友泣告周水子农村父老书》，进一步动员全市人民支援福纺罢工，捐款救济罢工工人。

在罢工最艰苦的时刻，中共北方区委派邓鹤皋、张式沉到大连，加强领导和解决罢工中出现的问题。邓鹤皋具有领导工人、农民、学生运动的丰富经验。临行前，北方区委分析了国内外形势，指出：当时党的力量主要在关内，五卅运动后，工人运动的主要矛头是英美，而不是对日本。东北地区可以搞一点经济上的斗争，不宜搞政治斗争，否则对今后发展党的组织及工人运动不利。况且大连党组织成立不久，党员人数还很少，工学会的组织还未普遍建立，而日本在大连的势力相当雄厚。李大钊和组织部部长陈乔年指示邓鹤皋：一要圆满解决福纺罢工问题，福纺斗争应适可而止，在争取到某些经济上的胜利后，要及时复工，保存力量，目的是为了今后的工作；二要发展党的组织，扩大党的影响。7月9日，邓鹤皋取道天津，乘船抵达大连。不久，邓鹤皋担任中共大连地委书记。为了贯彻北方区委的指示，邓鹤皋深入到福纺工人中间，帮助他们分析形势，研究对策，稳定情绪，引导大家既不要草率收兵，也不要提出过高条件，寻找有利时机复工。

福纺罢工不断得到来自全国各地的支持。7月30日，中华全国总工会致函日本领事馆，致电"关东厅"，要求日本当局释放被捕工人，答应罢工要求，否则将通告全国，抵制日货。全国铁路总工会也发出了《为日本在大连摧残华工与全日本工人及各阶级被压迫者书》。在全国各地工人阶级及大连各阶层人民的大力支持下，7月底，日本福岛纺织株式会社社长八代裕太郎来到大连，答应了工人的罢工要求，撤换了厂主角野久造。邓鹤皋马上召集中共大连地委会议讨论复工问题。会上，他反复讲了中共北方区委的指示，解除了其他同志的疑虑，最后决定复工。1926年8月4日，唐宏经代表大连中华工学会宣布了复工命令。8月6日，福纺工人正式复工。

大连福纺工人大罢工具有重要意义，它是严酷殖民统治下的工人阶级反对日本帝国主义的斗争。这次大罢工得到中共北方区委和中华全国总工会的重视，得到李大钊、邓中夏等中国共产党的领导人亲自指导，得到上海、广州、香港、天津等各地人民的声援和资助。在大连党组织的直接领导和大连中华工学会的具体组织下，福纺厂1000多名工人团结战斗，不畏强暴，克服重重困难，迫使日本殖民主义者答应了工人提出的条件。这次大罢工的胜利，充分显示了工人阶级的强大力量，锻炼了工人队伍，同时培养了工运干部，扩大了党的影响，在中国工人运动史上写下了光辉的一页。

五、中共满洲省（临）委的建立

1927年，蒋介石、汪精卫相继叛变革命，中国革命处于生死存亡的危急关头，东北地区的革命形势也同全国一样处于低潮。在恶劣的环境下，虽然东北党的一些基层组织遭到日本侵略者和奉系军阀当局的严重破坏，但党领导人民群众进行的反帝反封建军阀斗争始终没有停止。为巩固和发展东北地区党的组织，客观上需要建立党的统一领导机构，加强对革命斗争的领导。

中共中央很早就有在东北地区建立党的统一领导机构的设想。1926年，国民革命军北伐胜利进军时，李大钊曾提出，党的活动还要发展壮大，东北要成立新的机构来适应大革命、北伐的形势发展。1927年4月27日至5月9日，中国共产党在武汉召开第五次全国代表大会。中共大连地委书记邓鹤皋向中共中央报告了大连地区及南满地区工人运动的状况，受到中共中央的高度重视。5月18日、19日，中共中央召开了有邓鹤皋、尹才一、关向应、陈日新、穆景周、曲文秀、胡步三等出席党的五大的东北代表和列席代表参加的东北工作会议。会议由分管北方局工作的中共中央政治局委员蔡和森主持，专门研究如何加强东北党务工作问题。鉴于中共北方区委已被破坏，中共中央认为东北三省有必要成立一个统一的党的领导机构，决定成立东三省省委（满洲省委），调大连地委书记邓鹤皋、青运部部长尹才一到奉天负责筹建工作，并指定邓鹤皋为省委筹备委员会书记。会议决定将大连、北满两地委改为市委，奉天特支改为奉天市委，吉林支部暂归奉天市委领导。由陈日新接替邓鹤皋任大连市委书记，胡步三接替吴丽石任北满地委书记。中共中央还计划派一些富有革命斗争经验的同志到满洲省委开展工作。

1927年6月，邓鹤皋返回大连后，立刻投入到筹建省委的工作中。他首先派王立功赴哈尔滨向中共北满地委书记吴丽石传达中共中央东北工作会议的精神和有关决定，并约吴丽石到大连商量建立满洲省委事宜。吴丽石很快应约来到大连，同邓鹤皋共商组建工作，决定将省委机关设在奉天，并抽调南满和北满的干部充实到省委。6月29日，中共奉天市委负责人任国桢、杨志云等在奉天被捕，筹建满洲省委的工作人员不得不暂缓前往奉天。7月24日，中共大连市委又遭到严重破坏,邓鹤皋在大连被捕,组建满洲省委的工作被迫暂时停止。

为应对大革命失败后的紧急形势,1927年8月7日,中共中央在汉口召开紧急会议(即八七会议),总结大革命失败的经验教训,纠正以陈独秀为首的中央所犯的右倾机会主义错误,确立实行土地革命和武装反抗国民党反动派的方针。八七会议之后,中共中央决定成立中共中央北方局,由蔡和森、王荷波负责,领导顺直、山东、山西、内蒙古、满洲(东三省)等地方组织。北方局派出许多有斗争经验的干部深入到各地传达八七会议精神,恢复、整顿党的组织。

★陈为人

1927年9月下旬,中共中央北方局派曾经在哈尔滨从事建党工作、时任中共顺直省委组织部部长的陈为人到东北传达八七会议精神,整顿党的组织,主持筹建中共满洲省委工作。10月14日,肩负重任的陈为人和妻子韩慧芝抵达奉天,立即与在哈尔滨的中共北满地委书记吴丽石取得联系,筹划召开东北地区党员代表大会。陈为人与吴丽石奔波于奉天、哈尔滨、大连、长春之间,千方百计地寻找各地党组织线索和负责人,积极联络失掉关系的党员,进行艰苦细致的思想政治工作。

经过紧张筹备,10月24日,东北地区党的活动分子会议(即东北第一次党员代表大会)在哈尔滨道里区中国十二道街(今西十二道街)48号中共党员阮节庵家中召开。出席大会的有哈尔滨、长春、吉林、奉天、大连等地党的活动分子14人,代表东北地区党员200余人,会议由陈为人主持。这次大会主要任务是:讨论成立中共满洲省临时委员会,决定东北党组织的工作方针,整顿和恢复党的组织。大会传达了党的八七会议精神,通过了《我们在满洲的政纲》《满洲工人运动决议案》《满洲农民运动决议案》等纲领性文件。大会选举产生了中共满洲省临时委员会,陈为人任省临委书记兼宣传部部长,吴丽石任组织部部长兼农运部部长,王立功任工运部部长,胡步三任军委书记,韩慧芝负责妇女工作,张任光任共青团临委书记;陈为人、吴丽石、王立功为省临委正式执委,张任光、刘湘益为候补执委。选出监察委员刘湘益等3人,候补监委2人。大会发出了第一号通告,正式向东北各级党组织宣布党的东北统一领导机关——中共满洲省临时委员会成立。通告指出，省临委领导奉天、吉林、黑龙江省党的工作，省临委机关设在奉天。同时要求各地迅速整顿、恢复党的组织；定期将所在地一切党内外情况详细报告省临委；切实执行省临委各项决议；发动和领导群众开展工人、农民、军事运动。

大会通过的《我们在满洲的政纲》，表明了中共满洲省临委的政治立场，确定了工作的方针和路线。不仅提出"反抗一切苛捐杂税""反对一切军阀间的战争""打倒土豪劣绅贪官污吏"等一般性的党的政治纲领，还特别针对东北地区特殊的斗争形势，将反日作为省临委的重要政治主张和革命斗争的具体任务。《政纲》中明确提出"取消日本与张作霖所定的一切侵略的条约""驱逐日本军警出境""收回一切租界与日本所经营的铁路矿山航行以及其他重要的产业"等内容。省临委在《满洲工人运动决议案》中，分析了东北地区工人阶级

★中共满洲省委旧址

的状况和要求，提出对工人开展政治宣传的目标，以及如何发展工人的组织。在《满洲农民运动决议案》中，分析了东北农民的组成部分，提出应在工作中提出"没收大地主的土地""反对日本购买土地政策""组织农民协会，乡村一切政权归农民协会""收回被日本占领的土地与反抗日本在中国领土内对农民的一切苛捐杂税"等口号，同时要注意小学教师运动，发展党的农村支部，发动知识分子同志与失业工人以到农村中去找工作为契机开展农民运动，通过同乡会等与农民联络。

中共满洲省临委成立初期，由中共中央北方局领导。不久，北方局书记王荷波等人被捕牺牲，北方局遭到破坏。中共中央取消了北方局，省临委由中共中央直接领导。

12月1日，省临委创办的机关刊物《满洲通讯》第一期正式刊印。此后每月出版一期（后改为每月出两期），每个支部发一份。《满洲通讯》的主要作用是在中央新政策的指导之下，公布传达省临委的政策、重要决议及工作指示，转载中央或北方局的重要通告，登载各级党部重要的报告、各级同志对党的各种意见等。从1927年10月到1928年9月，共发行了13期。

中共满洲省临委的成立，标志着东北地区革命斗争统一领导机构的诞生。省临委自成立之日起，就成为东北各级党组织和革命群众开展反帝反封建军阀斗争的领导核心。

六、九一八事变的爆发

1929年年底，资本主义世界爆发了新的经济危机，使日本经济受到了严重冲击，也引发了日本社会的政治危机。1931年，日本趁英美等国疲于对付国内经济危机、蒋介石政府忙于"围剿"红军之机，决定实行其先侵略东北、后侵吞整个中国的计划。为此，日本关东军在沈阳周围开始进行一系列军事演习，并蓄意挑起万宝山事件和中村事件，为发动侵略战争制造借口。

1931年4月，汉奸郝永德承租长春北郊万宝山村土地3500亩。随后，他擅自转租给朝鲜农民耕种。朝鲜农民截流筑坝，挖渠引水，遂引起中朝农民土地纠纷。日本军警前往镇压，中国农民死伤数十人，被捕受刑者10余人。同时，日本在朝鲜国内大肆制造反华声浪。

1931年6月上旬，日军大尉中村震太郎偕骑兵曹长（上士）井杉延太郎等化装成中国人，前往中国边防要地大兴安岭、索伦一带进行军事侦察，被中国当地驻军发现。经检查，搜出军用地图、日记等证物，确系间谍，中村等人被处死。

日本帝国主义不但利用这两个事件大肆制造舆论、煽动战争，还通过实地军事侦察、军队换防、关东军司令官换人等手段，加紧侵略前的各项准备工作。在时机成熟后，日本帝国主义开始实行其策划了多年的侵占东北的计划。1931年9月18日晚10时20分，日本关东军自行炸毁南满铁路柳条沟段的一段路轨，反诬中国军队破坏铁路。坐镇沈阳的关东军高级参谋板垣大佐收到路轨被炸的报告后，当即以关东军代理司令官、先遣参谋的名义向关东军部队发布了进攻中国军队驻地北大营和沈阳的命令。各路日军向北大营发起了猛烈进攻，震惊中外的九一八事变爆发。

1931年9月19日凌晨,关东军司令部发布命令:一、多门第二师团主力集中沈阳,驻旅顺的第十五旅团的步兵第三十联队及旅顺炮兵大队迅速向

★日军登上小西门城墙

沈阳出动,驻长春的第三旅团及其所属步兵第四联队、骑兵第二联队担任长春的警备任务,同时准备秘密攻击该地的中国军队;二、独立守备队第一、第五大队集中于沈阳,驻大石桥的第三大队占领营口,驻连山关的第四大队占领安东、凤城,驻鞍山的第六大队集中于沈阳接受第二师团指挥;三、电告日本驻朝鲜司令官林铣十郎中将中日冲突情况,请迅速派兵前来沈阳增援。3时30分,关东军司令官本庄繁率领关东军司令部火速赶往沈阳。

5时30分,日军完全占领北大营。当独立守备队第二大队全力进攻北大营之时,关东军第三旅团第二十九联队在接到板垣大佐的命令后,于19日零时40分从驻地出发向沈阳城内进攻。沈阳市内的政府机关、银行、学校、军工厂等悉数被占领。第二师团进占沈阳城之后,又协助独立守备队攻击东大营。在未遇到任何抵抗的情况下,日军占领东大营,至此沈阳城完全沦陷。

19日,关东军迅速占领了南满、安奉铁路沿线的重要城镇营口、田庄台、盖平、复县、大石桥、海城、辽阳、鞍山、铁岭、开原、昌图、四平、公主岭、安东、凤城、本溪等地。日军又向长春等地发起进攻,仅用4个月零18天的时间就占领了辽、吉、黑三省。

九一八事变是中国抗日战争的起点。在中国共产党的号召下,中国人民掀起了规模浩大的抗日救亡运动,拉开了中国抗日战争暨世界反法西斯战争的序幕。

七、中国共产党第一篇抗日宣言在辽宁发布

1931年九一八事变的枪声,震惊了沈阳,震惊了中国,也震惊了世界。

9月19日清晨,中共满洲省委在沈阳小西门附近省委秘书长詹大权家召开紧急会议,讨论当前的形势和省委的应变措施。会议决定针对日本帝国主义发动事变强占满洲一事,给中央写报告,对省委当前急需做的各项工作进行部署;确定省委常委近期要每天碰头一次,沟通信息,研究对策。会议经过研究,决定发表《中共满洲省委为日本帝国主义武装占领满洲宣言》。《宣言》明确指出:九一八事变是日本帝国主义蓄谋已久的侵略中国、变中国为它的殖民地"所必然采取的行动"。《宣言》认为,日本占领东北的图谋之所以能够得逞,"完全是国民党军阀投降帝国主义的结果"。国民党政府鼓吹的"忍耐""镇静""和平以示奋斗"等所谓策略,和他们极力镇压反帝运动的罪恶行动,"必然要使日本帝国主义者更急进的更无忌惮的来占领满洲!"《宣言》提出,"只有工农兵劳苦群众自己的武装军队,是真正反对帝国主义的力量……只有在共产党领导之下,才能将帝国主义逐出中国!"《宣言》印出后,省委通过共产党员、青年团员和进步学生迅速散发出去,使基层党组织、共产党员和广大群众听到了党的声音,很快就了解了我们党的态度,在广大群众中,尤其是在青年学生中引起了很大反响。这篇《宣言》是中国共产党在面对侵略者血腥屠杀的危难时刻,号召中国人民奋起进行民族救亡的第一声呐喊,也是中国共产党向全国人民发出的第一篇抗日宣言。

此后,中共满洲省委又连续

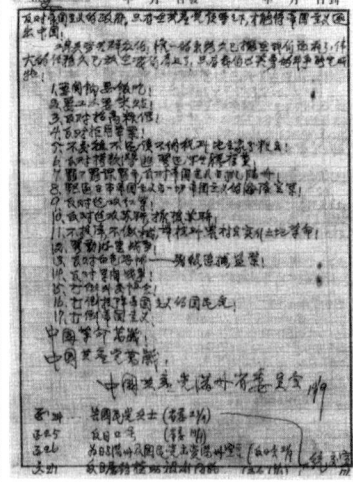

★《中共满洲省委为日本帝国主义武装占领满洲宣言》

发表《中共满洲省委决议——关于日本帝国主义武装占据满洲与目前党的紧急任务》《中共满洲省委给中央的报告——关于日军占领满洲情形、省委的策略及工作布置》《对士兵工作的紧急决议》等决议。据统计，到1931年10月，满洲省委共印发了三种语言的宣传品440余份。

在中共满洲省委抗日宣言的号召下，辽宁各地党组织纷纷作出决议，广泛宣传党的抗日主张，深入动员群众进行反日斗争。九一八事变爆发后，中共满洲省委和辽宁各地党组织站在抗日斗争的最前线，领导辽宁人民迅速投入到反抗日本侵略的斗争中。省委要求各级党团组积极扩大罢工、罢课、罢市，"必须积极地坚决地号召群众罢工、罢课、罢市的示威……组织布置飞行集会、群众大会及宿舍工厂等处的部分示威"，立刻紧急动员党内全体同志到群众中去开展活动，"在工厂里，在工厂门口，在失业工人比较集中的地方，立刻有计划组织各种部分的群众会议，或飞行集会……号召与组织工人的罢工，尤其是中东、南满、奉天、沈海、吉长、呼海铁路"。

在沈阳，1931年，中共奉天兵工厂党支部书记梁永盛组织兵工厂工人开展了抢粮斗争。他们以兵工厂厂主无故扣发工人两个月工资并携款出逃为由，发动工人于9月21日上午，将兵工厂粮栈存粮抢运一空。随后，奉天火柴厂的工人也砸开了本厂的粮仓，抢光了粮食，并有上千名工人闯入南满火车站，抢夺了日本从大连运来的军粮。这些行动，不仅给刚刚占据沈阳城的日军以沉重一击，而且通过斗争锻炼了党员，培养了骨干，奉天兵工厂有6人在斗争中加入中国共产党，扩大了党的力量。继兵工厂、火柴厂工人抢粮斗争之后，又发生了沈阳皇姑屯铁路工厂工人包围厂长办公楼的事件。皇姑屯铁路工厂广大工人在党支部的发动和领导下，通过充分准备和周密计划，9月27日上午10时，由共产党员李春华等人指挥，将厂长办公大楼包围得水泄不通，同时高呼"要工资""要吃饭"等口号，要求厂方答应工人提出的工人上班要发工资、时局紧张时要把工人家属送回关里、不许延长工时等条件。在党组织的精心组织和工人的不懈斗争面前，厂方被迫答应了工人们提出的全部条件，斗争取得了胜利。此后，党还领导了英美烟草公司的工人要求厂方开工资时将奉票与现大洋对开的斗争、皇姑屯铁路工厂工人争取"花红"的斗争等。1931年9月，党了解到新民县广大群众在日本侵略者占领新民之后已自发组织了联庄会、大刀会、红枪会，并与日军进行斗争的情况，便派出党员与这些组织联系。陈德森、李繁华等人不仅领导了当时的反日斗争，而且发展了一批党员和团员，建立了党团支部。

在大连，日本帝国主义加紧对人民反抗的镇压，不但严禁中国人集会，还对原有各商会、同乡会等团体进行重新登记和审查，一经发现有反日行为立即残酷镇压。1931年9月底，中共大连特支向全市工人群众发出《敬告大连工友书》，指出：日本公然以军队占领沈阳，南满和大连已经变成了日本的殖民地，中华民族的危机更加严重，全市人民必须与日本殖民主义者进行坚决的斗争，支持抗日运动。

在抚顺，中共满洲省委派何能到中共抚顺临时特支（中共抚顺特支）巡视，帮助开展抗日斗争，并指导中共清原县委和中共桓兴县委大力宣传党的抗日主张，呼吁中朝民族团结对敌，准备组织武装抵抗日本侵略者。在大山坑煤矿，抚顺党组织积极发动工人与日本侵略者进行斗争，向日本炭矿当局提出增加工资的要求。

在辽阳，5月23日，辽阳小堡农民大同盟以"穷人会"名义散发传单标语，提出穷人要分粮、工人要工钱、士兵要饷钱、打倒"满洲国"、打倒日本帝国主义等口号，影响到附近20多个村自行开展分粮斗争。

与此同时，辽宁东边道及辽北等地也不断爆发抗日斗争。尽管最初的规模不大，但却庄严地申明了中国共产党坚决反对日本帝国主义入侵的严正立场，表示了辽宁人民与日本侵略者坚决斗争到底的决心和必胜的信心。

八、中国共产党对义勇军的影响、支持和领导

辽宁民众和东北军部分爱国官兵自发组织起来的抗日义勇军，不仅得不到国民党政府的支持，而且因为他们冒犯了"不抵抗命令""有违国禁"，被视为"越轨分子"甚至"罪人"，受到限制打压。其他党派和国民党中的爱国人士以及一些爱国民众团体，曾给予辽宁义勇军某些支援和指导。但只有中国共产党始终站在抗日斗争的最前线，组织各界人民群众支援和参加义勇军。

九一八事变后不久，中共中央就明确要求中共满洲省委争取广大士兵群众与工农群众密切联系，组织兵变，发动游击战争，并指出具体办法。满洲省委当即按党中央的指示作了部署。1931年11月，中共满洲省委军委书记廖如愿和省委宣传部秘书杨先泽在奉天被捕。杨先泽被捕后供出他与廖如愿的住处，省委书记张应龙因去廖如愿处而被捕，省委机关遭受严重破坏。鉴于东北地区的严重形

★罗登贤

势,同年12月,中共中央派正在东北巡视的中央政治局候补委员、中央驻满洲代表罗登贤重新组建满洲省委。面对日军占领东北的严峻形势,新组建的省委召开紧急会议。在这次会议上,罗登贤分析了九一八事变后的东北形势,号召所有共产党员要与东北人民共同坚持抗日到底。他指出,东三省不会被灭亡,劳苦大众的反日斗争正在各地风起云涌地开展起来,在这个时候,我们党的责任就是要把这些自发的斗争变成有组织有领导的斗争。

以罗登贤为书记的中共满洲省委时刻关注义勇军的发展。1932年年初,在义勇军迅猛发展之时,省委即注意到义勇军的矛盾和弱点,明确指出,义勇军目前显然有两个前途:一个是在胡子头、军官、豪绅地主的把持下走向挫折和失败;一个是党能够打入义勇军中去树立党的领导,开展游击战争,使义勇军在党的领导下逐步克服自身的弱点,战胜投降妥协的错误倾向,把抗日战争坚持下去。省委要求各地党组织动员广大群众建立起义勇军组织,并积极领导抗日战争。省委和各地党团组织抽调党团员参军参战,从党领导的抗日团体反帝大同盟、反日会、互济会中选派一大批青年骨干分子参加义勇军;鼓励和动员工、农、知识分子和青年学生入伍,为义勇军补充兵员;发动社会各界募捐,组织"义勇军后援会""慰问团""北上决死队"等去支援和参加义勇军。

除中共满洲省委外,中共河北省委、北平市委也派大批党员、团员和反帝大同盟盟员到辽宁义勇军中工作。这一时期,北平市委书记刘德成(顾卓新)、共青团北平市委书记李绩纲、团市委委员胡乔木等,都直接主持向辽宁义勇军派送党团员和抗日骨干的工作,著名的抗日义勇军领导人白乙化、后来抗联的主要领导人之一李兆麟等,都是经过他们派到辽宁义勇军中来的。

1931年10月,在锦州主持辽宁军政两行署工作和组建抗日义勇军的黄显声得到了共产党员刘澜波的帮助。九一八事变后,刘澜波在辽宁省临时政府任秘书。他为人正直,有胆有识,且充满爱国热情,深得黄显声的器重。在组织义勇军、制定编练方案和各项制度过程中,黄显声经常采纳他的建议。在刘澜波等共产党人的协助下,黄显声在短短两个多月时间里,即组织了20余路义勇军。1932年

★黄显声

年初，中共奉天特委先后派共产党员、进步青年和互济会会员到义勇军王全一部、张海天部及耿继周等部去开展工作。在辽西新民一带，党影响下的青年爱国志士宋黎随车向忱一起携带张学良密信和委任状潜回东北宣传抗日、组织义勇军。车向忱返回北平复命后，宋黎经吉、黑两省和辽东、奉天等地于1932年5月到达新民，会同江涛、金硬等人组织起抗日义勇军。在朝阳，党在九一八事变后也开展了组织义勇军工作。1932年年初，日军侵占朝阳县城和农村，热东地区纷纷组织抗日义勇军。建平县的高体乾组织了一支抗日义勇军并与党组织取得联系。同年6月，北平市委为了支持和领导抗日义勇军，发展壮大抗日武装，决定在建平成立以赵玉琪为书记的中共热河特别支部委员会，以高体乾的抗日义勇军为骨干，扩编抗日队伍，开展党的工作。该义勇军在热河特支的领导下，经秘密发动和组织，很快在建平一带发展到二三百人。

1932年5月20日，中共奉天特委根据中共中央和中共满洲省委的指示精神，结合辽沈地区实际，给中共台（安）辽（中）中心县委发出指示信。信中要求台辽中心县委要动员党团员打入一切义勇军中，特别是首先要派得力干部到战斗力较强的义勇军中去加强领导。据此，台辽中心县委先后派许中午到满都户镇福乐武装大队从事士兵运动，派赵甫堂、李凯臣到赵亚洲等义勇军队伍中做争取改造工作。

在辽阳小堡，还有一支由共产党人冯基平、共青团员李兆麟等人参与领导的义勇军。1932年2月，北平市党团组织派遣冯基平同李兆麟、杨寿天到辽阳县开展抗日武装斗争。3月，在辽阳县三家子，李兆麟主持召开了小堡附近各队义勇军首领的联席会议，一致决定成立东北民众抗日义勇军第二十四路军，推选苏景阳为司令，李兆麟为副司令，原各队首领仍任各支队长，全军共计2000多人。苏景阳始终没有就职，他的200余骑兵被李兆麟争取过来，由李兆麟自兼队长，同日军和汉奸展开激烈的战斗，大长了抗日民众的志气。8月，奉天周围的各地义勇军领导人经过串联，召开会议，决定利用新任关东军司令官武藤信义来东北上任之机，联合发动一次袭击奉天的战斗。李兆麟等人参加了组织领导工作。8

月28日晚，义勇军官兵不顾艰险，冒雨猛攻奉天城，反正的伪警察部队也从城内接应。日伪军政当局惊慌失措，伪官吏纷纷逃跑。次日凌晨，日军出动大批装甲车，在重炮掩护下向城东南反扑过来。义勇军遂于29日黎明时分撤出奉天城。这次战斗，义勇军虽然在奉天市内立足只有几小时，但是给敌人以沉重打击。义勇军袭击了东塔机场，烧毁了敌机7架，破坏了兵工厂的一部分机器，击毙日伪军二三十人，还缴获了大量枪支和军用物资。这次义勇军袭击奉天的行动，在国内产生了很大影响，日本把这次事件看作是满洲形势"十分可虑"的标志之一。

★李兆麟

1932年春，北平中国大学学生、中共党员白乙化受北平党组织的委托，在家乡辽阳石场峪组织了一支抗日武装。白乙化曾考入东北讲武堂，因反对军阀内战被开除。九一八事变后，于1932年返回家乡石场峪，结识3名抗日志士，仅凭两支枪突袭辽阳一个伪警察局，缴获步枪1支，从而名声大振，很快即组织起一支几百人的抗日队伍，名为东北青年抗日义勇救国军，又号"平东洋"。白乙化文武兼备，每战必身先士卒，人称"小白龙"。不久，该部义勇军转战辽西，队伍迅速发展到1000余人。

在邓铁梅的东北民众自卫军中，中共满洲省委原常委邹大鹏做了许多开拓性工作。1932年年初，邹大鹏率领5人从凤凰城（今凤城市）出发冒险去找邓铁梅，被任命为司令部政治部主任。邹大鹏为邓铁梅部拟定了政治工作条例，起草了农会章程等，并为严明军纪和协调军民关系做了许多工作，深得邓铁梅的信任和邓铁梅部官兵的爱戴。后受国民党反共政策的影响，邹大鹏被邓铁梅部排斥出去，但邹大鹏仍与邓

★邓铁梅

铁梅保持良好的关系，留在安东为邓铁梅部筹款，输送干部，并对邓铁梅的军事部署提出建议。邹大鹏离开邓铁梅部后，中共奉天特委还先后两次派互济会会员周利亚等人到邓铁梅部从事宣传教育工作，也取得一定成效。

对活跃在辽宁省东边道地区的唐聚五所部辽宁民众自卫军，党组织全力支持和领导。九一八事变后，共产党员张雪轩受中共满洲省委派遣来到宽甸，与驻在牛毛坞的保安队长杨甲山接上头，组建了以保安中队为基础的东北抗日救国民众自卫军，杨甲山任大队长，张雪轩任参谋长。张雪轩在队内建立了党组织，使队伍迅速扩大，发展到1000余人，活跃在宽甸和桓仁部分地区。唐聚五举义以后，这支队伍成为辽宁民众自卫军的组成部分，为党在东边道抗日队伍中开展工作起到了纽带作用。1932年夏，李兆麟返回北平向中共河北省委报告工作，请求派遣更多干部到唐聚五领导的辽宁民众自卫军，因为现有的党员干部不敷分配。李兆麟在报告中谈到党在本溪、新宾、奉天近郊的义勇军中已经建立了一定的工作基础，向唐部派干部很有必要。于是，河北省委根据李兆麟的报告又派遣15名干部，并要求他们组织东边道特别委员会，加强对唐聚五部队的工作。他们到达辽东地区后，组成了一个由河北省委领导的中共东边道特委，并指定了特委书记，在辽宁民众自卫军中开展工作。

1933年3月，当时属辽宁省的柳河县爱国人士包景华建立了一支以商民武装为基础的抗日义勇军，隶属唐聚五的辽宁民众自卫军，包景华被唐委任为第九路军司令。包景华率部进行两次战斗后深深感到，官兵光凭激情而无军事技能不行。于是，开始抓紧军事训练和进行"真抗日，不扰民，誓死救国"的思想教育，全面提高部队的军政素质，增强部队的战斗力。这时，中共海龙（今梅河口市）中心县委派共产党员王仁斋、刘山春到该部做包景华的工作。经过他们的工作，包景华提出与共产党人联合抗日的主张。经王、刘介绍，包景华与海龙中心县委负责人具体商议了联合抗日事宜。海龙中心县委代表当面提出联合抗日问题，包景华当即表示同意，于是双方达成联合抗日协议。协议达成后，党先后向第九路军派进党员20余人，正式成立了党支部，又发展自卫军营长蔺秀义等8人入党，党在义勇军中的影响日益加强。在共产党的帮助下，自卫军进行了整编，共产党员李益文任参谋长，李青任政治大队长，王仁斋、刘山春任司令部政治教官，司令部卫生连长也由共产党员担任。包景华的第九路军由于同共产党合作，党员和大批受党影响的群众加入该部，使该部的政治素质有很大提高，战斗热情更加饱满,多次作战获胜,部队很快发展到近千人。

在辽北地区,1932年2月,共产党员张金辉化装成商人,潜回西丰、辽源等地联络进步青年,成立了东北青年抗日铁血团。他们在群众中宣传抗日救国思想,逐步建立起抗日武装,伺机打击日本侵略者。不久,张金辉又通过关系在伪满大同日报社任编辑,以此为掩护从事地下工作。为争取绿林武装"老山好"部参加抗日,他不畏艰险,只身前往该部,申明抗日大义,宣传抗日救国道理,终将这支绿林武装改编为抗日义勇军。在张金辉等人的努力下,东北青年抗日铁血团发展到七八十人。他们印发张贴传单,到抚顺矿区工人中进行抗日宣传,爆炸日本驻奉天领事馆,袭击日军哨所和鸦片馆。

到1932年3月,辽、吉、黑三省各地义勇军中都不同程度有了党的工作,"很多义勇军来找党……而且要求党的直接领导"。党对义勇军的支持、帮助和领导,使辽宁各地义勇军得到迅速发展,有力地打击了日本帝国主义的侵略势力。

九、东北人民革命军第一军重创伪军邵本良部

1936年年初,东北人民革命军第一军活动倍加活跃,多次对日、伪军予以打击。其中杨靖宇率第一军转战辽东,在凤城梨树甸子歼灭伪军邵本良部一战,是最辉煌的战斗之一。

邵本良出身惯匪,九一八事变后任伪满洲国陆军少将兼第六旅第七团团长。在日军的指挥下,他亲率伪军千余人对东北人民革命军第一军实施"讨伐"。杨靖宇决定先走后拖,选择有利时机,集中优势兵力,给其出其不意的打击。1936年4月下旬,杨靖宇为消灭邵本良的部队,命令部队将手头的破衣服、鞋袜等扔在行军路上,造成狼狈逃跑的假象,给敌人以错觉。果然不出所料,邵本良从路上看到丢弃的物品,以为杨靖宇所部已经失去战斗力,便穷追不舍,幻想尽快消灭这支抗日部队,好向日本主子摇尾请功。杨靖宇与追击"讨伐"的

★杨靖宇

邵本良部周旋在兴京、桓仁、本溪、宽甸一带。这期间,杨靖宇所率部队在兴京大脑子沟与邵本良部展开一次战斗,而后,率第一军战士忽南忽北、忽东忽西,继续牵着伪满军的鼻子走,最后到达凤城赛马的梨树甸子大东沟。

此时邵本良所率的千余人已被拖得疲惫不堪,杨靖宇不失时机地决定在大东沟设伏歼灭追敌。4月30日,杨靖宇率500余人与进入伏击圈的邵本良部开战。第一军"埋伏于两山,轻重机枪四面八方地架着,邵的马队走入伏兵线内,四面一齐扫射,敌人向南山坡抢。当时十数架轻重机枪向南山坡集中火力,结果把敌人打得落花流水,人马死得满山坡,状极悲惨。搜查阵地结果,敌人共死100多人"。战斗持续4个多小时,击毙伪军100余人,缴获步枪100余支,手枪20多支,迫击炮1门,无线电收发报机1台和其他许多物资。参加此次战斗的第一军第一师参谋长李敏焕在其日记中对这次战斗作了记载:"4月30日(农历四月初十)早饭后,集合行军到达梨树甸子附近休息。午后,出现200余名敌人,立即开始战斗。通过白刃格斗,解除敌武装。下午6点钟,打扫战场之后,到三道沟里宿营。"

邵本良带着少数残兵败将,冲上北面山冈侥幸逃脱,但因其"讨伐"不力,已失去日军信任,不久被日军毒死在医院中。

梨树甸子歼灭战是东北人民革命军第一军成立以来最为激烈的战斗之一。本来敌人是要把第一军赶到安奉线附近,以便一举歼灭,但第一军在杨靖宇指挥下,使敌人在山里转了一个月,直到把敌人拖垮。最后,在游击战中终于歼灭了邵本良主力部队,粉碎了敌人的春季大"讨伐"。这次战役使第一军的声威大振,极大鼓舞了南满军民的抗日斗志。

十、桓(仁)宽(甸)抗日游击根据地的开辟

东北人民革命军第一军正式建立以后,中共南满特委便决定由东北人民革命军第一军第一师主力插入桓仁、宽甸地区,以便实现"创造临时人民革命政权与根据地"的战略目标。1934年2月,杨靖宇率东北人民革命军第一军独立师政治保安连20余人第一次来到桓仁县老秃顶子山区的阜康村(仙人洞村)。经考察认为,桓仁与兴京交界的老秃顶子、宽甸与本溪交界的和尚帽子一带比较合适。因为这里是敌人统治力量比较薄弱的地方,南有安东,西有安奉铁路,北临奉天、

抚顺等中心城市，东隔鸭绿江与朝鲜相望，抗日军民进可破坏敌人交通运输、威胁城市，退可依托深山老林与敌周旋。桓宽地区有很好的反日群众基础，并建有桓、宽、清等县委和基层党的组织。于是便确定以老秃顶子山及和尚帽子山为中心，建立抗日游击根据地。同时，以老秃顶子为中心，在兴京县境的岔路子，桓仁县的海青伙洛、大青沟、小青沟建立了三个区委；在桓仁县的仙人洞、洼子沟、高俭地、巨流河等地建立了党支部或党小组。从桓仁老秃顶子周围的各村庄，到和尚帽子山附近的二道沟、三道沟、外三堡、蒲石河等方圆数百里很快即被人民革命军控制，成为人民革命军开展游击活动的根据地。在这个区域里，党的组织和人民革命军一面继续对敌作战，粉碎日伪"讨伐"，一面开展发动群众，宣传抗日，惩处汉奸走狗，争取团结义勇军、山林队等项工作。

地方党组织在东北人民革命军第一军第一师的配合下，还做了以下各项工作：

一是建立反日会等组织。1934年8月，南满抗日总会成立，并制定了斗争纲领和会章。会章规定，参加这一组织的对象是工人、农民、人民革命军及其他抗日军士兵、反日军官、灾民、学生、教员、商人等与广大群众，不论男女老少，不分贫富、民族，凡承认该会纲领，执行该会一切决议及指示，遵守该会规定，年龄在16岁以上者，都有入会的资格。中共南满特委指示各县党组织，要集中力量开展群众工作，组织反日会，为创建民众政府准备条件。按照党的指示和反日会会章规定，第一师负责地方工作人员分别到各地开展群众工作。从1934年至1935年期间，先后在宽甸绿豆营子，桓仁东瓜岭（现新宾县四平街）、高台子、高俭地等处，在本溪的蒲石河、大小青沟、水簸箕沟，在凤城的四方碰子等地以及清原县境内都相继建立了反日会组织，并选举了会长。

二是建立农民自卫队。为加强游击区的建设，巩固根据地，中共桓仁县委根据中共满洲省委和中共南满特委的指示，开展了筹建农民自卫队的工作，并制定了自卫队工作大纲。大纲规定：自卫队是民众的反日武装，它本着不投降、坚决抗日到底，没收日本帝国主义及其走狗的一切财产土地做战费，联合一切抗日队伍及反日民众进行反日战争的三个主张积极进行抗日反满的军事行动。自卫队是人民革命的后备队和助手，其任务是捉杀走狗、破坏敌人交通、扰乱敌人后方、配合人民革命军冲破敌人"讨伐"，保卫游击区；保护群众帮助群众搞好抗租抗税斗争，组织反日会；筹粮募捐，供给军需等。自卫队在县设总队，在区设大队,各队负责人由队员选举产生或上级机关派送,其领导机关归地方民众政府领导,没有民众政府则由人民革命军人事部领导。大纲还规定了自卫队的纪律,如拐枪逃跑者枪决,打骂群众者开除,漏岗者罚岗等等。中共桓仁县委和东北人民革命军第一军有关人员,从1934年冬至1935年春在桓仁哈塘沟、查家堡子、蒿子沟、新宾苇子峪、督都海洛、碗铺、黄木厂一带先后建立了3个农民自卫队(亦称游击队)大队,每大队百人左右,设正副大队长、指导员、司务长、宣传干事;大队下设中队,中队下设分队。此外,在桓仁仙人洞、海青伙洛、哈塘沟、岔路子和新宾境内还组织了青年义勇军。其成分都是十几岁的青年农民,人称"小孩队",其任务是维护地方治安,给大部队送给养,有时也配合大部队作战。

三是建立地方委员会或乡政府。根据中共满洲省委《关于农民委员会和民众政府》中的规定,农民委员会应该成为实际的乡村政权机关。中共桓仁县委和东北人民革命军第一军第一师指战员努力做筹建政府的工作。他们先是在桓仁桦尖子、海青伙洛、高台子一带的穷苦农民中宣传抗日救国、不当亡国奴、团结起来打日本的道理,启发其民族意识和阶级觉悟,然后再将经过宣传教育的民众组织成以贫农为骨干的地方工作人员联络点。1934年冬至1935年,在本溪碱厂的东大洋、二道沟和三道沟等地先后建立了地方委员会,并设有主席。中共南满特委在工作报告中指出:桓仁、宽甸、兴京一带群众对我们影响好,是第一师经常活动的地方,有些建立了群众和党的组织,第一师和中共通化县委要为建立桓仁特区政府而斗争。1935年8月,桓仁特区政府建立。特区政府主席为张德山(张世祯),副主席为杨林芳,下设自卫、财粮、组织、教育、农业科。同年12月29日,第一师在宽甸宽北双山子区四平村方家隈子尹家大院召开了贫苦群众会议,民主推选6人组成四平乡政府,政府主席为宋言诠、组织委员宋凯、宣传委员隋明先、给养委员于华国、情报委员张振有、武装委员张小五。

东北人民革命军进入辽东桓仁、宽甸等县,发动群众建立了上述组织和政权,从而在桓仁、宽甸、本溪、兴京四县交界的老秃顶子和和尚帽子两座大山附近的斜长地带又开辟了一块抗日游击根据地。这块被群众称为"红地盘"的抗日游击根据地,是整个南满游击根据地重要组成部分,也是全东北抗日斗争最活跃的地区之一,对日伪当局在安奉一带的统治构成了严重威胁。

十一、抗联第一军的两次西征

1936年年初,转战辽宁境内的东北人民革命军第一军经过两年的游击战争,已建立了一定范围的抗日游击根据地。为了寻求党中央对东北抗日游击战争的领导,及时听取党中央的指示,杨靖宇希望打通与中共中央和关内抗日军队联系的通道,同时也认为有必要把抗日游击战争推向辽西。这时,在陕北的中共中央为了扩大陕甘宁根据地,以实际行动表示红军抗日的决心,决定组织中国人民红军抗日先锋军实行东征,首先向山西、绥远进军,并逐步向接近抗日前线的华北广大地区发展,以便与日军作战。红军北上抗日的消息,为杨靖宇试图打通与党中央及关内抗日军队的联系创造了一定条件。1936年5月23日,杨靖宇率东北人民革命军第一军军部来到本溪县草河掌山区的汤池沟,举行了师以上干部军事会议,研究向西挺进打通与关内联系的西征事宜。不久,杨靖宇从日伪军报纸上看到消息:"林匪部队在热河一带活动",以此断定是中央红军将领林彪率队到达热河,于是,便命令第一师马上出发西征。

西征部队以东北人民革命军第一军第一师为主力,由第一师师部、保卫连、第三团和少年营约400人组成,主要领导人员有第一军政治部主任宋铁岩、第一师师长程斌、第一师参谋长李敏焕。1936年6月,活动在本溪、桓仁一带的第一师根据军部的指示,向本溪境内的和尚帽子密营集结。6月23日,由宋铁岩主持召开了第一师师团以上干部会议,传达了西征的目的、任务,并作了具体部署:由宋铁岩、程斌、李敏焕率领第一师主力部队第三团和少年营,自本溪、凤

★第一次西征会议遗址主碑

★宋铁岩

★李敏焕

城中间地带西进辽阳,越过南满铁路,直奔辽西、热河地区;第四团、第六团在西征部队南北两翼活动,以吸引和分散敌人兵力,掩护西征部队的行动。

6月28日,西征部队由和尚帽子根据地出发,7月1日,越过安奉铁路进入辽阳境内。途中,原已身患肺病的宋铁岩因过度劳累,病情日益加重,被送回和尚帽子密营休养。西征部队继续向岫岩境内挺进。这时,敌人已察觉第一军西征意图,遂调集兵力追击堵截,西征部队前进严重受阻,且由于西征部队所到地区缺乏群众基础,增加了西征行动的困难。为了免遭敌人的围攻,7月8日,师部决定化整为零,分为三路返回根据地。第一师师部在回师途中,7月15日路经辽阳与本溪交界的摩天岭时,与跟踪追击的本溪连山关日军守备队第二中队展开了激烈战斗。当敌人进入伏击圈时,西征部队将士突然发起攻击,毙敌大队长今田大尉以下80余人,缴获步枪30余支,手枪5支,望远镜1个。下午,又与尾追之敌展开战斗,敌死伤60余人。这就是当时颇有影响的摩天岭大捷。在摩天岭战斗中,第一师参谋长李敏焕不幸中弹牺牲。7月下旬,参加西征的部队先后返回游击根据地。

这次西征,第一师损失很大。到7月下旬返回本溪、宽甸、桓仁老游击区时,400余人的部队只剩下百余人。其中少年营一连回撤时,在北交界碑(今海城所属)与敌人遭遇,经殊死战斗后,全连只剩下连长张泉山和两名战士。为了不当俘虏,他们毅然毁坏枪支,纵身跳下悬崖。

10月上旬,杨靖宇听取了第一师关于西征的汇报,召开干部战士大会,向在摩天岭战斗中牺牲的李敏焕等烈士致哀。在讲话中,杨靖宇充分肯定了西征部队的英雄壮举。为了鼓舞士气,他亲自编写了《西征胜利歌》。他在歌词中写道:

"红旗招展，枪刀闪灿，我军向西征。大军浩荡，人人英勇，日匪心胆惊。纪律严明，到处宣传，群众俱欢迎。创造新区，号召人民，为祖国战争。中国红军，已到热河，眼看到奉天。西征大军，夹攻日匪，赶快来会面。日匪国内，党派横争，革命风潮展。对美对俄，四面楚歌，日匪死不远。紧握枪刀，向前猛进，同志齐踊跃。歼灭日匪，今田全队，我军战斗好。摩天高岭，一场大战，惊碎敌人胆。盔甲枪弹，胜利无数，齐奏凯歌还。同志快来，高高举起胜利的红旗。拼着热血，誓必打倒日本帝国主义。铁骑纵横，满洲军队，已有十大军（即东北抗联已有十路军）。万众蜂起，勇敢杀敌，祖国收复矣。"

第一次西征失利后，杨靖宇再次组织西征。1936年11月，杨靖宇率部来到桓仁县外三堡，召集有军部领导人和第三师负责同志参加的会议，决定由抗联第一军第三师进行第二次西征。在这次会议上，杨靖宇认真总结了第一次西征的经验教训，决定把第三师部队改编为骑兵，在冬季利用河水封冻之际，迅速突向铁岭、法库一线，跨越中长铁路和辽河，挺进热河，完成西征的最终使命。第三师接受军部下达的西征任务后，立即进行把步兵改编为骑兵的各项准备工作。11月下旬，第三师西征部队共400余人，在师长王仁斋、政委周建华的率领下，由兴京县境内出发，一路克服重重困难，冲破敌人严密封锁，经清原、铁岭，穿过中长铁路，于12月下旬到达石佛寺和法库县三面船一带的辽河岸边。出乎意料的是，当年冬季气温偏高，河面尚未封冻，河口还有日军把守，西征被迫停止。部队正待回师时被追敌包围，在敌众我寡，且地形又十分不利的情况下，第三师与敌人血战一昼夜，400多人的队伍只有100多人突出敌人包围，其余壮烈牺牲，返回途中又有掉队和牺牲人员。第二次西征再次受挫。

第一军的两次西征，从主观上看，这种采取大部队远征与党中央和关内红军联系的方式，容易引起敌人注意而遭到围追堵截；从客观上看，敌我力量对比悬殊，孤军劳师远征，得不到群众支持，缺乏给养，加之两次西征均要穿越辽河平原地带，并接近敌人在南满统治的中心区域，敌人封锁严密，又遇上天时不利，导致了两次西征的失败。但是，第一军的两次西征仍然有其重大意义。西征部队沿途大力宣传了中国共产党的抗日主张，所到之处扩大了中国共产党和抗日联军在辽宁境内的影响。西征部队在冲破敌人的追击堵截中消灭敌人一批有生力量，取得了摩天岭大捷等重大胜利，打击了日伪统治者；西征部队不怕艰难险阻，敢于长途跋涉，冲破敌人重重封锁，再次显示了中国共产党领导的第一军指战员为寻求与党中央与关内红军联系,积极争取上级领导的英勇无畏的革命精神。同时,两次西征,在某种程度上也转移了敌人的注意力,减轻了老游击区的压力。从总体上来看,第一军的两次西征不失为一次英雄壮举。

十二、党领导与影响下的文艺战线的抗日爱国斗争

1931年九一八事变后,中共满洲省委在领导东北人民进行抗日武装斗争的同时,积极领导进步的文艺工作者开展抗日救国斗争。

党对文艺工作的领导以建立合法进步文艺团体作为掩护,通过派地下党员参加文艺团体,团结左翼文化人士,开展革命的文艺活动。辽宁籍当时从事文艺工作的既有地下党员罗烽、金剑啸等人,也有年轻作家萧军、白朗等。1933年8月,罗烽、金剑啸、萧军、白朗等人利用伪满洲国官办的《大同报》,创办了《夜哨》文艺副刊,发表揭露日军腐败、有利于抗日的进步文学作品。12月,《夜哨》被迫停刊后,白朗受党组织的指派,考入《国际协报》报社。1934年1月,白朗创办了《文艺周刊》,罗烽、金剑啸、萧军等为其撰稿,反映了日伪黑暗统治下农民的困难境遇和反抗斗争。《文艺周刊》于1934年年底被迫停刊,共出版47期。

★金剑啸

1933年7月,金剑啸发起组织了党领导下的抗敌文艺团体"星星剧团",并自任导演,萧军、白朗等人是剧团的主要演员。通过剧团的活动,党把对文艺工作的关怀和帮助及时带给了年轻作家。

这一时期,革命作家和进步文艺工作者创作和发表了许多表现抗日斗争和暴露黑暗社会现实的作品。如金剑啸讴歌抗联勇士的长诗《兴安岭的风雪》、萧军的小说《烛心》、罗烽的话剧《两个阵营的对峙》等。1935年,萧军的长篇小说《八月的乡村》出版,社会反响很大。该书描写了东北一支抗日游击队在中国共产党的领导下与敌人进行艰苦的斗争,揭露了日本帝国主义的侵略暴行,讴歌了抗日英雄。此书出版后,鲁迅先生将其分赠给国际友人,并被翻译成俄、日、德、印等多种译本。

与此同时,在奉天、大连、抚顺、营口等地先后出现了一些文学社团和文学活动,其中比较有影响的有冷雾社、新社、飘零社、白光社、LS(鲁迅)文学研究社等。盖平的小学教师花喜露(田贲)在学生时代就接触马列主义,研读左翼文学。1936年8月,他与6名爱国青年秘密创办了LS(鲁迅)文学研究社,其宗旨是,以鲁迅为榜样,以笔为刀枪与敌人战斗。此间他还自行出版油印了地下文艺刊物《行行》(后改名《星火》),团结进步青年学习马克思主义理论和进步文学作品,从事抗日文学的创作。《行行》出版了20多期,其作者、读者和印刷发行人员,遍布奉天、大连、哈尔滨等大中城市。刊物虽屡遭敌禁,有的成员也惨遭杀害,但花喜露等人坚持用文艺武器,勇敢地同敌人展开斗争。飘零社是1933年由抚顺文学爱好者王秋萤、陈因等人创办的。该社借《抚顺民报》的《飘零》副刊,发表进步和爱国文学作品。后来,王秋萤进入《民声晚报》工作,创作了《雪地的嫩芽》等短篇小说,表达了对抗日爱国志士的崇敬。

运用文艺武器进行抗日爱国斗争的,还有活跃在抗日战场上的广大抗联指战员。其中,杨靖宇创作的《东北抗日联军军歌》流传最广。杨靖宇先后创作了《西征胜利歌》《中朝民众联合抗日歌》等诗歌,对广大将士奋勇抗敌,具有很大影响力和号召力。李兆麟和他的战友们创作的《露营之歌》也是抗联诗歌中有重大影响的作品。在戏剧创作方面,杨靖宇创作的话剧《王小二放牛》影响较大。该剧通过对放牛娃王小二一家遭遇的描写,揭露了日本帝国主义的罪恶行径,歌颂了农民的反抗精神,赞扬了抗联的丰功伟业。该剧演出多场,深受抗联指战员的欢迎,对部队起到很好的鼓动和教育作用。

十三、党领导特殊工人的抗日斗争

1941年太平洋战争爆发后,关东军把从中国各地主要是华北战场抓捕的抗日军民及国民党抗日官兵押往东北各地矿山,迫使其充当劳工。关东军为了掩盖奴役劳工的事实,把这些战俘劳工称为特殊工人。辽宁是当时关押特殊工人最多的省份,主要集中在抚顺、阜新、本溪、鞍山、辽阳和北票等地。

日伪当局实际上把特殊工人作为囚犯对待。特殊工人只能住在规定的区域内,周围架设了铁丝网,由日本人直接看管,上下班都有日伪军警押送。为了防止工人逃跑,主要交通路口和车站都设置了检查网,有警卫人员昼夜值班。

在日伪军警、特务和把头的皮鞭、棍棒监督下,特殊工人每天从事10余个小时的劳作,劳动强度极大,矿坑冒顶、瓦斯爆炸等事故经常发生,伤亡事件接连不断,人身安全毫无保障。他们每天只能喝稀粥、吃咸菜,而且粮食常常是发霉的,经常有人因此而中毒。一旦有人患病,就要被毒针注射而死或送到大炉中活活烧死。

★阜新下菜园子"特殊工人"住的房子

面对日伪统治当局的残酷迫害,特殊工人利用一切机会进行反迫害、求生存的殊死斗争。特别是其中的共产党员,他们虽然因被捕同原来的党组织失去了联系,但是他们的革命理想、意志和信念没有泯灭,纷纷秘密串联,自发组成党支部或党小组,发动特殊工人同日伪统治当局和汉奸把头进行不屈不挠的斗争。其中,阜新矿区的特殊工人组织起的党组织有五龙特殊工人党小组、高德塞北支部、新邱党支部、十月特支、太平第六特殊工人大队党支部、太平第八特殊工人大队党支部等。在抚顺炭矿老虎台采炭所万达屋井,共产党员南品、马苏义和熊言顺因未能同当地党组织接上关系,于是秘密成立临时党支部。本溪柳塘煤矿特殊工人建立了临时党支部(后改成共产主义小组),茨沟煤矿的特殊工人也建立了多个党小组。特殊工人中的共产党员在斗争中成为最团结最有生气最勇于战斗的核心力量。广大特殊工人在党组织和共产党员的带领和组织下,与日伪当局进行了多种形式的反抗斗争。

脱离虎口,争得自由,是广大特殊工人的共同要求。逃出牢笼,重返抗日战场则是许多共产党员和八路军指战员的一致愿望。1942年8月4日,阜新五龙矿党小组组长韩玉玺和党员吴文军在先后组织了300多名矿工逃出煤矿后,两人也胜利出逃,返回冀东抗日队伍。1942年9月,太平矿第六特殊工人大队党支部书记徐学俊带领数名党员和工人逃跑成功。1943年,十月特支在敌人严密监管的情况下,把组织工人公开斗争转到秘密串联组织工人分散逃跑上来。

抚顺万达屋特殊工人临时党支部在总结了以往集体逃跑失败的教训后，改集体逃跑为以小组为单位行动。1942年秋，支部委员马苏义秘密给原部队首长写信，与部队联系上后，根据指示，带领部分人逃回了部队。在临时党支部的严密组织下，分期分批地将许多党员送了出去。

本溪柳塘田宝林党小组在特殊工人中广泛宣传抗战胜利的消息，鼓励大家想方设法逃出苦海，到关内寻找八路军。1944年7月，这个小组的主要成员先后从这里逃了出去。茨沟的吴英党小组也把集中力量组织工人逃跑作为一项重要工作来抓，并于1944年成功逃跑。

消极怠工，制造生产事故，破坏煤炭生产，是特殊工人经常采用的斗争手段。在党组织的发动下，特殊工人在劳动中软磨硬泡，出工不出力。他们派人看着把头和监工，用暗号传递消息，监工来了就假装干活儿，走了就歇。在太平洋战争爆发后，特殊工人经常不断地制造一些敌人抓不到把柄的生产事故，影响生产的正常进行。

开展争人权、反打骂的斗争，是特殊工人为自我保护而不断开展的斗争。特殊工人中的党员采用故意打群架的方法，借混乱之机教训二把头。二把头来时，工人们故意打起来，趁二把头用木棍和皮鞭制止时，趁机狠打二把头，教训够了，再有人出面说和。二把头怕把事情闹大影响生产，向上面交不了差，只能吃哑巴亏。

在党组织的领导发动下，辽宁地区的特殊工人还举行了多次大的暴动。1940年，日伪将从山东、河北、河南等地的战俘和抓获的抗日人员1300余人，押送到北票煤矿，分住在"协和寮"和"报国寮"特殊工人宿舍中。9月4日夜，"协和寮"131名特殊工人在共产党员韩树琪等人的领导下，利用交接班的机会举行暴动。大家以事先准备好的镐把为武器，直冲到大门口，将两名值班的警察打死，夺得两支大枪后从大门蜂拥而出，分两路消失在夜幕中。第二天，大家按约定在北票与朝阳边界地带一座喇嘛庙集合，又重新划分行动小组，分别奔赴张家口或山东寻找抗日队伍。在这次暴动的鼓舞下，"报国寮"的特殊工人又组织了多次暴动。

1941年12月16日上午，抚顺万达屋特殊工人临时党支部决定举行集体暴动。12月21日晚，在支部军事委员南品的带领下，暴动队伍破坏了电网之后向北挺进，深夜到达浑河岸边，冒着严寒涉水渡河。次日清晨，抚顺警察署组成"讨伐队"追来。暴动工人在南品的指挥下占领了三家子北山制高点，但遭到敌人机枪的疯狂扫射，暴动队伍当场有3人牺牲，49人被捕，其余人逃走。敌人把这49

★南品

人分别押到抚顺警察署和日本宪兵队,进行刑审,许多人被打得遍体鳞伤。在这种情况下,南品、高光鉴、李新民3位共产党员挺身而出,承担了暴动的全部责任,解救了参加暴动的其他人。其他46人被押回万达屋井继续劳动,南品等3人分别被判处七年和五年有期徒刑,刑满后转入无期苦役和十年苦役。

1942年9月,阜新新邱采矿所下菜园子辅导工人举行了震惊伪满洲国和日本当局的一次大暴动。1942年8月,以原冀中八路军某部连长刘贵为大队长的300多名特殊工人到达新邱。暴动心切的刘贵提出了"突网暴动"的意见。虽然新邱支部认为队伍对各方面的情况还没有摸清楚,不主张马上行动,但刘贵不听从支部的劝告,新邱支部只好决定支持暴动,并积极参与领导。他们事先召开了动员会,观察了地形,成立了两个突击队和一个护送小组,并决定分两路突破电网。9月2日夜10时许,暴动开始。新邱特支组织委员戴绪书举刀砍向电网,一道电光闪过,戴绪书触电牺牲。电网闪出的电光惊动了矿警,暴动行动暴露。12时左右,突击队员砸开仓库,取出铁锹、镐头做武器,分两路向北门和东门突击。由于敌人的火力阻击,队伍不能前进。从阜新各处赶来的宪兵队、警备队均已到达下菜园子周围。暴动人员被敌人的火力逼到西北角,共产党员韩玉波为了给大家开辟道路,也在砍电网时光荣牺牲。暴动工人尝试用各种方法越过电网,但大都失败了。天渐亮时,敌人紧缩了包围圈,大部分暴动队员被压缩在院中央。这次大暴动只跑出去10多个人,20多人当场牺牲。但是新邱特支没有暴露,他们领导难友又开始了新的战斗。

1945年8月15日,日本宣布无条件投降。这一消息在特殊工人中产生了巨大反响。在抗战的最后时刻,特殊工人又一次开展了争取自由和解放的反日斗争。在党组织和党员的带领下,本溪、抚顺、阜新等地的特殊工人奋起反抗,保护矿山,成为这一时期配合和参加我军接收斗争的重要力量,在八路军进入之前起到了重要的作用。

十四、凌（源）青（龙）绥（中）抗日游击根据地的开辟

凌（源）青（龙）绥（中）抗日游击根据地是中国共产党在长城以北建立起来的抗日游击根据地之一，是冀热辽抗日根据地的重要组成部分。它的开辟与存在，对巩固冀东抗日根据地，扩大开辟热河、辽西等新区以及1945年我军迅速挺进东北，起到了重要的作用。

凌青绥地区是原辽西、冀东、热河相毗邻的丘陵山区，是冀东抗日游击根据地与伪满西部统治区的交界地带。抗日战争爆发后，冀东地区党组织在开辟冀热地区建立抗日游击根据地的斗争中，曾多次派出武装部队和游击队开辟包括青龙在内的热河南部山区，并在边区长城沿线一带开展了抗日游击活动。

凌青绥地区的敌伪统治力量，主要为伪军讨伐队、警察署和伪村公所等地方势力。武工队采取了依靠群众、打击首恶分子、争取胁从人员、团结一切力量进行抗日的政策，使开辟临（榆）抚（宁）凌青绥地区的初期工作进展较快。到1942年年底，已开辟了热南、滦东、辽西大片地区，为在临抚凌青绥一带建立新区人民政权，发展党的组织奠定了基础。

1942年12月，十三地委（冀东区分委改称）决定在青龙成立临抚凌青绥联合县工委和行政办事处。1943年春，又分别成立了临抚昌（黎）和凌青绥两个联合县工委和办事处。凌青绥联合县工委建立后，在有条件的地区逐步建立了区一级政权。到1942年冬，已增建区级政权5个，培养了大批干部和骨干分子。1943年，工委抽调干部开辟绥中地区，在绥中建立了两个区后，又继续开辟城东和兴城的大、小药王一带地区。1943年秋，开辟了凌源部分新区。

凌青绥抗日游击根据地创建后，面临的一项重要而艰巨的任务，就是领导山区人民开展反"集家"、反"人圈"、反扫荡斗争。

1943年春天开始，日本侵略者对热南、辽西山区不断增兵"扫荡"，进一步疯狂推行"集家并村"政策。日军威逼群众修围子（"人圈"的围墙）、建炮楼，企图把居住在长城内外几十里以至百余里范围的广大群众，以武力强迫赶进"人圈"。根据上级的指示，凌青绥工委领导山区群众，展开了针锋相对的反"集家并村"的斗争。工委武工人员在群众中揭露敌人的"集家"阴谋，发动群众不修围子，破坏围墙，不进"人圈"，组织群众拆毁"人圈"的围墙，使日本侵略者

推行的"集家并村"政策屡遭挫败。日军在"集家并村"政策失败后，又实行惨无人道的"三光"政策，强行实施"集家并村"，并对凌青绥工委和办事处驻地青龙花厂峪进行"梳篦清剿"，妄图把我党政机关一举歼灭。在围攻花厂峪的同时，"讨伐"队、伪警察沿长城以北纵深50里到百余里的范围内，以武力强行"集家并村"，将几十万人驱入"人圈"，制造了骇人听闻的大片无人区。

1943年冬，冀热边特委发出指示，将工作重点转入"人圈"内。凌青绥工委遵照特委的指示，在坚持无人区斗争的同时，大力开展"人圈"内工作，武工队员偷偷进入"人圈"团结教育群众，争取敌伪中下层人员为我党工作。党在领导群众反"入圈"斗争的同时，还领导广大群众坚持无人区的反扫荡、反清剿斗争，沉重地打击了日伪军的嚣张气焰，坚持了凌青绥抗日根据地的斗争。

1944年下半年，中国抗日战争形势发生了巨大变化。凌青绥工委遵照冀热边特委关于《对恢复口外工作决定》的精神，决定撤销凌青绥联合县工委和办事处，组建党政军民统一的领导机构——十六地委。1944年9月，十六地委成立，积极组织武装工作队和地方部队，扩大开辟热辽游击区。1945年5月，冀热辽区党委决定十四、十五、十六地委各自组织挺进东北武装工作队。1945年8月8日，苏军对日宣战，冀热辽部队在司令员李运昌的率领下挺进东北。凌青绥抗日根据地的党政干部，随大军一起参加了接收东北的斗争。至此，凌青绥地区的抗日斗争取得了最后的胜利。

十五、国际情报组织在辽宁

九一八事变后，日本帝国主义在中苏边境接连不断地挑起事端。为了防止日本进攻苏联，摧毁日本占领区的军事设施，共产国际决定，由苏联红军参谋部负责训练中国、朝鲜等国的进步青年，组成国际情报组织，其任务是破坏占领本国的日本帝国主义的军事设施和战略物资，钳制日军的行动。1933年后，中共满洲省委根据中共中央的指示，先后送几批中共党员和抗日爱国青年去苏联，一部分参加红军参谋部军事训练班接受特殊训练，一部分参加远东局司令部情报部第四情报科受训。学习的主要内容是政治、无线电、燃烧、爆破、射击、游击、汽车驾驶、秘密工作等。参加国际情报组织的中共党员，从参加培训之日起，不再与本国组织发生横向联系，而直接由共产国际方面派出人员单线联系。

1933年年底，受训的中共党员姬守先、黄振林、赵国文等人回到国内，在上海设立国际情报组织指挥部。1934年，国际情报组织在天津设立联络点，负责指挥大连、奉天、安东和营口等地情报组的活动。由于大连是日本对中国扩张侵略的后方军需基地及海陆联运的交通枢纽，国际情报组织把大连确定为战略破坏的重点。

1934年夏，大连国际情报组（又称抗日放火团）建立，由共产党员赵国文任负责人。此后，李寿山、王耀庭、张守义相继来到大连。他们通过直接或间接的关系，物色具有爱国热情的青年，秘密发展组织。1936年3月，上海指挥部为加强大连的工作，派共产党员秋世显到大连。秋世显化装成苦

★日本"满铁"仓库被大火引燃

力住进大连码头工人居住的"红房子"，与工人群众吃住在一起，以交朋友的方式对工人进行爱国主义教育，从工人中发展成员，使组织不断得以扩大。1937年8月，日本统治者在北满逮捕了北满国际情报组负责人，从审讯的口供中方知大连也有国际情报组的活动。因此，日本"关东州厅"加强了防谍报机构建设，增设外事警察课，充实警备力量130余人。还组建了中央防谍委员会和"关东州"劳务协会，用严密侦察和武装镇压手段打击大连国际情报系统。在十分严峻的形势下，大连国际情报组的活动不但没有停止，反而随着全国人民抗日斗争的不断发展而更加活跃。1938年2月，大连国际情报组成员王金泰、陈根茂在码头二站烧毁军用纸库一座。秋世显和洪德锡在周水子烧毁军用马草10垛。4月10日，秋世显领导满洲石油株式会社工人吴成江、陆炳义，将日军储存的6万桶石蜡、石油全部烧毁。同年6月，秋世显、邹立升、于守安等人，在码头烧毁4个仓库里大量日军军用储备物资。

1940年年初，日本帝国主义为发动太平洋战争，准备了大量军用物资从大连港中转。国际情报组织得到这一消息后，决定抓住时机，实施行动。从2月13日至5月28日，于守安在码头烧毁了军用飞机、棉花、砂糖、纸张、粮食等

大量军用物资。据"关东州厅"的调查统计：从1937年4月到1940年6月止，放火团进行有组织、有谋略的放火事件共78件，其中发生在大连的放火事件就有57件之多，给日本造成的直接经济损失达日币2000多万元，足够日军两个师团全年所需。

正当大连国际情报组活动日益活跃之际，情报组成员黄振先酒后失言，泄露了码头起火的实情。大连警察署获悉后，于1940年6月24日至7月初，对大连国际情报组成员进行大搜捕，除洪德锡、王金泰逃离大连外，其余成员全部被捕。

除大连之外，辽宁的安东、奉天、营口、锦州、抚顺等地都有国际情报组织的活动。1934年秋，在苏联经过训练的李子敬被国际情报组织派到营口，具体任务是发展组织，负责奉天、大虎山、营口一带的侦察及爆破敌人军事目标。李子敬曾4次到奉天向国际情报组织接头人汇报情况。1935年1月，由于奉天接头人被捕，李子敬在营口被捕，营口国际情报组织的活动停止。

1934年3月，在苏联受训归来的王济之（张述本）来到安东。他以青龙街鸿顺客栈为据点，先后发展李振远（李惠之）、栾文为情报组成员，以后又发展为中共党员。王济之向他们传授了爆破技术，并指示他们搜集安奉线日伪军事设施和部署情况。为了扩大组织，加强情报搜集工作，他们3人又四处奔波，相继发展10余人加入情报组织。同年7月，王济之伪装成奉天日本厚生会会社外交员潜入奉天市，进行该地情报组织的筹建工作，同时仍监管安东情报组工作。8月，根据上海指挥部的指示，王济之派安东的翟有光到抚顺开展工作，并任命他为负责人。此后，又派绪真一去抚顺协助工作。在此期间，安东的李振远曾将安奉线的地理概况、敌人驻军情况和炸药制作情况，直接向领导南满情报工作、化名胡文芳的外籍女同志作了汇报。1935年1月，由于其他地区情报组织一度遭到破坏，安东情报组大部分成员被捕，情报工作遂告结束。

国际情报组织在辽宁的斗争由于贯彻了正确的方针和严密的工作制度，取得了较好的成效。这些情报组织一方面宣传了中国共产党的政策和抗日救国主张，发展了新的秘密组织，壮大了党

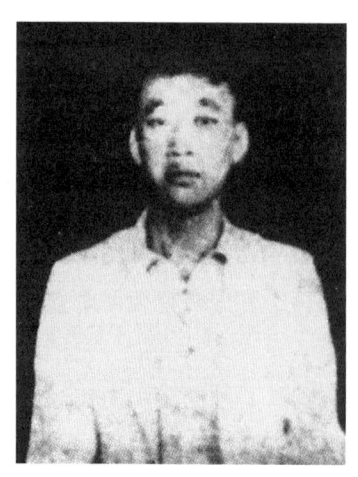

★姬守先

的力量；另一方面通过打入敌人内部搜集大量敌伪政治、经济、军事和社会等方面的情报，破坏和烧毁了敌人的军事设施和军事物资，为东北抗日战争和世界反法西斯战争的胜利作出了重要贡献。

十六、辽宁解放区的土地改革运动

1945年12月28日，毛泽东在给东北局的《建立巩固的东北根据地》的指示中明确指出："我党在东北的工作重心是群众工作"，"我党必须给东北人民以看得见的物质利益，群众才会拥护我们。"土地是东北人民群众看得见的物质利益。党清楚地认识到，只有进行土地革命，才能获得农民群众的支持，才能把农民群众发动起来，才能巩固我们的根据地。

进入东北初期，各级党组织和人民军队遵照中央的指示，开展了反奸清算、减租减息和分配敌伪土地的斗争，解决了部分农民的土地问题，但没有从根本上废除封建阶级的土地占有制度。1946年5月4日，中央颁布《关于清算减租及土地问题的指示》（简称"五四指示"），决定把抗战时期的减租减息政策改为没收地主土地分配给农民的政策，实现广大农民"耕者有其田"的梦想。"五四指示"充分肯定了农民在反奸清算、减租减息运动基础上从地主手中获得土地的正当要求，规定了实行土地改革的政策、策略和原则，提出了开展群众工作的路线，为解放区开展大规模的土地改革运动指明了方向。为在东北解放区全面贯彻落实"五四指示"，东北局于1946年6月25日作出《关于组织工作团动员干部下乡发动群众创造根据地的决定》，要求各地动员大批干部组成工作队、工作团深入农村，发动群众，开展土改斗争，解决土地问题。

1946年7月7日，东北局又作出《关于形势与任务的决议》，把下乡发动农民群众作为东北全党的中心任务提了出来。辽宁解放区各省坚决执行东北局的指示，迅速掀起了干部下乡发动群众，开展土地改革的热潮。1946年5月，辽吉省委首先在康平进行土改试点，取得经验后在全省范围内推广，并由省委书记陶铸带队，分4个工作团深入农村发动群众。辽东省委分两批动员干部下乡，深入农村进行发动群众工作。辽南一地委组成两个工作队，到岫岩县黄花甸子、青城县三家子一带发动群众，进行土改试点。辽南五地委下发《关于土地改革中几个问题的指示》，复县（今瓦房店市）县委召开4000多名积极分子参加的大会，土改试点在全县迅速展开。到1946年10月，辽宁解放区土改运动中分土地近900万亩。土地改革运动极大地调动了广大农民群众的积极性，有力地配合了自卫战争的开展和根据地的建设。但是，由于发动群众时间短，干部经验不足，加上土地政策的因素，致使土改中出现了不彻底、"煮夹生饭"等问题。

1946年11月，辽宁各省开展了解决土改中的"煮夹生饭"问题，但是范围不大。1947年3月，我军开始局部反攻，辽宁省委要求收复区立即进行以发动群众诉苦复仇、反奸清算、土地改革为中心的各项工作。1947年5月31日，辽吉省委书记陶铸发出《关于新收复地区发动群众问题给一、二、五地委的一封信》，明确要求迅速发动群众，坚决实行土改。辽东分局向各省委、各工作团发出了《关于收复区土地改革的信》，指出打倒地主阶级、消灭封建剥削制度的关键，是要掀起群众阶级斗争的热潮。

辽宁省委也针对土改中的一些问题采取了一系列的措施，进行反"翻把倒算"斗争和"砍挖"运动。"翻把倒算"是指一些被清算过的地主、恶霸强行向农民要回被分的土地和房屋，打击和迫害运动积极分子和村干部。为了打击这些"翻把倒算"分子，1947年3月，辽宁省委在《告收复区群众书》中，号召群众紧急动员起来，"大胆控诉蒋军、恶霸、特务、坏蛋的暴行，索回胜利果实"。经过六、七两个月的反"翻把倒算"斗争，打退了地主阶级的进攻。"砍挖"运动是指地主的土地被分后，他们并不甘心失败，将大量的金银财宝、粮食、布匹、衣物转移或掩埋起来。面对这种情况，1946年6月25日和7月27日，东北局连续发出了《关于继续完成土地改革深入开展群众运动的指示》和《关于挖财宝的指示》，领导群众开展了"砍挖"运动。经过反"翻把倒算"斗争、"砍挖"运动，进一步打击了封建势力，把农民群众广泛发动起来，为在农村建立根据地打下了坚实的群众基础。

1947年10月10日，中共中央公布了《中国土地法大纲》，把土改推向了彻底

★《中国土地法大纲》

平分土地的阶段。11月3日至21日，东北局在哈尔滨召开会议，传达中央土地工作会议精神，部署土改工作任务。辽宁各省委把贯彻《中国土地法大纲》当作一项十分重要的中心工作来抓，辽宁解放区迅速掀起了平分土地运动高潮。平分土地的大体步骤是：广泛宣传《中国土地法大纲》，把党的政策交给群众，动员群众自己起来分地；划定阶级成分；整顿组织，成立贫雇农大会及其委员会，领导平分土地运动；按照中央精神和各地实际情况制定分地办法，组织平分土地和其他物资。

平分土地运动使辽宁解放区的土地改革达到高潮。与以往土地斗争比较，这次平分土地运动声势最大，范围最广，参加人数最多，取得成绩也最显著。它在经济上、政治上彻底消灭了封建和半封建的剥削制度，地主与富农全部失去了赖以进行封建半封建剥削的主要手段，辽宁解放区老区的农民彻底解决了土地问题。经过土地改革，初步解决了农民的生产资料和生活资料的困难。在土改运动中，建立与整顿了基层政权和群众组织，培养了大批积极分子和村、区干部，建立与发展了党的基层组织，扩大了党的队伍。土改后，摆脱了几千年来被压迫被剥削的农民，成为真正的主人。同时，农村生产力获得了极大解放，农民的生产积极性空前高涨，解放区的农业得到了迅速恢复和发展，为东北解放战争的胜利奠定了坚实的基础。

十七、秀水河子战斗

1946年1月13日，国共双方就东北问题进行谈判。国民党假和谈真内战，大举向东北增兵。2月初，国民党军队沿北宁路两侧，分三路大举进犯我解放区，为准备下一步接收沈阳创造条件。2月9日，国民党第十三军第八十九师二六五团一个营到达战略要地秀水河子。11日，二六六团增援至秀水河子。

秀水河子是法库县西部的一个普通村镇，东南地势平坦，西北地势起伏，是法库的交通枢纽，沈阳的北大门。当时东北民主联军总部就在法库一带。中央此前就停战期间东北问题给东北民主联军发来的电报明确指示："如国民党不与我谈判即向我进攻……务必一战大胜，煞一下顽军在东北的威风。"

2月9日，东北民主联军遵照中央的指示进行战前部署，认为敌人兵力不多，远离主力，分散孤立，我军在力量上占据优势，决定在秀水河子一带寻找机会，

★ 梁兴初

给敌军以歼灭性打击。2月11日，东北民主联军第一师和第三师第七旅迅速出动，完成对秀水河子的包围。11日，第七旅旅长彭明治带领第十九、第二十、第二十一团等3个团连夜出发，于12日上午到达秀水河子东南，占领有利地形。第一师师长梁兴初带领第一师主力到达秀水河子西北，对敌军形成包围。中午，300多名敌军从秀水河子村冲向西八家子我军阵地，想把包围圈打开一个缺口。第二十一团第二营战士向敌军猛烈射击，战斗非常激烈，敌军只好缩回秀水河子。

12日夜，我各路参战部队按总部指示进入预定作战地区。13日下午，东北民主联军总司令林彪到第七旅总部，听取了攻击总部署的汇报。黄昏前后，各攻击部队接近秀水河子，扫清了外围的敌人。21时整，按总部命令，各路围歼秀水河子敌人的部队发起了总攻。秀水河子一役，歼灭敌军二六六团全部、二六五团第一营、师属山炮连及汽车连，毙伤敌700余人，俘敌副团长以下900余人，包括打援共歼敌1600余人，并缴获大量枪支及其他物资。秀水河子战役，是八路军和新四军进入东北之后的首次歼灭战。这次战斗的胜利，极大地鼓舞了军队的士气，打击了敌人的嚣张气焰，提高了中国共产党和人民解放军在东北人民中的威望。

十八、新开岭战役

1946年10月中旬，国民党根据"南攻北守"的作战计划，调集8个主力师，分左、中、右三路军向南满地区大举进犯，企图消灭或逼退东北民主联军，以控制南满，进而将东北民主联军压缩于北满，达到一举消灭的目的。南满地区的形势面临着严峻考验。10月19日，中共中央东北局电示南满军区："必须集中兵力，选择有利目标各个歼灭敌人，这才是胜利的根本道路。"东北民主联军第四纵队根据东北局的指示，在摩天岭、连山关、分水岭、赛马集和双岭子连战连捷，并决定集中纵队主力8个团的兵力，在新开岭地区消灭号称蒋家"千里驹"的国民党第五十二军第二十五师。

10月30日，敌二十五师先头部队到达新开岭地区。新开岭位于宽甸以西约70里，包括叆阳边门、黄家堡子、王家堡子等地，四面皆为高山，宽（甸）赛（马）公路和叆河穿越其间。沿叆河两岸的地形比较开阔，北面有老爷山制高点，东有叆阳边门东山可以控制公路出口，黄家堡子和潘家堡子均有高地可以设伏，还有当年日本人在老爷山顶修建的碉堡，是一个隐蔽兵力打大包围歼灭战的理想战场。四纵队兵分三路：以第十师担任主攻，从东北面沿老爷岭、黄家堡子方向攻击敌人；第十一师在叆河以南向西攻击；第十二师两个团从西北方向进攻，并占领新开岭以东公路两侧高地，断敌退路，对敌形成合围。我军准备于31日5时向敌发起总攻。

30日下午，四纵第十一师为迟滞敌人行动，为十几里外的第十师主力赶来参战争取时间，与敌军在老爷山进行激战。由于伤亡过大，部队被迫撤离阵地，敌二十五师乘机占领老爷山阵地。31日下午，第十师主力赶到，与敌人展开正面遭遇战。敌军占有老爷山顶的日军碉堡，地形对我方不利，又无炮火支援，进攻受阻于老爷山前。第十一师在敌人猛烈炮火和优势兵力的攻击下，未能守住叆河南岸的404高地。只有第十二师完成预定任务，控制公路北侧制高点。11月1日，各师改为向敌侧面迂回攻击，进展很快。第十一师仅用20分钟就夺回了404高地，歼敌一个连，攻占叆河南岸各要点，卡死敌人向宽甸东突之路。第十二师越过宽赛公路，攻占了路南侧各高地，切断敌人逃窜退路。敌人为逃脱被歼的命运，集结主力部队于老爷山、黄家堡子一带与第十师对峙，固守顽抗，等待支援。第十师第二十八团、第二十九团全力攻击，与敌展开激战。

11月2日，新开岭战役到了关键时刻。敌人援军新二十二师由草河口地区向新开岭开进，其余各路敌军分别占领了通化、宽甸和安东。沈阳来的飞机空投弹药接济敌二十五师，并空投信件指示其固守待援。在这种情况下，纵队命令各师不惜

★新开岭战役中的我军机枪阵地

一切代价全力攻击。第十一师当即由404高地一线渡过瑷河,攻敌侧翼。十二师攻占丛家堡子东南小高地,使敌老爷山阵地孤立。6时,第十师第二十八团正面猛烈攻击老爷山,第三十四团两个营从老爷山西北、正北侧翼攻击。在炮兵的配合下,8时30分,反复争夺9次的老爷山阵地终于被我军占领。敌人失去了老爷山这个最后依托,向404高地突围,被第十一师堵回,继又转向西南潘家堡子方向突围,又被第十二师截住。第十师部队不顾敌机轰炸,由老爷山一线向下猛烈追击,将敌人压缩于黄家堡子河套全部歼灭。

此次战役,俘获敌正、副师长李正谊、黄建墉等共6200余人,毙、伤敌2100余人,缴获山炮5门,六〇炮13门,轻重机枪百余挺,长短枪4000余支,装甲车2辆,汽车20余辆。

新开岭战役是我军第一次全歼国民党军一个整师的歼灭战。这次战役的胜利,粉碎了东北地区国民党军"南攻北守、先南后北",进而独霸东北的梦想。

十九、整党建党运动的开展

随着解放战争的胜利发展,解放区的不断扩大,土地改革运动的不断深入,共产党的威望越来越高,党的队伍迅速壮大。但是,由于长期的战争环境,缺少对党员的思想政治教育和严格的组织生活,加之部分党员对国内主要矛盾的变化缺乏思想认识,思想不纯、组织不纯、官僚主义问题比较严重,特别是在土地改革运动中,有的党员干部包庇地主富农,侵吞土改胜利果实,违法乱纪,腐化堕落。抗战胜利后,从关内到东北来的老党员中,既有争功问题,也有山头问题。党内集中不够,也缺乏民主。1947年,东北解放区各级党的领导机关,都以不同形式解决了老干部中组织上的原则问题和思想上的个人主义,使党员干部明辨了是非,加强了组织纪律性,增强了团结,密切了党群关系,党的战斗力有所提高,但从总体上来说仍然存在一些问题。根据东北党内存在的问题,1947年12月31日,中共中央东北局向各分局、各省委发出《一九四八年任务的决定》,要求解放区各级党组织,在搞好平分土地运动的同时,开展一次整党建党运动,解决党内不纯和官僚主义等问题。《决定》特别提醒,不要把整党变成一般的清洗运动,不要产生反知识分子的倾向。根据东北局的指示,从1948年年初开始,辽宁解放区各地结合土地改革和生产运动,相继进行了整党、建党运动。

1948年年初，辽宁解放区各级党委先后召开会议，对整党建党运动进行部署。这次整党运动，主要是解决党的地方组织特别是农村基层组织中存在的成分不纯、作风不纯及部分党员干部官僚主义问题。主要方法是：对党员进行正面教育，组织党员学习有关文件，联系实际进行调查研究，提高认识，培养和建立整党的骨干队伍；对党员进行"三查三整"，即查阶级、查思想、查作风，整顿组织、整顿思想、整顿作风；在党内广泛地开展批评与自我批评，彻底揭发各地组织内离开党的路线的错误思想和严重不纯的现象。同时，根据中共中央《关于在老区进行土地改革和整党工作的指示》中提出的在解放区公开党的支部的要求，在各解放区召开贫雇农大会，公开党的组织和党员，征求广大群众对党组织和党员的意见，然后由上级党的组织根据群众的意见及党员的情况，作出组织上的处理，将那些有重大罪行的分子、混入党内的阶级异己分子、不可救药的蜕化变质分子清洗出去，对犯有错误但可教育的党员，则采取治病救人的方针，给其改正错误的机会。

到1948年春末，辽宁解放区的整党工作取得了很大成绩，纯洁了党的组织，改进了党的作风，密切了党和群众的关系，提高了党的威望，保证了解放区土地改革任务的胜利完成。但也存在一些问题，有些地区提出了"搬石头""跳圈子"等错误口号，将党员和党员干部当作绊脚石搬了不少，发生了对基层党员干部打击面过宽的错误倾向，个别地区甚至发生了"公审"党员、斗争党员、扣押吊打党员的严重现象，极大损害了广大党员的革命热情。

这种严重的"左"倾错误，不仅在辽宁解放区，在全国其他解放区也都不同程度地出现。为此，1948年5月25日，中共中央发出了《关于一九四八年的土地改革和整党工作的指示》，对纠正"左"倾错误提出了要求，并对整党工作作了新的部署。中央要求，各地要利用两个月左右的时间，进一步做好调查摸底工作，并对前一阶段整党中出现的"左"倾错误进行纠正，而后按照正确的政策和方法进行整党。为了保证整党工作的正确进行，中央又规定了各解放区整党的正确政策和方法，其主要内容包括：必须对党员和支部做适当的分析。对于犯错误的党员干部，只要他们认识错误，并决心改正错误，又向群众做了自我批评，而所犯错误又不十分严重者，就不要去处罚他们，特别不要过重去处罚他们。在处分问题上，切不可采取"让群众去处理"的放任政策，应该是发扬民主，正确利用批评与自我批评的武器来达到原则上的分清是非，纠正党内存在的作风不纯和改善领导作风的问题。关于整党的方法，中央规定要召开两三次支部大会，对党员进行教育，做好思想准备。同时向群众宣布整党的意义和方法，公布党员名单。然后，召开有群众代表参加的支部大会，开展批评和自我批评，并听取群众方面的批评和意见，进一步开展党内自我批评和反省。对应给予处分的党员，作出处理；对过去处理不当的，作出修改决定。如有必要，犯错误的党员还要向群众进行反省和表示决心。最后，进行民主选举，推选出强有力的支委会和小组长，担当支部经常领导；并应建立支部的会议和生活制度，使支部真正成为先进觉悟分子的基层组织。要吸收在土改斗争中新产生的积极分子入党。辽宁解放区各省对照中央对整党工作的指示，认真总结了前一阶段整党运动的经验教训，并对运动中出现的"左"倾错误进行了纠正。

1948年夏初，辽宁解放区各级党组织在集中精力抓生产的同时，又对基层党组织和党员队伍做了进一步的调查摸底。调查结果是：辽宁解放区农村党支部好的和比较好的占75%以上，比较差的占20%左右；党员好的和比较好的占85%，思想作风毛病较大的占15%。党内出现的问题，主要是大部分党员由于入党时间短、缺乏工作经验等原因，少部分党员存在自私自利思想。据此，辽宁解放区各省委认为，下一步整党主要是教育党员的问题。整党工作应以党支部为主体吸收党外群众参加，共同检查党支部工作与党员工作，以密切党群关系，提高党员觉悟，改进作风，加强党支部领导。在调查摸底的基础上，1948年七八月间，辽宁解放区又进一步抓了整党工作。后一阶段整党工作取得了很好效果，再未发生"左"的错误。

从1948年8月下旬开始，辽宁解放区进行了公开建党工作。当时，中共中央东北局提出的公开建党的方针是："公开、积极、慎重、逐步发展、逐步巩固。"辽宁解放区各省严格执行了这一建党方针。各级领导挂帅，带领由正式党员组成的工作组，在党的基础和群众基础较好的村进行试点，首先取得经验，然后全面推广、全面铺开。全面铺开后各村基本采取了如下步骤：建党工作组深入群众，搞好调查摸底，掌握党的积极分子在土改、建政、生产、支前等各项工作中的表现和思想觉悟状况，做到心中有数，以便准确把握发展对象；积极培养训练组织员和建党工作干部，由他们向群众进行广泛宣传，使群众知道公开建党的意义、党的奋斗目标和入党条件，明确为什么入党和入党干什么等问题，破除"入党能做官"等糊涂观念；由要求入党的积极分子自己提出入党申请，然后由工作组把申请入党人员名单交给基本群众，请他们对照党员标准进行评议，党支部（没有党支部的村由工作组代行）根据群众评议结果和调查掌握的情况,确定发展对象,报请区委批准后,组织新党员举行入党宣誓。对暂时不够入党条件的积极分子,则指出不足和今后努力的方向,并继续培养。

1948年8月下旬至9月上旬,为辽宁解放区各省、地、县委抓建党试点阶段。取得经验后,于9月下旬全面铺开。但由于当时辽沈战役支前任务十分繁重,直到1949年春,农村公开建党工作才全部结束。通过这次大规模的公开建党工作,辽宁解放区党的队伍迅速壮大,村级党的基层组织得到进一步发展。据不完全统计,到1948年12月末,仅辽吉、安东两省农村就发展新党员近2万名,建立农村支部1000余个。

从1949年1月开始,辽宁解放区农村公开建党工作转入以巩固党的组织和教育提高党员阶段。这个阶段,各地开办了党员训练班,建立健全了党员教育制度、党员大会、支委会和小组生活会制度、工作检查制度、批评与自我批评等制度。各地均总结推广了先进党支部的工作经验,加强了农村基层党支部建设,使辽宁解放区新建立起来的党支部逐步成为农村中的战斗堡垒。

农村公开建党工作开展不久,辽宁解放区的部分城市也进行了公开建党工作。城市公开建党的方针是"积极、大胆、慎重",既反对关门主义,又严格要求按党员标准吸收党员,并注意从产业工人中发展党员。到1948年12月底,仅安东市就发展新党员384人,其中产业工人318人。

辽宁解放区城乡公开建党工作的开展,有力地促进了城乡党组织的迅速发展,使广大群众进一步加深了对中国共产党的了解,更加坚定了跟着共产党走的信念。

二十、辽沈战役

在中共中央的正确领导下,经过抗战胜利后两年多的浴血奋战,东北战场上敌我力量对比发生了根本变化。东北解放区已拥有97%以上的土地和86%以上的人口,并控制了95%的铁路线,广大地区连成一片。东北野战军经过扩充和休整,已拥有正规军约70万人,地方部队33万人,并有一支颇具威力的炮兵部队。国民党军虽仍有55万人,但被分割在长春、沈阳、锦州等孤立地区内。由于北宁铁路若干地段和营口为解放军所控制,长春、沈阳国民党军通向关内的交通已被切断,补给全靠空运,满足不了所需,处境十分困难。人民解放军进行战

★1948年9月12日至11月2日，东北野战军集中主力70万人进行了辽沈战役

略决战的时机已经成熟。中央军委决定在东北战场同国民党军进行战略决战。

根据中央军委的指示，东北野战军从1948年9月12日开始发起辽沈战役。野战军主力首先分路奔袭北宁路，到10月1日，连克昌黎、北戴河、绥中、兴城、义县等县城，切断了北宁路，孤立了锦州。蒋介石深感事态严重，于9月30日飞抵北平，10月2日又飞抵沈阳。他同傅作义、卫立煌商议后，决定从华北、山东紧急海运7个师到葫芦岛，会同锦西、葫芦岛原有的4个师共11个师组成东进兵团，由侯镜如指挥，自锦西增援锦州；从沈阳派出5个军11个师组成西进兵团，由廖耀湘指挥，西进援锦。10月10日，国民党军东进兵团自锦西向通往锦州的要隘塔山发起猛攻。东北野战军预先设置在塔山的两个纵队顽强阻击，经过6个昼夜的鏖战，打退国民党军数十次冲击，成功地阻击了它的东进。其西进兵团出动后，也遭到东北野战军3个纵队的阻击，进至彰武、新立屯一带后，未敢继续南进。东北野战军攻锦部队从10月9日起，发起对锦州的进攻，经过激战，于15日攻克锦州，全歼守敌范汉杰部10万余人。

就在攻克锦州的当天，蒋介石又飞抵沈阳，严令长春国民党守军向沈阳突围。10月17日，被长期围困在长春并经中国共产党和东北人民解放军大力争取的国民党第六十军军长曾泽生率部起义。接着，国民党军新七军官兵纷纷投诚。19日，东北"剿总"副总司令郑洞国也率余部放下武器。长春宣告和平解放。

10月18日，蒋介石又与徐州"剿总"副总司令杜聿明第三次飞抵沈阳，企图挽救即将全部被歼的东北国民党军余部。他命令锦西的东进兵团继续北犯；命令徘徊于彰武、新立屯地区的西进兵团立即南进，企图南北夹击，"规复锦州"，然后掩护沈阳国民党军经北宁路撤回关内；另又命令第五十二军南下抢占营口，以控制从海上撤退的通路。他任命杜聿明为东北"剿总"副总司令兼冀热辽边区司令官，指挥这一总撤退行动。这时，中共中央军委同意东北野战军林彪、罗荣桓、刘亚楼提出的建议,决定放弃攻打锦西、葫芦岛的计划,而将廖耀湘西进兵团诱至新立屯、黑山地区予以歼灭。东北野战军一面在黑山、大虎山一带坚决阻击,迟滞南进的廖耀湘兵团,一面令攻锦主力部队立即回师,隐蔽地向新立屯、黑山地区急进,从两侧包围敌人。黑山、大虎山阻击部队经过5天浴血

★沈阳各界人民群众集会游行,庆祝东北解放

奋战,胜利地阻击了廖耀湘兵团的前进,东北野战军各部于10月26日完成对廖耀湘兵团的分割包围。经过两天的猛烈进攻,至28日,全歼这个兵团的5个军12个师共10万余人,其中包括号称蒋介石"五大主力"中的两支即新一军主力和新六军全部。廖耀湘兵团被歼后,卫立煌匆忙从沈阳乘飞机逃走。东北野战军乘胜分多路向沈阳、营口猛追疾进,于11月2日直下沈阳、营口,辽沈战役至此胜利结束。9日,锦西、葫芦岛的国民党军随杜聿明从海上逃走。辽宁全境解放。

辽沈战役历时52天,东北人民解放军共歼灭国民党精锐部队47.2万余人,国民党赖以维持其反动统治的主要军事力量被摧毁近三分之一,东北地区的国民党统治宣告结束。

辽沈战役期间,东北人民解放军炮兵司令员朱瑞壮烈牺牲,这是中国人民解放军的重大损失。

★朱瑞

二十一、百万民工支援辽沈战役

在解放战争中,辽宁人民的支前运动,随着形势的变化、根据地建设的进展、人民群众的发动程度,经历了一个不断发展的过程。解放战争初期,秀水河子、

本溪、鞍海、金山堡等战役，都离不开人民群众的支援。1946年土地改革后，辽宁广大人民群众实现了"耕者有其田"的梦想，激发出他们潜藏许久的革命热情。辽南、辽东、辽吉地区的人民群众为了保住自己的胜利果实，踊跃参军参战，在人力和物力上鼎力支援人民解放军，为战斗的胜利提供了坚实保障。

1948年秋季的辽沈战役，是一场规模巨大的战略决战，不仅百万大军投入战斗，还有百万民工随军作战，这是国内历次战役中所没有的。

9月12日，辽沈战役刚刚打响，成千上万的随军民工便抬着担架、赶着大车，怀着"全力支援前线，一切为了决战胜利"的信念，投入到艰苦的随军作战中。

辽宁地区各省、地（市）、县委支前委员会成立后，首要工作就是广泛动员人民群众积极参加战勤队伍，以县、区、村为单位，组建民工队、担架队、大车队，由县委主管书记或主管县长亲自带队，随军行动。热东地区参战民工达1.3万人，担架2.2万余副。热辽地区仅随军担架就达6300多副，转运担架5300多副，大车4200多辆，毛驴近万头，民工8.7万余人，参战干部500余人。北镇县是野战部队、随军战勤队伍西进锦州、回师黑山的必经通道，是邻近辽西大围歼战战场的供给基地，战勤任务十分繁重。北镇县委、县政府实行全民总动员，全力以赴支援前线。仅辽西围歼战期间，全县就出担架1000多副，大车4600多辆，送信带路民工6600多人。辽宁地区的辽北省总计动员民工100多万人，担架近6万副，出动大车6.6万多辆，上千名党政领导干部战斗在支前第一线。在锦州外围战期间，绥中、兴城、北镇、阜新和义县人民，在当地党组织的领导下，奋力支前，共出担架7660副，出民工11.833万人。在攻打锦州的战斗中，广大民工和担架队员在火线上奋不顾身地抢救伤员、运送弹药，有的献出了宝贵的生命。锦县午旗村担架队41名队员，有6人在参战中光荣牺牲。在锦州城内巷战中，锦州郊区二屯民工王井儒为解放军在前面带路中弹身亡。锦州铁路民工葛占鳌为解放军带路进攻老城，最后消灭敌军1个师，立了大功。在攻锦作战中，涌现出的参战支前英雄、模范不胜枚举。

塔山阻击战的胜利，也是与战地民工的英勇奋斗和锦西县人民的大力支援分不开的。战役开始前，锦西县委、县政府向全县人民发出了"一切为了前线，一切为了阻击战胜利"的口号，全力支前。构筑防御阵地工事，是阻击敌人的重要准备工作。在县委、县政府的领导指挥下，有车的民工赶着大车拉送枕木、铁轨、石头，无车的民工则手抬肩扛麻袋、沙石奔向阵地。塔山村周围的民工和群众，纷纷献出自家的门板、炕沿、木箱、木柜。阵地上，军民并肩挥锹挖土、搬石，抢修工事，各种掩体、战壕、交通沟布满阵地。塔山村民工和群众200多人，还帮助部队修筑起一条东起打鱼山、西至白台山8000多米长的交通壕。战斗中，敌人将大量炮弹倾泻在塔山阵地，平地炸出了几尺深的坑，很多工事被炸毁，解放军阵地失而复得，工事毁而复修，不少支前民工受伤，甚至献出了生命。锦西县委、县政府立即将刚从绥中撤回的两个营的支战民工派往塔山阵地，连续苦战3天3夜，帮助部队抢修工事，终于和解放军一起胜利地完成了塔山阻击敌人任务，为保证攻锦作战的胜利作出了重要贡献。

黑山阻击战打响之前，黑山县支前委员会主任、县委书记赵龙和支前委员会副主任、县长云戒三，带领广大民工为阻击部队筹集了大量修筑工事用的器材及其他物资。战斗前夕，敌军压境，解放军控制的地区只有黑山和大虎山两镇及两镇之间的12个村屯。县长云戒三率领支战干部和民工帮助解放军阻击部队修筑防御工事百余座，挖战壕35华里，将北起大白台子，东至下湾子，南到大虎山以西的解放军前沿阵地连成一线，掩体相接，沟堑相通，形成一条可攻可守、畅通无阻的防御体系。解放军占领的101高地，是座寸草不生的石头山，要在极短的时间内把工事修筑起来困难重重。但是，成千上万的黑山民工不畏困难，背着土石，成群结队，蜂拥而上，顷刻之间，将装满泥土的麻袋、草包堆满山坡，寸草不生的秃山头很快就变成了一座坚固的战斗堡垒。又经过两昼夜的奋战，挖成一条35华里长的堑壕。阻击战斗打响后，黑山县党政干部和广大民工冒着枪林弹雨，一趟又一趟地往阵地上运送弹药，昼夜同解放军阻击部队并肩战斗。当时全县不到40万人，在阻击战的几天中，出动战勤达130万工日，有400多名干部和群众献出了宝贵的生命。

东北人民解放军在辽沈战役中连续取得的巨大胜利，使整个支前民工队伍受到巨大鼓舞。当东北人民解放军乘胜追击敌人进逼沈阳、营口时，广大民工也不顾疲劳，日夜兼程，随军前进，表现了高昂的革命斗志，为配合东北人民解放军解放辽宁作出了贡献。

二十二、沈阳的成功接管

在辽沈战役决战之时，中共中央就开始进行接管沈阳的准备工作。1948年10月15日东北野战军攻克锦州，接管沈阳被党中央提到议事日程。党中央明确提出：东北局目前最紧急的工作，除继续争取瓦解敌军与巩固并准备逐步改造起义及投降的部队外，还应立即动员大批得力干部，不仅去接管长春，而且要准备接管沈阳及抚顺、本溪。

为了做好新收复城市的接管和改造工作，10月27日，中共中央东北局确定了沈阳特别市军事管制委员会的干部人选。委员会由陈云（时任中共中央政治局委员、全国总工会主席、中共中央东北局副书记、东北军区副政委）、伍修权（时任东北军区参谋长）、陶铸（时任中共辽北省委书记、辽北军区政委）、张学思（时任东北行政委员会副主席）、王首道（时任东北行政委员会工业部部长）、陈郁（时任东北行政委员会工业部副部长）、朱其文（时任哈尔滨特别市市长）、陈龙（时任东北行政委员会公安处副处长兼哈尔滨市公安局局长）8人组成；陈云为主任，伍修权、陶铸为副主任。东北局还决定在老区原有各大、中城市中，一律抽调三分之一的干部，县一级除留6名老干部外，其他亦均调出，区级如有2名老干部，则先调出1名能力较强的，用来加强城市工作。到1948年10月，这批近4000人的抽调干部已大部到齐，由陈云率领，开始接收沈阳及其周围的工业城市。

1948年11月2日，沈阳解放当天，陈云就率领大批干部进入沈阳。11月3日，沈阳特别市军事管制委员会成立。同时成立了沈阳卫戍司令部，伍修权任司令员，何侠任副司令员，陶铸任政治委员。接着，成立了中共沈阳特别市工作委员会和沈阳特别市政府，陶铸任市工委书记，黄欧东任副书记，朱其文任市长，焦若愚任副市长。

遵照中共中央关于"接收一切公共机关产业和物资，并加以管制"的指示，沈阳特别市军事管制委员会在陈云的领导下，全面展开接管沈阳的工作。11月3日，沈阳特别市军事管制委员会颁发了由陈云、伍修权、陶铸签署的《安定社会秩序》第一号布告，明确规定了接管工作的任务：清理资财，保管档案；职员复工，登记留用；保护工厂，恢复生产。市军管会下设9个接管单位，各负其责，在基层党组织、党员和群众的协助下,迅速接管了国民党在沈阳的军、政、警、财、经、后勤、铁路等系统。到11月5日,全市基本完成清点移交和接管工作,并恢复了水、电供应和邮政、交通,工厂复工,商店开业,物价平稳,社会秩序安定。

★解放军进入沈阳后在大街上休息

沈阳的接管采取了"各按系统,自上而下,原封不动,先接后分"的原则和方法。抓紧解决在政治上、经济上有助于恢复秩序、稳定人心的一些关键问题,如搞好党的政策宣传;迅速恢复交通和水、电供应;解决金融、物价问题;解决职工工资和市民生活问题;收缴敌伪枪支,搞好城市治安;正确处理旧警察和散兵游勇等。参加接管的部队和干部严格执行政策,遵守纪律。

沈阳特别军事管制委员会主任陈云总结了接管沈阳的经验。中共中央东北局于1948年11月、1949年1月两次将此经验向中央作了报告。中共中央充分肯定了沈阳城市接管的经验,并于1949年12月14日向各中央局批转了陈云关于接管沈阳的报告,向全国各解放区推广沈阳城市接管的经验。

沈阳接管后,如何进行恢复和改造是一个十分严峻的问题。沈阳是东北地区最大的工业城市,曾是国民党统治东北的政治、军事、经济、文化中心,大批敌伪残余、反动分子会集在这里,给沈阳接管后的恢复和改造提出了许多重要课题。在党和人民政府的领导下,沈阳的恢复与改造工作进行得有条不紊。其主要工作有以下几个方面:一是彻底摧毁敌伪军事力量和反动组织,处理一些散兵游勇和政治土匪,对反动党团和特务分子进行登记,打击刑事犯罪,建立新的革命秩序。沈阳解放初期,社会秩序相当混乱,敌特乘机活动,造谣惑众,利用大量散兵游勇,勾结惯匪惯盗,扰乱社会治安,破坏生产建设。为此,沈阳特别市军事管制委员会和人民政府采取坚决措施,镇压他们的破坏活动,逮捕了敌特首要分子,捕获敌特各系统组、台长以上60人及重要职业特务472人,缴获电台101部,另有1020名特务向人民政府登记自新,从而摧毁了敌特在东北的领导机构和通

★沈阳特别市军事管制委员会办公旧址（今辽宁宾馆）

讯系统。收容了国民党军队官兵 4.09 万人，并进行了妥善处理，遣送原籍或安排工作。大力侦查和破获刑事犯罪案件，打击刑事犯罪分子。到 1949 年 9 月，共破强盗案件 534 件，捕获盗匪 1248 人；破盗窃案 4147 件，捕获盗贼 4822 人；破伪造印信冒充我军政工作人员进行欺诈勒索案 76 件，捕获案犯 135 人；捕获偷拆交通器材等违法乱纪案犯 1000 余人；收缴长短枪 1316 支，各种子弹 2000 余发。这些措施对恢复与巩固沈阳市的社会秩序起了重要作用。

二是依靠工人，团结工程技术人员、职员，积极恢复和发展生产。国民党统治时期的沈阳工矿企业，已陷于停顿状态，大批工人失业，加上物价飞涨，工人生活十分困苦。中国共产党接管沈阳后，把依靠工人、团结工程技术人员和职员，恢复发展生产，摆在十分重要的位置。为调动广大职工的生产积极性，首先给职工每人发放 10 万元（东北银行流通券）救济金，并对职工实行水、电半价优待，发放了临时工资。职工生活有了保障，生产积极性空前高涨。随后，党和政府多次分别召开工人代表、专家代表座谈会，陈云、李立三、李富春、高崇民、王首道、黄欧东等领导同志亲自参加这些会议，听取大家对恢复和发展生产的意见。根据大家的意见和共产党领导工业生产的经验，在工矿企业建立厂（矿）管理委员会，实行定额管理、经济核算、评议工资等制度，并开展各种生产竞赛活动，使全市的工矿企业迅速得到恢复和改造。国营企业的恢复和改造成效十分显著。沈阳市铁路系统有 15 个工厂、3239 名职工掀起了生产竞赛运动，每月大修机车的数量等于国民党统治时期的 146%；客车每月生产量等于国民党统治时期的 478%；货车每月生产量等于国民党统治时期的 574%。沈阳车辆厂在接管之初，机器设备被破坏 70%，只有 200 名职员看门，形同死厂。经过 10 个月的恢复，车辆厂已增至近 4000 人，辖 13 个分厂。军工生产也有较大发展，经过 10 个月的恢复后，武器制造和弹药生产比国民党时期分别增长 2.84 倍和 2.66 倍。在机械工业方面，接管沈阳时，第一、二、三、四、五、六机械厂及工具、实验、汽车等工厂厂房多被毁坏，完整机器不足500台，职工仅700余人。经过10个月的修复，能工作的机器已达2286台，职工也发展到8716人。在纺织工业方面，扩大了纺织厂，纺锭从接管初期的8100个增加到1.2万个，织机从接管初期的240台增加到370台；产量提高，原料消耗降低，每件纱的效率提高了90%，每匹布提高了40%，每件纱的用棉量由接管初期的421斤降至406斤。此外，橡胶厂生产汽车内外胎的日产量由新中国成立前的100套迅速提高至1000套，造纸厂的各种纸类生产由月产5吨上升到月产490吨。全市的化工、冶金、电器、造纸、陶器等工业，经过短期恢复，稳步向前发展。

三是恢复与发展商业，安定人民生活。共产党接管沈阳之后，立即建立国营百货公司和粮食公司，设法解决群众急需的粮食和日用品问题。市百货公司下设3个分公司，分别经营纱布、日用必需品及五金电料等国营工业产品的销售业务，10个月时间，向市场出售民需物资及工业生产原料成品总值6000亿元（东北币）。粮食公司通过营业部、代销店及合作社推销网，在市内、郊区、工厂各地供应市民粮食15.8万吨、海盐9200吨，保证了市民日用必需品的供应，安定了人民生活秩序，并扶助了国家工业和私营工业的恢复发展。在国营商业的扶助下，合作社商业有了初步发展。到1949年9月，全市共有合作社249个，拥有社员20万人，资金360亿元（东北币），每月营业额达1000余亿元（东北币）。同时，由于党的保护民族工商业政策的贯彻落实，私营工商业也有很大发展，全市工商业户数超过伪满和国民党统治时期的最多户数。

四是努力发展教育事业，确立学校教育为经济文化建设服务的方针。接管学校工作结束后，沈阳市委、市政府开始整顿发展教育。举办以中学教师、教导主任、校长为主的教师研究班，改造师资，培养中小学领导骨干；加强各校政治课，组织小学教师学习新民主主义的教育方针，研究新的教学管理制度和新的教学方法。沈阳解放后的10个月，市政府将全部财政开支的22.1%用于文化教育建设，使文教事业有了较大的发展。到1949年9月，有公立中学19所，学生1.41万人，较国民党统治时期增加4.4%；有公立完全小学129所、工厂小学10所、私立小学9所、市郊民办小学529所，学生共计15.35万人，较国民党统治时期增加了65%。

五是加强市政建设与管理。沈阳解放的当天，即着手解决供电问题，在1000余名员工的奋力抢修下，第二天就恢复了市内送电。到1949年8月末，全市及市郊之配电线路已完全修复，新架设高低压电线12万余米，新设及补修电柱2157根，新安装路灯4487个，动力供电量达80.8%，照明用电量为18.3%，电热占0.9%。在市内交通方面，电车、公共汽车都有大幅度增加，全市共开设电车、汽车线路12条，全长52公里。积极整修市街道路与市郊公路及桥梁，修复的柏油路占全市路面的十分之一；简修柏油路17.76万米，补修市内桥梁5座，整修市郊公路3条共70余公里；新建郊区桥梁3座，补修10座，建涵洞7处，基本上解决了市内的交通问题。采取措施增加水源，大力整修上下水道，使每月的供水量由国民党统治时期的78万吨增加到152万吨，基本满足了市内的工业和居民用水。

六是打碎旧机器，建立新机构，加强政权建设。接管沈阳后，打碎了国民党反动政府的市、区机构，建立了新的市区组织和街道办事机构。11月20日，沈阳市内22个区合并为沈河、大东、北关、北市、南市、铁西、皇姑、和平8个区。共成立148个街公所、3830个居民小组，先后开办了两期训练班，培养了286名街道干部。

沈阳接管工作的经验，解决了对新解放城市怎样做到接收完整和怎样迅速恢复秩序两大难题。这不仅使沈阳这座创伤累累的大工业城市很快得以复苏，为支援全国的解放战争作出重要贡献，也为以后我党顺利接管其他城市积累了宝贵经验。

二十三、欢庆中华人民共和国成立

1949年1月31日，平津战役胜利结束。三大战役共歼国民党军主力部队154万余人，国民党部队只剩130万人，已无力与我强大的人民解放军抗衡。在这种情况下，国民党统治集团为了继续维护其反动统治，经美国策划，又施展与中共和谈的阴谋，企图通过谈判，在中国实行"划江而治"，然后积蓄力量，伺机卷土重来。以毛泽东为首的中共中央识破了国民党蒋介石的惯用伎俩，但为了尽快结束战争，实现真正的和平，仍同意和谈，并提出了惩办战争罪犯、废除伪宪法、依据民主原则改编一切反动军队等8项条件，作为同国民党政府和谈的基础。1949年4月1日，以周恩来为首席代表的中国共产党代表团开始同以张治中为首席代表的国民党政府代表团在北平举行谈判。经双方多次交换意见、多方协商后，中共代表团于4月15日将《国内和平协定》（最后修正案）送交国民党政府代表团，并限国民党政府于4月20日前就协定表明态度。国民党政府代表团一致同意接受这个和平协定，但国民党在广州召开中常会和中央政治会议发表声明，拒不接受这个协定，并指示李宗仁、何应钦照办。4月20日，李宗仁、何应钦电复北平国民党政府代表团，拒绝在《国内和平协定》上签字，国共谈判遂告破裂。

由于国民党政府拒绝在《国内和平协定》上签字，4月21日，毛泽东主席和朱德总司令发布了《向全国进军》的命令，要求人民解放军打过长江去，解放全中国。由总前委书记邓小平统一指挥的第二、第三野战军在中原军区部队配合下，得到江北人民的支援和江南游击队的策应，在西起湖口、东至江阴的千里战线上强渡长江。国民党苦心经营三个半月的长江防线顷刻瓦解。当人民解放军突破长江防线时，原在南京的国民党政府慌忙逃往广州。4月23日，人民解放军占领国民党的统治中心南京，宣告了延续22年的国民党反动统治的覆灭。随后，人民解放军各路大军继续向中南、西北、西南各省大进军，分别以战斗方式或和平方式，迅速解决残余敌人，解放广大国土。国民党蒋介石集团终于被人民赶出中国大陆。

国民党反动政权既被推翻，成立中华人民共和国的条件已经成熟。1949年6月，在北平召开了新政治协商会议筹备会第一次全体会议，成立了以毛泽东为主任的政协筹备会常务委员会，负责起草共同纲领、拟定政府方案等，全面展开筹建新中国政权的工作。同年9月21日，中国人民政治协商会议第一届会议在北平隆重开幕。毛泽东主席在开幕词中豪迈地宣告："占人类总数四分之一的中国人民从此站起来了。"会议一致通过了《中国人民政治协商会议共同纲领》《中华人民共和国中央人民政府组织法》等文件，选举产生了中央人民政府委员会和第一届中国人民政治协商会议全国委员会。10月1日，中央人民政府举行第一次会议，宣布中华人民共和国中央人民政府成立，当日下午3时，首都北京30万军民齐集天安门广场，隆重举行了开国大典。以毛泽东主席为首的党政军领导人登上天安门城楼，毛泽东主席亲手升起第一面五星红旗，并宣读了中央人民政府公告，向全世界庄严宣告了中华人民共和国成立。

中华人民共和国成立的特大喜讯迅速传遍辽宁各地，从城市到乡村，到处红旗招展，锣鼓喧天，鞭炮齐鸣，欢乐的人群载歌载舞，有如沸腾的海洋。10月2日，

★中华人民共和国成立

中共中央东北局、东北人民政府和辽宁地区的辽东、辽西两省及沈阳市的党政机关、各民主党派、爱国人士及各界群众分别在沈阳、安东、锦州召开隆重的庆祝大会，热烈庆祝中华人民共和国成立。同日，旅大、鞍山、抚顺、本溪、营口、阜新、辽阳等地，也举行了盛大的庆祝活动。

中华人民共和国的成立，标志着中国新民主主义革命已经取得了基本胜利，中国人民当家作主的时代已经到来。中国历史由此开辟了一个新纪元，进入从新民主主义向社会主义过渡的时期。辽宁地区作为中华人民共和国的重要组成部分，在中国共产党的领导下，在后来的社会主义革命和建设事业中，继续发挥着重大作用。

大事记

1919 年

5月4日　五四运动在北京爆发。在五四运动的影响下，辽宁地区各界群众发起了响应五四运动的爱国斗争。

1920 年

7月1日　爱国知识分子傅立鱼在大连建立爱国群众团体——大连中华青年会。

1921 年

冬　中共北京地委派罗章龙到东北。他先后在沟帮子、奉天和大连等地考察工人运动情况。

1922 年

9月3日　抚顺煤矿老虎台采炭所举行大罢工，罢工取得胜利。

年末　大连泰东日报社记者刘恫躬夫人石三一开办大连中华三一学校，传播革命思想。

1923 年

8月　京奉铁路总工会沟帮子分会成立。

12月2日　大连沙河口工学会成立，傅景阳任会长。

12月末　中共北京区委派遣李震瀛、陈为人到奉天、大连进行革命活动。

本年 陈镜湖由李大钊介绍加入中国共产党，成为最早的辽宁籍共产党员。

1924 年
1月 中央派遣韩乐然从上海来奉天进行革命活动。
1月末 中央及中国劳动组合书记部派遣李震瀛到大连指导工人运动。
5月19日 奉天制麻株式会社1000多名工人举行大罢工，罢工取得胜利。
5月31日 中苏两国建立外交关系，签订中苏协定及其附件。
上半年 中共沟帮子铁路支部建立，是辽宁最早成立的基层党组织。
10月 抚顺八大矿2万多名矿工举行联合大罢工，罢工取得胜利。

1925 年
春 中共北京区委派共产党员任国桢到奉天开展建党的组织准备工作。
6月10日 奉天"六十"学生运动爆发。
9月 中共奉天支部和共青团奉天特别支部成立。
12月1日 党、团中央发表《为郭松龄倒戈告全国民众书》，号召全国人民支持郭松龄反奉。24日，郭松龄反奉失败，在辽中县老达房被枪杀。

1926 年
1月15日 中共大连特别支部建立，杨志云任书记。
3月 奉天制麻株式会社、满蒙毛织株式会社等中资、日资企业，相继发生7次大规模的罢工斗争，均获得胜利。
4月27日 大连福纺工人爆发大罢工并取得胜利。
5月 吴晓天担任中共奉天党支部书记兼任共青团特支书记。

1927 年
3月 任国桢和杨志云重新组建中共奉天特别支部。
4月13日 本溪湖煤铁公司3900多名采煤工人举行罢工，罢工取得部分胜利。
5月2日 奉天制麻会社举行工人大罢工，最终取得胜利。
5月初 中共奉天特别支部负责人任国桢派共产党员周东郊到营口县立师范中学校从事建党工作。

6月初　根据中央指示精神，中共奉天特别支部改为中共奉天市委。任国桢任书记，杨志云任组织部部长，高子升任宣传部部长。

10月24日　东北地区党的活动分子大会（即东北第一次党员代表大会）在哈尔滨召开，会议宣布中共满洲省临时委员会成立，陈为人任书记，省委机关设在奉天。

12月1日　中共满洲省临委创办机关刊物《满洲通讯》第一期正式刊印。

12月　中共满洲省临委派曲文秀到大连重新组建党的组织——中共关东县委员会。

1928年

1月29日　东北地区第二次党员代表大会在奉天召开。

1月　中共关东县委第一次党员代表大会在大连召开。

2月1日　营口东亚烟草公司1000名职工罢工，最终取得胜利。

3月28日　中共满洲省临委召开第二次执委扩大会议，提出党应把发展工人运动作为中心工作以及在工人、农民和士兵中建立党支部等策略。

3月　中共沈北张家堡子党支部成立。

5月　中共关东县委遭到破坏。

6月4日　皇姑屯事件爆发。

6月25日　奉天窑业公司和满洲窑业工厂1500多人举行大罢工，取得胜利。

8月　中共辽阳区委成立。

同月　中共抚顺特别支部成立。

9月　中共满洲省临委在奉天召开东北第三次党员代表大会，中共满洲省临委改为中共满洲省委。

10月初　周恩来由苏联回国途经奉天，向中共满洲省委传达中共六大会议精神。

10月　中共满洲省委决定设立《关外》杂志社，由省委秘书长廖如愿直接领导。

10月22日　黑龙江、吉林、奉天三省成立东三省路权保持会。

11月初　中共沈北区委员会成立。

11月5日　中共满洲省委与共青团满洲省委就反对日本侵略满洲及强夺路

权共同发表《对时局宣言》。

11月8日　奉天省学生联合会成立。

12月21日　刘少猷、程寄如夫妇受党中央派遣到东北巡视工作。

12月24日　中共满洲省委扩大会议召开。由于被警察发觉，陈为人以下13人被捕，满洲省委遭到破坏。

1929年

1月2日　东北地区党、团组织联席会议召开。

2月16日　中央批准新一届中共满洲省委组成人员。

3月30日　王立功由上海来到沈阳，接任中共满洲省委书记职务。

4月12日至15日　中共满洲省委第一次全体执行委员会议在沈阳召开，通过了《满洲党政治任务决议案》。

6月4日　中央政治局决定派刘少奇出任中共满洲省委书记。

6月7日　中央在上海召开满洲工作会议，专门讨论研究满洲党的工作问题。

6月8日　中央正式批准组成新的中共满洲省委。

6月至7月　东北大学附属高中学生郭维城等人，创办进步文艺刊物《冰花》。

7月10日　中东路事件爆发。

7月14日　刘少奇和何宝珍抵达沈阳。

7月15日　中共中央发出《中共中央关于中东路事件给满洲省委的指示信》。

7月　中共满洲省委派杨靖宇任中共抚顺特支书记。

8月30日　中共抚顺特支被破坏，杨靖宇等10人被捕入狱。

9月　朱全盛、吴晓天到大连进行党组织的恢复、重建工作。

10月　中共满洲省委为加强大连党的工作，派张干民组织成立中共大连特支。

年末　中共满洲省委军事委员会成立。

1930年

2月　辽宁反帝大同盟在沈阳宣告成立。

3月末　中共满洲省委书记刘少奇被调回上海中央工作。

4月　中央派李子芬任中共满洲省委书记。

同月 中共满洲省委召开党、团联席会议，讨论五一劳动节进行整治罢工和示威方面的问题。

同月 中共满洲省委遭到破坏后，党的一切活动停止。

5月上旬 中共满洲省临委书记林仲丹、省委委员杨一辰到抚顺巡视。

5月下旬 中共满洲省临委重新组建。

5月下旬 抚顺党组织遭到破坏。

5月24日 中共满洲省临委就新省委的恢复情况和新的工作部署向中央报告。

5月 中共中央派赵毅敏、李雾仙到东北工作。

6月 中共满洲省临委派张干民到抚顺重新组建特支。7月，新的中共抚顺特支成立。

8月8日 中共满洲省临委在沈阳召开扩大会议，传达中共中央《目前政治任务的决议》和全国组织工作会议精神。根据中央的指示，中共满洲省委改为中共满洲总行委。

8月10日 中共满洲总行委提出《关于以抚顺为中心的地方暴动的具体计划报告》。

8月下旬 中共中央派陈潭秋、韩源波对中共满洲总行委进行改组。

9月20日 抚顺工人联合会成立大会召开，作出发动总同盟罢工的决定。

9月 中共满洲总行委向东北地区各级党组织发出《关于满洲政治形势党的工作任务的报告》。

10月24日 中共满洲总行委主席团会议召开，传达中共六届三中全会决议精神，恢复中共满洲省委，并取消抚顺武装暴动计划。

10月下旬 中共满洲省委决定把中共抚顺特支改为中共抚顺县委。

11月16日至22日 中共满洲省委在沈阳召开第一次扩大会议，传达中共六届三中全会精神。

1931年

2月8日 中共满洲省委召开会议，选举产生新一届省委。

3月27日 中共满洲省委第二次扩大会议召开，决定深入进行反立三路线的斗争，加紧反对"右"倾。

4月　万宝山事件爆发。

6月上旬　中村事件爆发。

8月1日　中共磐石县委发动各界群众举行示威游行，声讨日本帝国主义制造事端、侵略东北的罪行。

9月18日　日本帝国主义悍然发动侵略中国东北的九一八事变。

9月19日　中共满洲省委召开紧急会议，并发表《中共满洲省委为日本帝国主义武装占领满洲宣言》。

9月20日　中共中央发表《中国共产党为日本帝国主义强暴占领东三省事件宣言》。

9月27日　东北民众抗日救国会成立大会召开，通过《告东北民众书》为救国会宣言。

9月　中共大连特支向全市工人群众发出《敬告大连工友书》。

9月末　辽宁省临时政府和东北边防军司令长官公署在锦州成立。

10月12日　中共中央向中共满洲省委发出《关于满洲士兵工作的指示信》。

10月下旬　邓铁梅组织成立东北民众自卫军。

11月中旬　中共满洲省委召开扩大会议，作出加强党对创建游击队工作的领导决定。

12月　中共中央委派中共中央政治局候补委员、中央驻满洲代表罗登贤重建满洲省委。

年末　中共满洲省委机关迁驻哈尔滨。

1932 年

年初　中共满洲省委起草了《抗日救国武装人民群众进行游击战争》。

3月1日　伪满洲国在长春成立，溥仪出任"执政"。

3月　东北民众抗日义勇军第二十四路军成立，苏景阳任司令、李兆麟任副司令。

4月21日　辽宁民众自卫军成立，唐聚五任总司令。

5月1日　中共奉天特委向全市基层党支部散发《告奉天工农劳苦群众书》。

6月4日　磐石工农反日义勇军成立。

6月　中共热河特别支部委员会在建平成立。

同月　中共临时中央政治局在上海专门召开直、鲁、豫、陕、满北方五省委联席会议（即"北方会议"）。

7月　中共满洲省委在哈尔滨召开省委扩大会议，会议通过了《中共满洲省委扩大会议决议——关于接受中央北方会议的决议》。

1933年

1月17日　中华苏维埃临时中央政府发表《中华苏维埃临时中央政府、中国工农红军革命军事委员会宣言》（简称《一·一七宣言》）。

1月26日　中国共产党驻共产国际代表团以中共中央名义发出《中共中央给满洲各级党部及全体党员的信——论满洲的状况和我们党的任务》（简称《一·二六指示信》）。

2月　东北青年抗日铁血团在奉天成立。

同月　中共本溪特支建立。

3月11日　张学良通电下野。

3月　国民党将领冯玉祥组织察哈尔抗日同盟军。

4月　中共哈尔滨市委书记杨一辰调回奉天特委任书记。

5月中旬　中共满洲省委扩大会议召开，传达《一·二六指示信》精神。

5月15日　中共满洲省委通过《满洲省委关于执行反帝统一战线与无产阶级领导权的决议》。

7月下旬　南满反日军联合参谋部成立。

7月　党领导下的抗敌文艺团体"星星剧团"成立。

8月10日　中共满洲省委发出《满洲省委关于全民族反日反帝的统一战线问题致各级党部及全体同志的信》。

8月下旬　中共奉天特委遭到破坏。

8月　共产党员罗烽、金剑啸，年轻作家萧军、白朗等人创办《夜哨》文艺副刊。

9月18日　东北人民革命军第一军独立师成立并发表宣言，杨靖宇任师长兼政委。

10月9日　中共满洲省委提出《东北人民革命军斗争纲领》。

10月20日　共青团奉天临时特委建立，杨大聪任书记。

11月　中共安东临时工作委员会建立，王兴让任书记。

同月　中共大连市委遭到敌人破坏，中共满洲省委派张敬文到大连重建党的组织。

1934 年

2 月 21 日　东北人民革命军第一军独立师在临江县三岔河子地区主持召开抗日义勇军大会，议定成立"东北抗日联合军总指挥部"。

2 月　中国少年铁血军在岫岩成立，苗可秀任总司令。

3 月 1 日　伪满洲国"执政"溥仪在长春伪皇宫"登基"，当上伪皇帝。

4 月　中共满洲省委和中共奉天特委遭到破坏。

同月　中共满洲省委任命夏尚志为中共奉天特委书记。

6 月 16 日　中共满洲省委制定《东北人民革命军赤色游击队政治工作暂行条例草案》。

6 月　中共满洲省委发表《农民委员会与民众政府》。

夏　大连国际情报组（又称抗日放火团）建立，赵国文任负责人。

9 月末　中共上海中央局派杨光华到东北巡视工作。

9 月　中共胶东临时支部委员会在大连建立。

10 月　新一届中共满洲省委组建，杨光华任省委代理书记。

11 月 5 日至 10 日　中共南满第一次代表大会在临江县四道沟二岔召开，通过了《中共南满第一次代表大会决议》。同时决定成立中共南满（临时）特委。

11 月 7 日　中共满洲省委宣布成立东北人民革命军第一军。

1935 年

1 月　中共大连市委成立，张敬文任市委书记。

同月　中共奉天特委改为奉天市委。

2 月　东北人民革命军第一军以桓仁县老秃顶子山区为中心，建立抗日游击根据地。

4 月　崔裕民（李守本）接任中共奉天市委书记。

5 月 12 日　东北人民革命第一军参谋长兼第一师师长李红光牺牲。

6 月 3 日　王明、康生就东北抗日游击战争等问题发出《关于游击运动问题给吉东负责同志的秘密信》（又称《王康指示信》）。

8月1日　中共南满特委发表宣言，号召"建立自己选举的民众政府"。

8月17日　中共南满特委在金川河根据地召开民众代表会议，成立了南满特区人民革命政府筹备委员会，通过了《临时东北人民革命政府南满特区政府组织条例（草案）》。

8月　南满抗日总会成立。

9月　中共驻共产国际代表团召开满洲工作会议，决定撤销中共满洲省委，将原拟成立的南满、东满、吉东、哈东（或珠河）特委升格为四个省委。

11月26日　中共驻共产国际代表团指示中共满洲省委结束工作。

1936年

1月9日　中共满洲省委正式宣告终结。

2月10日　中共驻共产国际代表团以中共中央名义发布《为建立全东北抗日联军总司令部决议草案》，提出全东北抗日军队的统一名称为"东北抗日联军"。

2月20日　东北反日救国总会和东北抗日联军共同发表《东北抗日联军统一军队建制宣言》。

4月至5月间　经中共中央北方局研究决定，中共东北军工作委员会（简称东工委）成立。

6月中旬　东北人民革命军第一军第一师从本溪县蒲石河（现属凤城市）出发，进行第一次西征。

6月末　中共南满特委召开第二次代表大会，正式将东北人民革命军第一军改编为东北抗日联军第一军。

6月　中共中央制定《关于东北军工作的指导原则》。

7月　杨靖宇和魏拯民共同主持召开了河里会议，决定抗联第一、二军合编为东北抗日联军第一路军，将东满、南满党组织合并组成中共南满省委。

8月　中共中央派朱理治领导东工委工作，东工委成为党中央直接领导下的组织。

10月4日　东北民众救亡会成立大会在西安市召开。

11月下旬　东北抗日联军第一军第二次西征受挫。

12月12日　西安事变爆发。

1937 年

2月11日　抗联第一军政治部主任宋铁岩牺牲。

2月23日　日军在桓仁制造骇人听闻的"西江惨案"。

4月17日　中共大连市委书记王清志等人被捕。

4月　中共抚顺支部改为中共抚顺县委，张佐汉任书记。

6月15日　抗联第一军党委扩大会议在宽甸召开，发表了《抗联一军党委扩大会议决议案》《政治决议案》《抗日军工作决议案》。

6月20日　东北抗日救亡总会在北平成立。

7月7日　全国抗战爆发。

7月25日　抗联第一路军发表《为响应中日大战告东北同胞书》。

8月11日　中共抚顺特别支部组成。

8月20日　抗联第一路军发表《东北抗日联军第一路总司令部布告》。

9月22日　国民党中央通讯社发表《中共中央为公布国共合作宣言》。

1938 年

5月　抗联第一军与抗联第二军在辑安老岭区会师，第一次"老岭会议"召开。

6月29日　抗联第一军第一师师长程斌率部投敌。

7月中旬　抗联第一路军主要领导人杨靖宇、魏拯民等在老岭召开紧急干部会议（即第二次老岭会议），重新研究了部队的行动方向，调整了游击活动计划。

1939 年

5月　第一师军需部分队长甄宝昌带余部离开兴京的西河掌，这是从辽宁地区撤离的最后一支抗联部队。

1940 年

2月23日　杨靖宇壮烈牺牲。

3月13日　魏拯民主持召开中共南满省委扩大会议，研究杨靖宇牺牲后的形势和部队的斗争任务。

9月4日　北票煤矿冠山的"协和寮"特殊工人在共产党员刘三、韩树琪秘密组织带领下发生暴动，取得成功。

1941年

年初　魏拯民病逝，抗联第一路军余部转移到苏联境内。

9月30日　伪华北新民会制定了《特殊工人的劳动斡旋计划》，规定把四种人作为特殊工人押送到东北。

12月21日　抚顺万达屋特殊工人举行集体暴动。

1942年

7月　中央东北工作委员会正式成立。

8月1日　在苏联进行整训的抗联部队及在东北活动的抗联人员统一编为抗联教导旅，周保中任旅长。

8月4日　阜新五龙矿党小组组长韩玉玺和党员吴文军先后组织了300多名矿工逃出煤矿。

9月2日　阜新新邱采矿所下菜园子特殊工人举行大暴动。

9月13日　抗日联军教导旅召开全体中共党员大会，正式成立中共东北党组织特别支部局。

12月　十三地委（冀东区分委改称）决定成立临（榆）抚（宁）凌（源）青（龙）绥（中）联合县工委和办事处。

1943年

2月　中共胶东区党委领导的海外各界抗日同盟总会辽东总会在奉天成立。

春　胶东海外抗日同盟总会大连分会正式成立。

春　十三地委决定撤销临抚凌青绥联合县工委和办事处，成立临抚昌（黎）和凌青绥两个联合县工委和办事处。

1945年

春　中共凌青绥联合县工委撤销，第十六地分委组建，曾克林任书记。

7月　中共东北党委会改组，组成新的东北党委会，周保中任书记。

7月下旬　抗联教导旅陆续抽出一部分抗联游击队员，参加空降或担任苏军向导的工作。

8月9日　延安新华社广播了毛泽东发表的声明——《对日寇的最后一战》。

8月10日　抗联教导旅全体指战员召开反攻东北配合苏军消灭日本关东军的动员大会。

8月15日　日本天皇宣告正式接受无条件投降。

8月20日　苏联红军空降部队解放沈阳。

8月22日　苏联红军进驻旅顺、大连和金州，大连人民获得解放。

8月　本溪茨沟煤矿特殊工人党支部成立。

9月9日　东北党委员会成员冯仲云率20多名抗联指战员进入沈阳。

9月10日　八路军冀热辽军区和中共辽西地委派部队接收阜新。

9月18日　彭真、陈云、伍修权、叶季壮抵达沈阳。

9月19日　中共中央东北局召开第一次扩大会议。

9月21日　中共中央东北局领导同志在沈阳原"大帅府"召开会议，宣布东北局正式成立。

9月下旬　东北党委员会书记周保中等到沈阳，向东北局领导做汇报。

9月　中共中央东北局第一次工作会议召开，提出在农村开展反奸反霸、减租减息等工作。

10月10日　沈阳特别市政府成立。

10月11日　中共沈阳市委正式成立。

10月15日　周保中向彭真、陈云汇报了抗联的斗争历史并移交东北现有的党组织及工作关系。

同日　辽宁省政府在沈阳成立，张学思任省政府主席，朱其文任副主席。

10月20日　东北抗日联军领导人周保中等到达沈阳，向中共中央东北局汇报工作。

10月31日　中共中央决定，进入东北的部队和东北人民自卫军统一组成东北人民自治军（1946年1月改称东北民主联军）。

10月　中共营口市委和营口市政府成立。

11月初　中共大连市委正式成立。

11月5日　安东市政府成立。

11月中旬　中共本溪市委成立。

11月下旬　中共辽阳市委成立。

12月28日　中共中央发出《建立巩固的东北根据地的指示》。

1946 年

1 月 10 日　中国共产党代表同国民党政府代表正式达成停战协定。

1 月　中共辽东省委建立。

2 月 13 日　秀水河子战役取得胜利。

2 月　中共中央东北局由本溪迁往抚顺。

3 月 19 日　中共辽东省委发出关于《粉碎国民党进攻紧急动员指示》。

3 月 20 日　中共中央东北局发出《关于处理日伪土地的指示》。

4 月 4 日　辽宁省分委所辖辽宁一地委、辽宁二地委合并为辽南地委。

4 月 15 日　东北民主联军取得大洼、金山堡战斗胜利。

5 月 4 日　中共中央发出《关于土地问题的指示》（简称《五四指示》）。

5 月 25 日　东北民主联军发起鞍海战役，连克鞍山、营口、大石桥等地。

6 月 4 日　中共中央东北局发出《关于剿匪与发动群众工作的指示》。

6 月 22 日　中共辽南省分委成立。

6 月 25 日　中共中央东北局作出《关于组织工作团动员干部下乡发动群众创造根据地的决定》。

6 月 26 日　蒋介石撕毁停战协定，全国内战爆发。

7 月 3 日　中共中央东北局在哈尔滨召开扩大会议。通过了陈云同志起草的《东北的形势和任务》决议（即《七七决议》）。

7 月 21 日　中共辽宁省分委转发东北局《关于辽宁省的区划及组织的决定》。

7 月 28 日　中共辽吉省委发出《关于武装斗争的方针及其建设的指示》。

7 月　中共辽东省委动员 200 名干部下乡。

8 月　东北解放区第一次教育会议召开。

9 月 13 日　中共辽东省委发出《关于土改运动中几个问题的指示》。

9 月 19 日　中共辽东省委发出《准备粉碎敌人进攻的指示》。

10 月 31 日　新开岭战役取得胜利。

10 月　国民党军大举进攻辽南解放区，辽南地区的土改被迫中断。

12 月 11 日　辽东军区师以上干部会议在七道江召开，陈云在会上作了重要讲话。会议通过了"巩固长白山区，坚持敌后'三大块'"的战略思想。

12 月 28 日　中共南满分局向各省委、各纵队发出《关于坚持南满敌后斗争的几点指示》。

12月　中共辽南省分委改为中共辽南省委。

1947年

1月2日　中共辽吉省委书记陶铸在县以上干部会议上作了《一九四七年的任务——坚持辽吉》的讲话。

4月3日　东北民主联军"三下江南""四保临江"战役结束。

5月5日　中共中央东北局作出《关于东北目前形势与任务的决议》。

5月31日　中共辽吉省委书记陶铸发出《关于新收复地区发动群众问题给一、二、五地委的一封信》，明确要求迅速发动群众，坚决实行土改。

6月1日　辽南独立师全线出击，攻克了普兰店，解放了新金县全境。

6月6日　中共中央东北局发出《关于新收复区工作的指示》。

11月3日至21日　中共中央东北局在哈尔滨召开省委书记联席会议，讨论贯彻全国土地会议精神和《中国土地法大纲》。

12月1日　中共中央东北局发布《告农民书》。

同日　东北行政委员会发布《东北解放区实行〈中国土地法大纲〉的补充办法》和《关于在农村中划分阶级的一些问题（草案）》，明令与《中国土地法大纲》一并实行。

12月31日　中共中央东北局向各省发出《一九四八年任务的决定》，要求解放区各级党组织开展一次建党整党运动。

1948年

2月2日至3月7日　东北军区召开政治工作会议，讨论并确定东北全军在诉苦教育的基础上，把整党与整军结合起来，开展"五整一查"。

2月25日　东北行政委员会辽东办事处发布《一九四八年农业生产计划大纲》。

2月　中共中央东北局下达关于立即停止侵犯私营工商业的行动。

3月初　辽宁解放区老区的土地改革胜利完成。

3月8日　东北行政委员会颁布《保护耕畜令》。

3月下旬　辽宁解放区各部队进行新式整军运动。

5月　东北行政委员会连续发布《农业生产奖励令》《生产节约奖励办法》《奖

励生产、强制二流子懒汉生产》《垦荒免征公粮》等命令。

同月　中共中央东北局成立中共沈阳市工作委员会（简称市工委）。

7月9日　沈阳的36所大中学校的学生代表召开会议，成立"东北在沈学生抗议'七五惨案'联合会"（简称"学生抗联"）。

7月中旬　在地下党组织领导下,爆发了以沈阳为中心、东至抚顺、西到新民、北抵铁岭、南达本溪的2万多名铁路员工反对拖欠工资的大罢工，罢工最终取得胜利。

8月下旬　辽宁解放区开始进行公开建党工作。

9月12日　东北野战军发起辽沈战役。

10月1日　东北人民解放军炮兵司令员朱瑞在解放义县的战斗中不幸牺牲。

10月15日　东北野战军攻克锦州。

10月　陈云率领抽调干部准备接收沈阳及其周围的工业城市。

11月2日　辽沈战役胜利结束。

11月3日　东北行政委员会颁发保护城市各阶层人民利益《约法八章》的布告。

同日　沈阳特别市军事管制委员会成立，并颁布了《安定社会秩序》第一号布告。

11月5日　沈阳市基本完成清点移交和接管工作。

11月9日　中共中央东北局发布《关于新区土地改革的指示》

11月23日　中共中央东北局在沈阳召开扩大会议，通过了《关于全东北解放后的形势与任务的决议》。

12月6日　中共中央东北局、东北行政委员会由哈尔滨迁到沈阳。

12月26日　东北行政委员会批准成立鞍山钢铁公司。

1949年

1月1日　经中共中央东北局和辽北省委批准，中共阜新煤矿委员会成立。

3月　东北行政委员会召开第一次东北卫生工作会议。

4月15日　东北行政委员会决定开放营口港，扩大对外贸易。

4月22日　中共鞍山市委作出《发动全体职工开展立功竞赛运动》的决定。

5月1日　贺龙出席鞍山炼钢厂的复工典礼，代表中共中央向钢铁工人表示祝贺和慰问。

6月27日　东北局发出《关于抽调干部入关的通知》，决定从辽宁解放区抽调300名老干部入关南下担任领导工作。

9月21日　中国人民政治协商会议第一届会议在北平隆重开幕。

社会主义革命和建设时期

>>>

综　述

1949年10月1日，中华人民共和国成立，中国共产党成为执政党。在中国共产党坚强领导下，辽宁省委、省政府带领全省人民积极进行社会主义革命和建设，使辽宁成为国家重要的工业基地，为新中国各项事业的发展作出了突出贡献。

一、巩固新生人民政权，恢复全省国民经济，大力支援抗美援朝

新中国成立初期，巩固新生的人民政权，建立和稳定社会经济秩序，为恢复和发展生产事业提供安定的社会环境，是摆在辽宁地区各级党委、政府和人民面前的首要任务。

从辽宁全境解放到新中国成立，辽宁地区的市、县、乡、村四级人民政权相继建立起来。从中华人民共和国成立至1954年7月，辽宁地区行政区划设置为：两省五直辖市，即辽东省、辽西省和中央人民政府政务院直辖的沈阳、旅大（今大连）、鞍山、抚顺、本溪。到1950年年末，辽东、辽西两省和沈阳、旅大、鞍山、抚顺、本溪五个特别市，都分别召开了第一届各界人民代表会议，建立起人民政权。各族人民革命热情高涨，辽宁大地呈现出万象更新的局面。广大工农劳动群众以翻身做主人的崭新面貌，在战争废墟上重建家园，恢复生产。青年学生和知识分子欢欣鼓舞，踊跃参加革命工作。身居海外的专家学者等辗转返回辽宁参加建设。

但是，由于国民党残余势力和流散的军警、特务等各类反革命分子并未全部肃清，这些反革命分子不甘心自己的失败，继续进行各种破坏捣乱活动。为了巩固新生的人民政权，保证国民经济的恢复和发展，1950年10月10日，中共中央发出《关于镇压反革命活动的指示》，要求在全国范围内开展一场大张旗鼓的镇

压反革命运动。镇压反革命运动打击的重点对象，是特务、土匪、恶霸、反动党团骨干及反动会道门头子。辽宁地区镇压反革命运动于1950年11月开始，1951年年底结束。根据中共中央和政务院的指示，辽东、辽西两省和沈阳、旅大、鞍山、抚顺、本溪五市，在各级党委领导下，实行全党动员、全民动员，使公安、司法机关同广大群众相结合，积极吸收各民主党派和民主人士参加，普遍召开了各种形式的控诉大会，举办了反革命罪行展览，进一步提高人民群众的阶级觉悟，纷纷检举和揭发反革命分子的罪行，提供线索，协助公安机关调查取证，有力地促进了运动的发展。在运动后期，还进行了对部分村政权的改造工作，清除了混入村政权的各类反革命分子、敌对分子，广大农民真正当家作主。大张旗鼓地镇压反革命，是在新中国成立之初敌我矛盾还很突出的条件下进行的一场尖锐的对敌斗争，为巩固新生政权，保证各项社会改革和经济恢复工作的顺利进行提供了保障。

1950年6月，党的七届三中全会向全党全国提出了"为争取国家财政经济状况的基本好转而斗争"的号召，要求在三年时间内，实现国家财政和经济状况的基本好转，为有计划的经济建设创造条件。从新中国成立到1952年年底，辽宁地区各级党组织认真贯彻落实中共中央的指示和中共七届三中全会精神，在党中央和中共中央东北局领导下，依靠工人阶级和广大群众高度的劳动积极性和创造性，在胜利完成土地改革、没收官僚资本、镇压反革命、健全人民民主专政国家制度、发展新民主主义经济以及胜利完成繁重的社会改革和支援抗美援朝战争的同时，胜利地完成了恢复国民经济的任务，整个辽宁地区的工农业生产达到了历史最高水平。这一切都为开展有计划的经济建设和社会主义改造准备了条件。

正当中国人民全面落实党的七届三中全会决策部署，为争取财政经济状况好转而斗争的时候，1950年6月，朝鲜内战爆发。美国随即派兵进行武装干涉，发动了对朝鲜的全面战争，同时派遣第七舰队入侵台湾海峡。7月，又操纵联合国安理会通过决议，成立由美国指挥的"联合国军"开入朝鲜半岛作战。从8月起，美军飞机不断侵入中国领空，造成我国财产损失、人员伤亡。新中国的国家安全受到严重的外来威胁。应朝鲜民主主义人民共和国政府的请求，为了保卫新生的人民民主政权，在反复权衡利弊之后，10月，中共中央作出了"抗美援朝，保家卫国"的决策，毅然派遣中国人民志愿军赴朝作战。10月19日，中国人民志愿军肩负着祖国人民的重托，跨过鸭绿江，从此开始了中国人民伟大的抗美援朝战争。

辽宁与朝鲜仅一江之隔，是抗美援朝的最前沿。在抗美援朝期间，辽宁人民肩负繁重而光荣的支前任务，在人力、物力等方面进行了充分的动员与支援，为抗美援朝战争的胜利作出了巨大贡献。据不完全统计，自1950年志愿军出国作战到1953年朝鲜停战，辽宁先后动员246.2万人（次）参加了抗美援朝的各种战勤工作，出动战勤大车13.3万辆，捐献粮食356.56万吨，捐款折合战斗机235架。辽宁的许多工厂夜以继日地为志愿军生产军需物品、武器弹药，竭尽全力保证前线的物资供应，为战争的最后胜利提供了保障。为了确保志愿军拥有强大战斗力，辽宁在抗美援朝时期参军参战人数达到32.15万，为志愿军提供了源源不断的兵员，为赢得战争的胜利作出了巨大贡献。

与此同时，辽宁地区的工业和农业战线还广泛开展了爱国增产节约运动，取得了很大的经济效益和社会效益。但在运动中也暴露出了党政机关内部存在的贪污、浪费行为和官僚主义问题。1951年11月1日，中共中央东北局向中共中央作了《关于开展增产节约运动，进一步深入反贪污、反浪费、反官僚主义斗争的报告》。11月29日，华北局向中央报告了刘青山、张子善腐化堕落的严重情况。12月1日，中共中央作出了《关于实行精兵简政、增产节约、反对贪污、反对浪费和反对官僚主义的决定》。1952年1月4日，党中央下达限期发动"三反"运动的指示，辽宁地区各级党委高度重视，通过放手发动群众和认真执行政策，使"三反"运动步步深入，不但揭露了突出问题，还找到了产生问题的原因，为有力抵制旧社会遗留的恶习和资产阶级的腐蚀，树立公职人员的廉洁、朴素、为人民服务的工作作风，创造了有利条件。同时，社会各界群众的广泛参与，使厉行节约、艰苦奋斗等新的社会风气进一步形成。

"三反"运动在党政机关开展起来后，各地各部门清查出一些机关内部人员同社会上的不法资本家内外勾结，侵吞国家资产的案例。鉴于这种严重情况，中央决定，在党政机关工作人员中开展"三反"斗争的同时，在工商业界开展一场反对行贿、反对偷税漏税、反对盗骗国家财产、反对偷工减料、反对盗窃国家经济情报（通称"五毒"）的"五反"运动。辽宁国营经济比重大，"五毒"行为严重威胁着国家的经济建设和正在进行的抗美援朝战争。辽宁各级党组织认真贯彻执行中共中央关于开展"五反"运动的指示，在工商业者中普遍进行了一次守法经营教育，有力地打击了不法资本家严重的"五毒"行为，推动了在私营企业中建立工人监督和民主改革的进程。

1952年3月到6月,辽宁地区对"三反""五反"运动揭露出来的问题,根据错误性质及其程度、本人表现分别作出了处理。1952年10月,辽宁的"三反""五反"运动全部结束。

二、建设国家工业基地,进行社会主义改造,建立社会主义制度

1953年,我国开始了以实施发展国民经济第一个五年计划为中心的大规模经济建设。这一年,党中央正式提出逐步实现国家的社会主义工业化,逐步实现国家对农业、手工业和资本主义工商业的社会主义改造的过渡时期总路线,并把这条总路线作为党和国家一切工作的指针。由此,中国进入了有计划的经济建设和全面实现社会主义改造的时期。

"一五"期间,辽宁是国家重工业建设的重点地区。国家对辽宁的建设非常重视,提出了第一个五年计划的中心任务是基本完成以鞍山钢铁联合企业为中心的东北基地的新建和改建。由苏联援建的156项重点工程建设项目,辽宁就有24项,居全国第一位。辽宁人民在各级党委的领导下,经过五年的工业建设,完成了以鞍钢为中心的工业基地建设任务,辽宁地区工业基础大大加强,形成了以鞍山、本溪的钢铁工业,抚顺、阜新的煤炭工业,沈阳、大连的机械工业和抚顺、锦西、大连的石油、化学工业为主,以服务于工农业生产建设和人民生活需要的建筑材料工业、农具制造和机械修配工业、造纸工业、柞蚕和棉纺工业及其他各种轻工业为辅的辽宁地区工业网。

在集中力量保证工业建设和积极发展工业生产的同时,在农业合作化的基础上,各级党委充分调动广大农民的生产积极性,努力推进和提高农业、林业和水利事业的发展。农业生产坚持以大力增产粮食为中心,同时积极发展工业原料、油料和其他副业生产,贯彻多种经营方针。为了有效地保证和提高农业生产,辽宁地区采取了有计划地进行农田水利建设,扩大农田灌溉面积,扩大高产作物的耕种面积,大力推广和改进耕作技术以及推广良种等一系列有力措施,有力地促进了农业生产的发展。

随着大规模的工农业生产的发展,交通运输和邮电事业也有了相应的发展。

五年间，辽宁铁路基本建设投资3.49亿元，恢复和新建铁路420公里，增加机车187辆。地方交通运输基本建设投资4984万元，新建改建公路12条，全长743公里。大连、安东（今丹东）、营口三个港口的货物吞吐量大幅提高。辽宁地区各项运输都超额完成了第一个五年计划所规定的任务。五年间邮电事业新增加乡村邮电局、所529个，到1957年年底，辽宁已有1980个乡有了电话，全省的邮电通信网基本建立起来。

第一个五年计划的顺利完成，增强了辽宁的经济实力，提高了辽宁在全国的经济比重和支援国家建设的能力。"一五"时期，通过大规模的基本建设和技术改造，改建和扩建了一大批国民经济骨干企业，新增固定资产56.5亿元，在辽宁基本形成了以向全国提供原材料和机电设备为主的重工业基地。"一五"期间，辽宁为支援国家的社会主义工业化建设作出了巨大贡献。

在进行有计划的经济建设的同时，根据党中央的部署，辽宁各级党委领导人民群众开展了对生产资料私有制的社会主义改造。

对农业的社会主义改造，主要是遵循自愿两利、典型示范和国家帮助的原则，重点发展半社会主义性质的初级农业生产合作社，再发展到社会主义性质的高级农业生产合作社。到1956年6月，全省参加农业生产合作社的已达293.8万户，占全省农户总数的98.6%；其中参加高级社的农户达276.9万户，占农户总数的92.9%。从数量上，社会主义成分的农业经济在全省的农业生产中占了主导地位，辽宁农业的社会主义改造基本完成。

对个体手工业的社会主义改造，也采取了与对农业的社会主义改造相类似的方法。从组织手工业供销小组，到手工业供销合作社，再发展到手工业生产合作社。据1956年年末的统计，全省手工业生产合作社达到2490个，参加合作社的人数达到16.4万人，占手工业总人数的85.4%。加上参加合作小组的1万人，全省已有90.6%的手工业者组织起来，这些合作社的产值已占手工业总产值的94.4%。手工业合作化的实现，使绝大多数个体手工业者由小生产的个体经济转变为集体所有制经济。个体手工业的社会主义改造，促进了辽宁国民经济的发展。

对资本主义工商业的社会主义改造，是从委托加工、计划订货、统购包销、委托经销代销等国家资本主义的初级形式，逐步向公私合营的高级形式过渡。辽宁地区对资本主义工商业采取委托加工、计划订货、统购包销、委托经销代销等国家资本主义的初级形式，在国民经济恢复时期就已实行。1954年1月，中央财政经济委员会提出了《关于有步骤地将有十个工人以上的资本主义工业基本上改造为公私合营企业的意见》。从这时开始，辽宁地区对资本主义工商业改造的重点转入发展公私合营这种高级形式的国家资本主义。到1956年1月，辽宁地区的资本主义工商业已经全部实现了公私合营。

对生产资料私有制的社会主义改造的基本完成，标志着辽宁省实现了从新民主主义到社会主义的历史转变，社会主义制度在辽宁基本建立起来了。

三、艰辛探索发展道路，经济建设遭受挫折，克服困难取得成就

在对生产资料私有制的社会主义改造基本完成以后，无产阶级和资产阶级之间的矛盾已经基本解决，但是大量的人民内部矛盾则逐渐显露出来，如何正确对待和处理这些日渐突出的人民内部矛盾，成为摆在辽宁各级党组织面前的重大课题。为加强党的建设，巩固党的执政地位，根据党中央的部署，在省委的统一领导下，全省各级党组织开展了以正确处理人民内部矛盾为主题的整风运动，以克服党内存在的主观主义、官僚主义和宗派主义。整风运动在一定程度上改进了干部作风和党群、干群关系，有利于党的建设和经济建设工作。但在整风过程中，极少数资产阶级右派分子利用整风的机会，向党和新生的社会主义制度发起了猖狂进攻。在党中央统一部署下，省委又领导全省人民开展了反右派斗争，对反对党的领导、反对社会主义道路的右派分子进行了坚决的反击。但由于对右派分子进攻的形势做了过分严重的估计，混淆了两类不同性质的矛盾，导致反右派斗争扩大化，造成了严重后果，使建设社会主义的良好开端遭受挫折。

1958年5月，党的八大二次会议通过了"鼓足干劲，力争上游，多快好省地建设社会主义"的总路线。中共辽宁省委根据这条总路线的精神，在不断批评反"右倾保守"的氛围下，迅速掀起了以农业生产为开端的各行各业的"大跃进"运动。"大跃进"运动造成了生产力高速发展的错觉，从而推动着生产关系和社会制度的变革，并由此兴起了人民公社化运动，使以高指标、瞎指挥、浮夸风和"共产风"为主要标志的"左"倾错误严重泛滥起来。为纠正"大跃进"和人民公社化运动中出现的错误，从1958年11月郑州会议到1959年庐山会议前期，

按照党中央的部署，辽宁各级党组织对"左"倾错误进行了初步纠正，使形势开始向好的方面转变。但庐山会议后又开展了"反右倾"斗争，中断了纠正"左"倾错误的进程，使"左"的错误再度泛滥，国民经济陷入了严重困境，社会主义建设在艰难探索中遭受严重挫折。

20 世纪 60 年代初期，我国经济出现了非常困难的局面。工农业比例关系严重失调，商品匮乏，供需矛盾突出。在这种情况下，通过调整来克服经济困难，就成为迫在眉睫的任务。1961 年 1 月，党的八届九中全会通过了国民经济"调整、巩固、充实、提高"的八字方针。中共辽宁省委认真贯彻执行了八字方针，通过大力精简职工，减少城镇人口；压缩基本建设规模，加强财政管理，大力支援农业等措施，使全省的经济建设得到了比较顺利的恢复和发展。

1962 年，党的八届十中全会提出要在全国城乡进行社会主义教育运动。10 月 18 日，中共辽宁省委召开二届七次全体（扩大）会议，传达贯彻党的八届十中全会精神，决定在全省城乡干部群众中广泛开展社会主义教育。12 月 7 日，发布了《关于在农村开展以坚持社会主义方向，巩固集体经济为中心内容的社会主义教育的指示》，12 月 8 日，又发布了《关于在城市深入开展社会主义教育的指示》，对全省城乡社会主义教育运动进行了全面部署。

从 1963 年春开始，全省在沈阳、旅大、鞍山、辽阳、抚顺、本溪、安东、锦州、营口、阜新、朝阳等市和盘锦农垦局选择了一批公社、农场、大队和生产队进行农村社教试点。在试点的基础上，全省农村社教分两批进行。第一批从 1964 年 1 月开始。这批社教以阶级斗争为中心，以"四清"（清政治、清经济、清组织、清思想）为内容，按照中央制定的《关于目前农村工作中若干问题的决定（草案）》（即"前十条"）和《关于农村社会主义教育运动中一些具体政策的规定（草案）》（即"后十条"）开展运动。第一批社教，对于阶级斗争状况的估计过于严重，不少农村社队干部受到打击，被赶下台。第二批社教从 1965 年 7 月开始。这批社教按照中央制定的《农村社会主义教育运动中目前提出的一些问题》（即"二十三条"）要求进行。各地解放了一大批基层干部，使农村一度紧张的局面有所缓和。到 1966 年 2 月，辽宁农村社教基本结束。

从 1964 年 8 月开始的辽宁城市社教是在"五反"（反对贪污盗窃、反对投机倒把、反对铺张浪费、反对分散主义、反对官僚主义）运动基础上开展的。"二十三条"发布后，其主要内容也由"五反"改为"四清"。辽宁省城市社教到 1966

年6月结束。

历时三年的城乡社教运动，对于纠正干部多吃多占、强迫命令、欺压群众等作风和解决集体经济经营管理方面的问题，对于打击贪污盗窃和刹住封建迷信活动等歪风，起到了一定作用。但是，由于指导思想上"以阶级斗争为纲"，许多不同性质的问题都被认为是阶级斗争或者是阶级斗争在党内的反映，因而混淆了两类矛盾，紧张了政治空气，使不少干部群众受到打击，使各方面工作受到了严重影响，一些调整城乡经济的政策未能认真执行。

从1956年9月党的八大到1966年5月"文化大革命"前的十年，是党领导全国各族人民开始全面建设社会主义的十年，是党对中国自己的建设社会主义道路艰辛探索的十年。这十年，辽宁在经济建设等方面虽然遭受过严重挫折，但仍然取得了很大成就。

工业战线，较好地贯彻执行了以农业为基础、工业为主导的发展国民经济总方针，超额完成了工业生产、交通运输和基本建设计划，仅扩建、改建、新建以鞍钢为龙头的大中型重工业骨干企业和工程项目就达220个，充分发挥了辽宁省工业基地的作用。在此期间，以鞍钢为代表的众多企业大搞技术革新，并且总结提出了"两参一改三结合"（干部参加生产劳动，工人参加企业管理；改革企业中不合理的规章制度；在技术改革中实行企业领导干部、技术人员、工人三结合原则）的"鞍钢宪法"，对于推动鞍钢建设和全国企业技术革命起到了一定的积极作用。同时，全省注意发展轻工业和手工业，为解决全省人民吃、穿、用和促进农业生产起到了很好的作用。特别是从1958年至1965年，锦州大力发展新兴工业，从无到有、从小到大、从低级到高级，形成了石英玻璃、真空设备、稀土金属、半导体、无线电、激光、化工塑料、仪器仪表等8个新兴工业门类，在为国防建设和尖端科学技术服务、为满足社会和人民生活需要等方面，起到了重要的作用。

农业战线，巩固农业基础是这一时期的重点工作。全省动员各方面力量，在人力、物力、技术、财政和组织领导上，积极支援农业生产。在指导思想上，贯彻执行"以粮为纲、全面发展、多种经营"的方针，因地制宜地推行了农业"八字宪法"、农业技术改革和其他各项增产措施，有力地促进了农业生产的发展。

四、"文革"造成混乱局面，社会各界抵制抗争，全省建设逆境发展

正当全省人民克服了国民经济的严重困难，胜利完成了调整经济的任务，从1966年开始执行发展国民经济的第三个五年计划，广大党员干部和人民群众满怀信心，为完成四个现代化任务努力工作的时候，"文化大革命"开始了。在"文化大革命"十年内乱中，辽宁是"四人帮"严密控制的地区。"四人帮"在思想上、政治上、组织上、经济上和文化上全面推行反革命路线，把辽宁变成了他们篡党夺权阴谋活动的基地，致使辽宁成为遭受浩劫的"重灾区"。

"文化大革命"正式发动的标志是1966年5月召开的中共中央政治局扩大会议。这次会议通过的《中国共产党中央委员会通知》（简称"五一六通知"），成为发动"文化大革命"的纲领性文件。

"五一六通知"的主要精神是"批判混进党里、政府里、军队里和各种文化界的资产阶级代表人物"。同年8月，中共八届十一中全会通过了《中国共产党中央委员会关于无产阶级文化大革命的决定》（简称"十六条"）。"十六条"明确规定："这次运动的重点，是整党内那些走资本主义道路的当权派。"会议期间，印发了毛泽东8月5日写的《炮打司令部——我的一张大字报》。8月18日，在首都百万群众庆祝"文化大革命"集会上，毛泽东接见了红卫兵，表明他对红卫兵的支持。此后，红卫兵组织在全国各地普遍建立。

红卫兵在"造反有理"的号召下，到处冲击党政机关，从"走资派"手中夺权。辽宁的红卫兵组织从1966年9月开始冲击省委、省人委等各级党政机关。11月上旬，省委召开省、市、县三级干部大会，传达中央工作会议精神。红卫兵冲进会场，抓走并扣留了大部分省委领导，使省委基本处于瘫痪状态。不久，上海"一月风暴"波及辽宁。1967年1月31日凌晨，由群众组织发起成立的"辽宁省革命造反夺权指挥部"，正式宣布接管辽宁省委、省人委的一切权力。

全面夺权导致天下大乱。1967年1月后，毛泽东对出现的混乱状况感到忧虑。为了能够对动乱局面有所约束并保证夺权胜利，他要求解放军执行"三支两军"（即支左、支农、支工、军管、军训）任务，还要求"实现无产阶级革命派大联合"，实行"革命群众组织的负责人、人民解放军当地驻军的代表、革命领导干

部组成"的"三结合"。1967年2月至5月，辽沈地区群众组织成立了三大联合体：辽宁革命造反派大联合委员会（简称"辽联"）、"八三一"沈阳革命造反总司令部（简称"八三一"）和辽宁无产阶级革命派联络站（简称"辽革站"）。由于"三大派"组织在对很多重大问题的认识上存在严重分歧，加之7月间江青发表了所谓"文攻武卫"的讲话，辽宁各派群众组织之间武斗事件层出不穷，全省出现了严重混乱局面。

由于辽宁在国家经济建设和国防建设中具有举足轻重的战略地位，中央对辽宁非常关心。1967年8月26日，周恩来专门抽出时间，代表中央接见了三派群众组织赴京代表及东北局、辽宁省委和沈阳市委的部分领导干部代表，着手解决辽宁的"文化大革命"问题，要求三派群众组织坚决停止武斗，恢复生产，恢复正常秩序。9月9日，在周恩来主持下，三派代表在北京签订了《关于拥军爱民，制止武斗，恢复生产协议书》（简称"九九"协议）。为了监督和推动协议的贯彻执行，加速辽宁问题的解决，周恩来派中央调查组到辽宁工作，并要求沈阳军区和辽宁省军区对中央调查组的工作给予协助和配合。由于极左思潮的影响和林彪、江青之流的挑唆煽动，制止武斗的工作并不顺利。后经中央调查组协调，三派代表又签订了《关于进一步贯彻"九九"协议，彻底制止武斗的十条规定》，并在中央调查组的监督指导下，采取了果断、有力的措施，进一步制止武斗，使武斗得到遏制。1968年1月21日，《沈阳三大革命群众组织关于实现革命大联合的协议》在北京正式签字。至同年4月末，全省90%以上单位实现了"大联合"。1968年5月10日，"三结合"的辽宁省革命委员会正式成立。到同年8月，全省所有市、县都成立了革命委员会。

各级革命委员会成立后，"文化大革命"进入"斗、批、改"阶段。"斗、批、改"任务最先是在"十六条"中提出的，即"斗垮走资本主义道路的当权派，批判资产阶级的反动学术'权威'，批判资产阶级和一切剥削阶级的意识形态，改革教育，改革文艺，改革一切不适应社会主义经济基础的上层建筑，以利于巩固和发展社会主义制度"。党的九大后，根据毛泽东提出的"建立三结合的革命委员会，大批判，清理阶级队伍，整党，精简机构、改革不合理的规章制度、下放科室人员"部署要求，"斗、批、改"运动在全国各行各业和各单位全面开展起来。

在"斗、批、改"运动中，毛远新为了给"四人帮"和他本人夺取权力制造舆论，极力否定"文革"前的17年，认为"文革"前的辽宁整个上层建筑和经济基础的各个领域、各个部门都是"修正主义路线占据统治地位"。为了全面否定17年社会主义革命和建设的成就，他特别强调开展"革命大批判"，并把批判的靶子选定为东北局主要领导。在公安政法战线大搞"砸烂公检法"，全省近半数公检法系统干部被打成"叛、特、反"。他们还利用清队和整党来摧残干部队伍，扶植帮派势力。1968年10月5日，《人民日报》发表了毛泽东关于"广大干部下放劳动"的指示，省革委会据此决定，将原东北局、省委、省人委三大机关的干部下放到盘锦垦区，办起了"五七"干校，同时把大批党政干部和文教、卫生、文艺、体育工作者下放到农村插队落户。在干校，学员们边劳动边接受"革命大批判"和"清队"等政治上的冲击。在清队的基础上，从1969年下半年开始，开展了以整顿领导班子为主要内容的整党建党运动。毛远新等人借口贯彻毛泽东关于"吐故纳新"的指示，另立干部标准和党员标准，把一大批被诬为"叛徒、特务、走资派"的老党员开除出党或停止其组织生活。与此同时，又把一批在"文革"中追随林彪、江青一伙"造反起家"的人、帮派思想严重的人、打砸抢分子等吸收到党内，突击提拔到各级领导岗位。这"一吐一纳"，使大批优秀党员受到严重打击，党员队伍出现严重不纯。党的九大以后，毛远新等人把毛泽东的"无产阶级专政下继续革命"的错误理论发挥到极点，声称"要把阶级斗争当日子过"。他们一面继续大抓"走资派"，一面通过手中权力，强制推行极左的经济政策：工业以钢为纲，轻工业和民品生产被认为是"不走正路"；农业以粮为纲，其他经济作物一律砍掉。

总之，"斗、批、改"运动中，毛远新一伙在辽宁推行的政策越来越"左"，口号花样翻新，大批党政干部受到迫害，辽宁的工农业生产和文教卫生事业备受摧残，经济和社会发展陷入困境。

1971年9月，林彪事件发生后，在毛泽东的支持下，周恩来主持中央党政日常工作，努力纠正"左"倾错误，加快落实党的干部政策，推进各个方面的政策调整。大批受林彪、江青一伙打击陷害的领导干部从插队农村和"五七"干校抽调回城，重新走上领导岗位。工农业生产开始走上正轨。辽宁的形势同全国一样出现了转机。

1974年2月"批林批孔"运动开始后，"四人帮"又开始向周恩来发起攻击。毛远新则利用"白卷先生""朝农经验""哈尔套大集"等攻击国务院和周恩来等领导同志。极左思潮和无政府主义又重新泛滥起来。

1975年年初，正当"四人帮"大搞"批林批孔"运动，给辽宁各方面工作造成严重困难和混乱的时候，刚刚重新工作的邓小平按照四届全国人大确定的把中国建设成为社会主义现代化强国的目标，根据毛泽东提出的要安定团结、把国民经济搞上去的指示，从整顿领导班子、批判和消除派性入手，自上而下、大刀阔斧地对各方面开始整顿，辽宁的形势再度出现转机。

辽宁的整顿首先从铁路运输开始，确保了京沈、哈大、沈丹等铁路干线运输的运行。随后整顿工业，鞍钢是重点，邓小平特别重视鞍钢生产的恢复和发展。对鞍钢生产不断下降的原因，邓小平一针见血地指出："鞍钢的问题主要是路线不端正，派性没克服，政策不落实，核心不团结，群众积极性没有调动起来。"根据邓小平的指示，并经中央批准，1975年11月18日，鞍山钢铁公司和鞍钢党委重新成立。鞍钢的基层领导班子也做了较大幅度的调整。鞍钢开展了克服派性、落实政策工作，并在加强基层对调、搞好设备整修、整顿企业管理、关心职工生活等方面采取了很多措施，对于促进安定团结、恢复发展生产起到了一定作用。在鞍钢整顿的同时，全省各条战线的整顿工作也渐次展开，并取得了初步成果，干部群众看到了希望。

1975年11月，"反击右倾翻案风"开始。毛远新在北京遥控辽宁。在"反击右倾翻案风"运动中，毛远新先后三次授意改组中共辽宁省委，还于1976年年初在全国第一个提出在科技、文艺等战线开展所谓"大辩论"，指示辽宁最先派代表团到清华"参观学习"，并把所谓《邓小平同志言论摘编》等十几种材料印发至市、地、盟，发动全省批判。辽宁的"反击右倾翻案风"愈演愈烈。

1976年1月8日，周恩来逝世，广大人民群众陷入巨大悲痛之中。4月5日，天安门广场爆发了悼念周恩来、拥护邓小平、反对"四人帮"的"四五运动"。按照"四人帮"的旨意，辽宁开展了大规模的"追谣打反"运动。所有悼念周恩来、为邓小平鸣不平、声讨江青集团罪行的言行，均被当成"反革命谣言"而遭受追查。

1976年7月6日，朱德逝世。9月9日，毛泽东逝世。"四人帮"加紧了夺取党和国家最高领导权的活动。9月中下旬，"四人帮"在辽宁的爪牙召开全省公安局长、组织部长会议，预谋对所谓"党内资产阶级"进行镇压，甚至排列了将被专政的老干部名单，并且上报国家公安部，对相关人员采取了监控手段。正当"四人帮"在辽宁的帮派势力在毛远新的遥控指挥下为篡党夺权而猖狂活动时，党中央采取果断措施，于1976年10月6日一举粉碎了"四人帮"。

十年"文化大革命"使辽宁工业受到了严重的摧残。但是，由于广大职工的抵制和斗争，全省工业建设在逆境中还是有所发展的。其间，辽宁工业建成重点项目222个，新增固定资产105亿元。这些重点项目的建成投产，使辽宁工业主要产品的生产能力有了进一步增长，而且还发展了一些新兴工业行业和新产品。

全省钢铁工业有了一定发展。鞍钢新建了2025立方米的大型11号高炉、第三炼钢厂150吨一号转炉和齐大山大型露天铁矿；本溪钢铁公司新建了65孔焦炉1座、第二炼钢厂和歪头山铁矿；其他地方还建了凌源钢铁厂、保国铁矿、营口中板厂，扩建了北台钢铁厂等。与此同时，还试制了一批新产品，为国防建设和发展尖端技术提供了急需的金属材料。电力工业，新建和续建了朝阳、清河、鞍山、盘锦、刀尔登、凌河等火力电厂，增大了发电能力。石油工业，开发建设了大型的辽河油田，为改善辽宁能源供应和加强全国石油工业发展发挥了重要作用。化学工业，新建了本溪、盘锦等中型化肥厂和年产30万吨合成氨、48万吨尿素的大型辽河化肥厂，还开工建设了全国第一个大型石油化纤联合企业——辽阳石油化纤公司及一系列配套工程，为全国和辽宁纺织工业的发展提供了新的原料资源。电子工业，1975年全省已能大批量生产500安培可控硅，并试制了1000安培大功率可控硅。同年，辽宁省已能生产14英寸和19英寸电子管黑白电视机和9英寸晶体管黑白电视机。

全省农业虽然在极左口号和瞎指挥的影响下，造成了很大的损失和浪费，但经广大农民的艰苦奋斗，农业生产也有一定的发展。其中，特别是1975年整顿时期，农业总产值达到53.82亿元，主要农产品粮豆产量达到247.3亿斤，创历史最高水平。这一时期还兴修并建成了汤河、柴河等水库，打了一部分深井，辽河治理也取得了新的进展，这一切都使农业生产条件有所改善。

在文教卫生、科学技术等方面，广大知识分子和科技人员虽然受到林彪、"四人帮"迫害，但仍然潜心研究，一些重大的发明创造不断出现。例如，在"三五"和"四五"时期，辽宁航空工业自行设计试制出新型高空高速歼击机——歼-8型飞机。辽宁核工业系统研制了中国第一支镭标准源，结束了镭和镭制品依赖外国的历史。1972年，抚顺水泥厂试制成功的抗硫硅酸盐大坝水泥，被广泛应用于国家大型水库和电站等水利风力工程建设上。在港口建设方面，1976年，建成了中国第一座10万吨级生产泊位的现代化深水油港——大连新港。承担此项设计任务的大连工学院（今大连理工大学），因此获1978年科学大会奖和20世纪70年代国家优秀设计奖。

五、真理标准问题讨论，进程逐步引向深入，拨乱反正全面展开

1976年10月粉碎"四人帮"后，党和国家逐步扭转"文化大革命"造成的混乱局面，但各项工作在总体上还是处于徘徊中前进的局面。直到1978年年底党的十一届三中全会召开，才实现伟大的历史性转折。

在两年徘徊阶段，辽宁在全国最有影响的工作是较早地开展真理标准问题的讨论，进行思想路线上的拨乱反正。

1977年2月7日，《人民日报》《红旗》杂志和《解放军报》发表题为"学好文件抓住纲"的社论。这篇社论在强调揭批"四人帮"是"当前的纲"，在"抓纲治国"的同时，公开提出"凡是毛主席做出的决策，我们都坚决维护；凡是毛主席的指示，我们都始终不渝地遵循"的方针（简称"两个凡是"）。由于这一方针是以当时传达党中央声音的权威方式公布的，因而得到普遍宣传。"两个凡是"方针的提出在党内和全国人民中引起了议论，因为这不符合党的"实事求是，一切从实际出发，理论联系实际，实践是检验真理的唯一标准"的思想路线，进而在全国引起了一场真理标准问题的大讨论。

1978年5月11日，《光明日报》发表《实践是检验真理的唯一标准》的特约评论员文章，"一石激起千层浪"。在邓小平、叶剑英、李先念、陈云、胡耀邦等支持下，全国掀起了真理标准大讨论。面对这场声势浩大且开始存有争议的讨论，辽宁省委冲破阻力，行动迅速，态度鲜明。首先在大专院校、党校系统、社会科学研究部门组织开展了真理标准问题讨论活动。8月中旬，中共辽宁省委发出通知，要求进一步扩大真理标准问题讨论的范围，在全省掀起大讨论的高潮。8月25日，时任省委第二书记的任仲夷在省委主办的《理论与实践》第八、九期合刊上发表了《理论上根本的拨乱反正》的署名文章，旗帜鲜明地支持真理标准问题的讨论。作为省委和省委主要领导公开支持开展真理标准大讨论，这在全国是率先垂范的，对全国范围内真理标准大讨论活动起到了重要的推动作用。

9月17日，邓小平结束对朝鲜的访问后到东北三省和天津等地视察。在听

取辽宁省委工作汇报后，邓小平同志发表了十分重要的讲话。他鲜明地指出，要实事求是，理论与实际结合，一切从实际出发。不恢复毛主席给我们树立的实事求是的优良传统和作风，我们的四个现代化就没有希望。邓小平同志的这次重要指示，把辽宁省关于实践是检验真理的唯一标准的讨论引向了深入，也极大地推动了全省的思想解放运动，推动了拨乱反正的历程，为全省历史性转折的实现奠定了坚实的基础。

在这两年多徘徊前进的过程中，辽宁各级党组织按照党中央的部署，积极展开了揭发批判"四人帮"的斗争，清查他们的帮派体系，对"文化大革命"造成的混乱进行拨乱反正，推动经济建设和各项建设事业逐步走上正轨，取得了很大成绩，为历史转折的实现准备了必要的条件。

在开展真理标准讨论的基础上，辽宁开始并加快在政治上和组织上全面的拨乱反正。首先，党中央果断地调整了辽宁省委的领导班子，一大批老同志重返领导岗位。与此同时，为捍卫真理，省委给勇于同林彪、"四人帮"反革命集团进行斗争的张志新同志彻底平反，并追认她为革命烈士。这一典型在全国范围内产生了巨大的影响，对深入开展真理标准问题讨论和揭批"四人帮"起到了很大的推动作用。省委还为历次政治运动中造成的冤假错案进行了平反，其中包括一些在全国全省有重大影响、牵涉许多重要领导干部的冤假错案。这场大讨论活动，极大地解放了辽宁广大干部群众的思想，重新确立了实事求是的思想路线，为随后展开的工作重点的转移奠定了良好的思想基础。

1978年12月18日至22日，党的十一届三中全会胜利召开。这次会议全面认真地纠正了"文化大革命"及其以前的"左"倾错误，坚决批判了"两个凡是"的错误方针，充分肯定了必须完整、准确地掌握毛泽东思想的科学体系，高度评价了关于真理标准问题的讨论，确定了"解放思想、开动脑筋、实事求是、团结一致向前看"的指导方针，果断地停止使用"以阶级斗争为纲"的口号，作出了把党和国家工作中心转移到经济建设上来，实行改革开放的历史性决策。这次全会结束了粉碎"四人帮"之后的两年中党的工作在徘徊中前进的局面，实现了新中国成立以来党的历史的伟大转折，开启了我国改革开放的历史新时期。从此，辽宁人民同全国各族人民一起，在党的领导下开始了新的伟大革命。

重大历史事件

一、整风运动和整党运动在辽宁地区的开展

辽宁地区的整风运动，是根据1950年5月1日中共中央发出的《关于在全党全军开展整风运动的指示》而开展的。随着革命取得全国胜利，党组织获得了很大发展，全国新增党员约200万，其中一部分人出现了思想作风不纯的现象；老党员、老干部中也有一些人产生了骄傲自满情绪，有的甚至发展到官僚主义、命令主义的恶劣作风，引起人民群众的不满。因此，辽东、辽西省委根据中共中央的指示和部署，在党内外领导开展了县区以上各级领导干部的整风运动。

1950年7月，根据中共中央和中共中央东北局的指示，结合全省实际，辽东、辽西省委分别制定了整风计划，对整风工作进行了具体部署。要求各级党委必须认真领导这一运动，要紧密围绕当前主要工作与贯彻党的基本政策进行，不能离开当前工作任务与党的政策，抽象地、孤立地整风。整风的重点是：以县级以上的党政、财经、企业、群众团体等领导机关及这些机关的领导干部为主。整风的主要方法是：自上而下与自下而上相结合，学习文件与检查总结工作相结合，开展批评与自我批评。

1950年年底，全党全军主要机关整风运动结束。辽东、辽西两省的整风运动也随之结束。整风中，辽宁各地区、各部门组织党员干部联系实际，认真检查总结工作，积极开展批评与自我批评，分析、批判了政治上、思想上、作风上和组织上存在的问题，提出了改进的办法，初步地建立起机关党的各项规章制度。通过整风，在一定范围和程度上检查和克服了工作中的命令主义与官僚主义以及缺乏整体观念的本位主义的思想作风，并揭发了贪污腐化、政治上堕落颓废、违法乱纪等恶劣现象，加强了干部党员的政策观念、整体观念、群众观念与依靠群

众的民主作风。这次整风运动，由于采取谨慎与有重点的领导，并注意反复贯彻整风方针，因而没有发生大的偏差。但由于整风运动时间较短，只是初步解决了工作作风方面的问题，党内思想和组织不纯的问题没有得到深入解决。

整党运动是中共中央在1951年2月召开的政治局扩大会议上决定并于1951年下半年起有步骤地开展的。当时国内政治形势、财政经济状况已经有了明显的好转，全党已经有条件在整风运动的基础上深入解决党的思想和组织不纯的问题。

1951年3月28日至4月9日，中国共产党第一次全国组织工作会议在北京召开。会议通过了《关于整顿党的基层组织的决议》和《关于发展新党员的决议》，对整党建党工作作了具体部署，确定整党运动分三步在全党范围内开展：第一步是对广大党员普遍进行关于党纲党章和怎样做一个共产党员的教育；第二步是进行党员登记；第三步是党组织对党员做审查鉴定，根据不同情况作出组织处理。

按照全国组织工作会议的决议和具体安排，辽东和辽西省委都制定了本省的整党计划，大体上经过了思想教育、党员登记、审查鉴定、组织处理四个阶段。

思想教育是这次整党的中心环节，重点是学习中共中央整党文件和共产党员标准的八项条件。通过思想教育活动的开展，很多党员联系实际，检查了入党动机不纯的思想，使广大党员的思想政治水平有了很大的提高。党员登记阶段，要求每个党员用党员标准的八项条件对照检查自己，坦诚地向组织介绍个人经历、政治思想情况，并在规定的时间内登记。自愿退党者不进行登记。审查鉴定阶段，主要是采取批评与自我批评的方法，由党组织对每个党员的登记情况进行审查，根据党员标准的八项条件检查每个党员的实际表现，实事求是地作出书面鉴定，由党员所在支部会议表决通过。组织处理阶段，根据审查和鉴定的结果，对混入党内的坏分子一律清除出党；对犯有严重错误但检讨深刻并表示决心好好改造又可能改造好的人，给予改造机会，但要根据情节轻重，给予适当处分；对于犯有一般错误的党员，在学习之后，检讨较好者，不再给予处分。

1951年年底，中共中央在全国发动了声势浩大的反贪污、反浪费、反官僚主义的"三反"运动。此后，整党即逐步转入与"三反"运动相结合的阶段。

根据中共中央的指示精神，辽东、辽西省委对这一时期的整党建党工作十分重视，及时地调整原定的内容、方法和步骤，以适应运动发展的新情况。从1952年下半年开始，辽东、辽西两省的整党建党工作逐步全面展开。为了搞好这次整党，从1952年7月开始，辽东、辽西省委首先在一些地区搞试点。通过试点取得的经验，推动和指导各地的整党工作。9月，整党工作全面展开。首先，在"三反"运动的基础上，工矿企业、县区机关及学校的整党于九十月间展开。其次，农村整党普遍于1952年10月展开。在整党中，根据中央整党与建党结合的方针，辽东、辽西省委大力开展建党工作。建党的重点是在党的基础比较薄弱的农村和工矿企业。建党中，采取有领导、有计划、积极慎重的方针，坚持党员标准，严格履行入党手续，确保了党员的质量和党组织的纯洁。

二、辽宁地区国民经济的恢复和发展

从1950年到1952年，是我国三年国民经济恢复时期。由于1948年11月辽宁已全境解放，因此从1949年起辽宁就开始了经济恢复工作。在中共中央和中共中央东北局的领导下，辽宁地区各级党组织把经济建设、恢复和发展工农业生产、支援解放战争作为压倒一切的中心任务，依靠整个地区的工人阶级和广大人民群众高度的劳动积极性和创造性，在胜利地完成土地改革、没收官僚资本、镇压反革命、进行"三反""五反"运动和抗美援朝任务的同时，成功地完成了恢复国民经济的任务。其主要措施如下。

一是建立社会主义国营经济。1948年，辽宁刚解放时，满目疮痍、百废待兴。新中国成立后，辽宁地区恢复经济建设的步伐开始加快，但朝鲜战争爆发又使辽宁处于战争的前沿。在这种艰难而又复杂的条件下，辽宁人民发扬战争年代的革命精神，着手医治战争的创伤。辽西、辽东省委和沈阳、旅大、鞍山、抚顺、本溪市委，根据中共中央确定的东北地区要以"经济建设、恢复和发展工农业生产，支援解放战争"为中心工作，立即把工作重点转移到经济建设上来的精神，率先展开国民经济恢复和建设工作。首先是没收官僚资本，建立社会主义国营经济，掌握国家经济命脉。到1949年年末，辽宁地区共接收工业企业400多家，包括钢铁、机械、煤炭、电力、石化、纺织、建材等一大批涉及国计民生、决定国民经济命脉的大中型企业。同时，还掌握了铁路、邮电及运输业，控制了银行等金融部门。此时，辽宁地区共有工业企业8186个，其中国营企业756个，占9.2%；国营工业总产值为7.73亿元，占全省工业总产值的63.2%。其中国营工业在主要行业总产值所占的比例分别为：钢铁工业占99.7%，燃料工业占99.2%，机械制造业占93%，纺织工业占92.3%。到1952年，全省共有工业企业10690个，其中国营

★刘洪达

企业占16.9%；国营企业产值已占工业总产值的83.4%。国营经济主导地位的确立，为巩固人民民主专政，恢复和发展国民经济，推进社会主义改造，奠定了重要的物质基础。

二是努力发展农业生产。土地改革以后的辽宁农村，广大农民的生产积极性很高，但农业生产面临着水利失修、灾害频繁、缺少农具、种子缺乏等实际问题。为此，辽宁省委、省政府实行扶植、奖励政策，千方百计地促进农业生产的恢复和发展。首先是引导个体农民组织互助组、农业生产合作社等组织，涌现了以刘洪达为代表的农业战线模范人物。其次是实行奖励政策，对精耕细作勤劳增产者，不增加公粮征收额；新开水田者，第一年免征税，第二年征三分之一，第三年全征；对经营棉花、亚麻、烟草、花生、甜菜、果树、柞蚕等经济作物者，均按大田土地等级征收农业税。再次是选用良种，提高产量。

三是大力恢复工业和交通运输业。辽宁全境解放后，辽东、辽西省委和沈阳、旅大、鞍山、抚顺、本溪市委积极依靠工人阶级、团结技术人员，全面发展工业生产。在国家的大力支援下，从全国和省内各地抽调上万名优秀干部，派到工交系统进行生产恢复和改造工作。在企业内部有领导、有步骤地进行了民主改革和生产改革，建立了由厂长、工程师和职工代表参加的工厂管理委员会。在500人以上的企业中组织职工代表大会，实行企业管理民主化，相应地建立了生产管理制度与责任制度，并将原来的39级工资制度改为8级工资制。通过一系列改革，工人阶级在企业中确立了主人翁地位，他们主动承担起了工厂复兴

★鞍山钢铁公司炼铁厂职工积极响应参加增产节约竞赛

的艰巨任务。为克服缺乏机器零部件和各种器材的困难，以孟泰为代表的广大工人职工主动把自己保存的生产急需的器材无偿献给工厂。各地党组织、政府高度重视工人这一爱国爱厂的行动，积极加以引导，很快掀起了"献纳器材"的热潮。这些珍贵的器材，为解决当时零部件和器械极端匮乏的问题，克服生产过程中遇到的困难，发挥了巨大作用。以马恒昌为代表的工人职工们还开展了创造生产新纪录运动，运动的开展充分调动了广大职工的生产积极性和创造性，改进了企业管理制度，加速了工业生产的恢复和发展进程。铁路、公路和航运系统的广大职工也积极投入到生产竞赛、创造新纪录的活动中去，交通运输业也有了相应的恢复和发展。

★孟泰

四是调整工商业，调整公私关系。根据中共中央对私营工商业实行"利用、限制、改造"和"发展生产、繁荣经济、公私兼顾、劳资两利"的方针，以及保护私营工商业的有关政策，针对当时私营工商业停业、减产的状况以及私营工商业者存在的种种疑虑，及时组织私营工商业复工复业，并适当地帮助解决生产和经营中遇到的原料、加工、销售和资金等实际困难，使私营工商业得到了较

★马恒昌

快的恢复和发展。1950年春季以后，随着市场物价的初步稳定以及国家财政经济工作的统一，市场上的虚假购买力消失，造成部分物资一时供过于求，私营工商业又产生了一定的困难。针对这一情况，辽宁地区贯彻中共中央关于调整工商业的指示精神，从1950年6月起，开始对工商业中的公私关系、劳资关系和产销关系进行了合理的调整。通过改善公私关系，改进和放宽了对私营工商业的限制，在国营经济的有效监督和调节下，私营工商业在较短的时间内恢复了正常的生产和经营。此外，人民政府还通过加工订货、统购包销、经销代销等初级形式，把私营工商业的生产和销售逐步纳入国家宏观管理的轨道上来，特别是高级形式

的公私合营工商业的出现，为大规模地对私营工商业进行社会主义改造打下了基础。1950年年初，辽东、辽西两省对摊贩进行了清理，取缔了一些不利于国民经济发展的摊贩，对有利于国计民生的个体工商业则予以适当扶持。同时，还大力发展合作社经济，重点发展了一批手工业生产合作社。随着工农业生产的逐步恢复和物资流通的发展，国营经济进一步发展和壮大，特别是在市场批发贸易上已占有绝对优势，发挥了国营经济的领导作用。

至1952年，辽宁的工业、农业、交通运输业、文教事业都得到了恢复，人民生活有了很大提高，提前完成了国民经济恢复的任务。

三、党领导辽宁人民支援抗美援朝运动

正当全国人民集中力量恢复国民经济的时候，新中国的国家安全受到外国侵略的严重威胁。1950年6月25日，朝鲜内战爆发。美国立即进行武装干涉，6月26日，美国调动其驻日本的空军和海军部队侵入朝鲜；同时，派遣其驻菲律宾的海军第七舰队侵入台湾海峡。7月7日，美国操纵联合国安理会通过决议成立由美国指挥的"统一司令部"，使用联合国旗，组织"联合国军"开入朝鲜半岛作战。并把战火烧到鸭绿江边的中国境内，朝鲜战争爆发后，美国政府立即调整对台政策，把侵占台湾作为一项长期政策确定下来。美国的行径不仅严重威胁着中国的国家安全，而且在关键时刻阻挠了中国统一的进程。

面对严峻的形势，中共中央政治局作出"抗美援朝，保家卫国"的决策，组建以彭德怀为司令员兼政治委员的中国人民志愿军。10月18日晚，毛泽东向中国人民志愿军下达入朝作战命令。19日，中国人民志愿军跨过鸭绿江，与朝鲜人民一起共同抵御入侵之敌。与朝鲜仅一江之隔的辽宁，成为支援抗美援朝战争的最前沿。刚刚开始和平建设的辽宁人民，在中共中央和中共中央东北局的领导下，发扬爱国主义和国际主义精神，一面进行经济的恢复工作，一面开展了"抗美援朝，保家卫国"的伟大运动，在人力、物力等方面进行了充分的动员，为支援抗美援朝战争作出了积极贡献。

由于辽宁地理位置特殊，一方面要承受美国侵略者飞机的狂轰滥炸，另一方面又肩负着组织动员群众参加志愿军和支援前线的重担。

辽东、辽西两省先后成立了抗美援朝分会，沈阳、旅大、鞍山、抚顺、本溪

五大城市也采取了同样行动，通过举办报告会、座谈会、讲演会、控诉会，开展群众性的歌咏比赛等，对人民群众进行爱国主义与国际主义教育。1951年五一国际劳动节期间，辽宁各地广泛举行了声势浩大的示威游行，开展了反对美国侵略台湾、侵略朝鲜运动周活动。为了确保志愿军拥有强大战斗力，保卫国家不受侵犯，辽宁各地还掀起了声势浩大的参军热潮。辽宁在抗美援朝时期参军参战人数达到321579名，为志愿军提供了源源不断的兵员，为赢得战争的胜利作出了巨大贡献，涌现出了赵宝桐等全国闻名的战斗英雄。

★赵宝桐

辽宁地区既承担着全国赴朝作战的兵员、军需物资和伤病员的中转任务，又担负着直接支援前线的战勤工作。为做好紧迫而又繁重的战勤工作，1950年11月，辽宁地区各级政府增设了战勤机构，原辽东、辽西两省和沈阳等5市都在民政厅、局下设战勤处，各县民政科下设战勤股，区政府设战勤助理员，村设战勤委员，形成了专门负责战勤的服务网络。辽宁17至50岁的男子、18至45岁的妇女都承担战勤任务，各级干部和广大人民群众夜以继日地辛勤工作，组织了担架队、运输队、医疗队，担任战地的运输和勤务工作。很多学校和医院组织了输血队，为抢救伤员提供保障。辽宁境内的各铁路沿线还成立了招待站，招待过往部队、伤员、担架队、车队和朝鲜人民军家属。

抗美援朝初期，根据志愿军出国作战的需要，辽宁地区除动员8011副担架、50070人直接担负战勤任务外，在本地区内还抢修了靠近中朝边境1000华里的公路、297座桥梁和飞机场等。1950年11月，根据战争的发展，再次组织1000副基干担架、6700多人赴朝执行任务。1951年1月，又组织5个半军事化精干灵活的志愿军担架团，共2160副担架、10900人，经过短期训练后，赴朝随军作战。其中，出现了"龙虎中队""快输中队""顽强中队""突击中队"等模范集体。为满足战争的多方面需要，还动员了医务人员、汽车司机、铁路员工、翻译、船工以及各种技术人员3万余人，随军从事各种战勤任务，涌现了郭金升等许多可歌可泣的英雄模范。据统计，自1950年10月辽宁志愿军赴朝作战到1953年朝鲜停战止，先后动员246.2万人（次）参加抗美援朝的各种战勤工作，占当时辽宁总人口的12.88%，有力地保证了作战前线对物资和人力的需要，为抗美援朝战争的胜利作出了积极贡献。

★为支援抗美援朝战争，辽宁人民踊跃捐献，图为沈阳市各界组织的宣传队号召为志愿军捐献飞机大炮

在中国人民抗美援朝总会的号召下，辽宁各行各业、各阶层人民积极参加生产建设，支援朝鲜战争。广大农民开展爱国丰产竞赛运动，纷纷组织生产突击队，抢种抢收，多打粮食，增加收入，购买飞机大炮，支援前线；文艺工作者用组织义务劳动、义务演出等方式进行捐款，并每月捐出一到两天工资；工商界提出"按时纳税"的口号。3年间，辽宁捐款折合战斗机235架。辽宁地区还掀起拥军优属和劳军活动的热潮，把大量的慰问金、慰问品和慰问信寄往朝鲜前线，表达辽宁人民对前线战士的慰问与支持。

美帝国主义发动的侵略战争，使朝鲜成千上万的儿童失去家庭，失去双亲，成为无依无靠的孤儿。中朝两国政府签订协议，把在战争中失去双亲的孤儿接到中国抚养。东北人民政府确定：辽西省抚养4000名，辽东省抚养3000名。从1952年10月开始，分批接收6812名，分别安置在营口、复县（今瓦房店）、锦州、绥中、兴城、锦西（今葫芦岛）、昌图、铁岭、北镇等地设立的朝鲜儿童教育园、朝鲜儿童学院。1954年，又改称初等学院、中等学院。这些饱受战争苦难的儿童，一踏进中国国境就感受到了温暖，疾病得到了及时医治，生活得到了很好的照顾，知识水平有了较大的提高，意志和体质得到了充分的锻炼。他们在中国少则2年，多则6年，与中国人民结下了深厚的情谊。

从1950年10月至1953年7月27日，辽宁人民同全国人民一道，为抗美援朝战争的胜利付出了巨大的代价和牺牲，作出了重要贡献。

四、辽宁地区率先开展"三反""五反"运动

新中国成立初期开展的"三反"（反贪污、反浪费、反官僚主义）、"五反"（反对行贿、反对偷税漏税、反对盗骗国家财产、反对偷工减料和反对盗窃国家经济情报）运动，是我党为抵制旧社会遗留的恶习和打击不法资本家的严重"五毒"行为而开展的大规模群众运动。

"三反"运动是在增产节约运动中提出并开展起来的。1951年5月，在中共中央东北局召开的城市工作会议上提出了"为增产节约500万吨粮食的财富而奋斗"的任务，号召开展增产节约运动。为贯彻东北局这一决定，辽东、辽西两省和沈阳、旅大、鞍山、抚顺、本溪5市，相继召开干部大会和职工代表大会，动员广大职工投入到增产节约运动中去。增产节约运动得到了广大职工的热烈响应，并逐步发展到机关、部队、商店和学校，其内容也扩展到清理资财、登记家底、精简机关、裁减冗员，从而获得了更大的经济和社会效益，取得了显著成效。

但在运动中出现了少数共产党员、领导干部和公职人员贪污腐化的行为。1951年9月6日，中共中央东北局作出《关于开展反对贪污蜕化倾向、反对官僚主义作风的决定》，要求由各级党委、各机关、各部门的负责同志亲自领导，对一切贪污、腐化、堕落行为开展一次群众性的坦白、检举、批判运动，并以最坚决的态度将这一运动进行到底，不许中断。为贯彻东北局这一决定，辽东、辽西两省和沈阳、旅大、鞍山、抚顺、本溪等市召开会议布置和动员开展反对贪污蜕化、反对官僚主义的斗争。

1951年11月1日，中共中央东北局向中共中央作出《关于开展增产节约运动，进一步深入反贪污、反浪费、反官僚主义斗争的报告》。11月20日，中共中央批转了这个报告。毛泽东在为中央起草的批语中，首次提出了要"在此次全国规模的增产节约运动中进行坚决的反贪污、反浪费、反官僚主义的斗争"。11月29日，华北局向中央报告了河北省揭发出刘青山、张子善二人在任中央天津地委书记、天津行署专员期间堕落为大贪污犯的严重情况。各中央局报告的情况，引起了中央和毛泽东的高度重视。30日，中央在批复华北局的报告中指出，刘青山、张子善被揭露这件事，向全党提出了警告，必须注意干部被资产阶级腐蚀发生严重贪污行为这一事实，把反腐蚀当作一场大斗争来抓，并于2月10日批

准了华北局关于对刘青山、张子善判处死刑的建议。12月1日，中共中央作出《关于实行精兵简政、增产节约、反对贪污、反对浪费和反对官僚主义的决定》。中央决定，在党的领导下，分党政军三个系统成立各级增产节约检查委员会，由首长负责，亲自动手，采取自上而下和自下而上相结合的方法，检查贪污浪费现象，开展这场斗争。党的方针是：彻底揭露一切大中小贪污事件，着重打击大贪污犯，对中小贪污犯采取教育改造不使重犯的方针。1952年元旦，毛泽东在新年祝词中又向全国人民发出了大张旗鼓、雷厉风行地开展一个大规模的反贪污、反浪费、反官僚主义运动的斗争。1月4日，中共中央下达限期发动"三反"斗争的指示。一场群众性的"三反"运动很快在全国形成高潮。

辽宁地区各级党组织在总结前段斗争的基础上，认真贯彻中共中央指示，进一步深入地开展"三反"运动。由于各地领导干部亲自抓，放手发动群众和认真执行政策，使"三反"运动步步深入，不但把问题揭露出来，而且找到了原因，为有效整改创造了有利条件。到1952年10月，"三反"运动结束。通过"三反"运动，教育了大多数干部，挽救了犯错误的同志，清除了党和国家干部队伍中的贪污腐败分子，树立了国家工作人员廉洁、朴素、为人民服务的作风，使厉行节约、艰苦奋斗、爱护国家财产等新的社会风气进一步形成。

"五反"运动是"三反"运动发展的必然结果。从"三反"揭发出来的问题可以看出，重大的贪污案件往往是公职人员与不法商人勾结产生的。鉴于这种严重情况，1952年1月26日，中共中央发出指示，要求在私营工商界开展一场反对行贿、反对偷税漏税、反对盗骗国家财产、反对偷工减料和反对盗窃国家经济情报的"五反"运动。

辽宁国营经济比重大，私营工商业的发展，多数是靠国营企业向其加工订货、购买其原材料或为国营企业代销产品。有些私营企业资金短缺、原材料购买困难、产品滞销，必须靠国家的扶助才得以生存和发展。私营工商业在发展过程中，形成了对国家机关、国家企事业单位的从属性和依赖性。这一特点，一方面便于国家对私营工商业的监督、改造，另一方面也为私营工商业中的不法分子向国家机关进攻提供了种种渠道。他们大肆行贿、偷税漏税、盗骗国家财产、偷工减料和盗窃国家经济情报。这些行为严重威胁着国家的经济建设和正在进行的抗美援朝运动。

辽东、辽西省委和沈阳、旅大、鞍山、抚顺、本溪等市委采取切实措施，有组织、有步骤地进行"五反"运动。运动一开始就展开了强大的宣传攻势，充分揭露不法私营工商业者的"五毒"行为，发动群众检举揭发，并反复讲明党的政策，动员有违法行为的私营工商业者主动坦白交代，接着对严重违法的重点户进行面对面的说理斗争。各地还相继召开大会，严惩拒不坦白交代的严重违法者，从宽处理一批坦白交代、有悔改表现的人。采取这些措施，把资产阶级的"五毒"行为暴露在光天化日之下，把"五反"运动进一步引向深入。从1952年3月起，运动进入处理阶段。在弄清事实、证据确凿的基础上，区别对待，定案处理。各地严格执行中共中央和政务院的指示规定，根据工商业户有无违法行为、违法行为轻重大小、性质恶劣程度及坦白悔改态度等，分别判定为守法户、基本守法户和半守法户及违法户、严重违法户，分类处理。采取"三审定案"的方式，即资本家自报公议，工人、店员集体审定，政府批准，逐级审查，慎重处理。到1952年10月，"五反"运动结束，有力地打击了不法资本家的"五毒"行为，在工商业者中普遍进行了一次守法经营教育，推动了在私营企业中建立工人监督制度和进行民主改革的进程。

五、辽宁地区"三大改造"的基本完成与社会主义经济制度的建立

1953年8月，中共中央提出了"逐步实现国家对农业、手工业和资本主义工商业的社会主义改造"的过渡时期总路线。在过渡时期总路线的指引下，辽宁开展了对农业、手工业和资本主义工商业全面的社会主义改造。

辽宁对农业的社会主义改造，采取了从低级到高级逐步过渡的形式，通过发展各种形式的互助组，以典型示范的方法，把农民引导到互助合作的道路上来。从1952年开始，先后试办了以土地入股、统一经营为特点的半社会主义性质的初级农业生产合作社和废除土地、牲畜等主要生产资料私有，完全按照社员劳动的数量和质量进行分配的社会主义性质的高级农业生产合作社。但是，在试办初级农业生产合作社时，某些地区曾出现盲目过急地扩大社会主义因素的倾向。鉴于这种情况，1953年春，根据中共中央公布的《关于农业生产互助合作的决议》，中共中央东北局和辽东、辽西两省以及沈阳、旅大、鞍山、抚顺、本溪等五市采取相应措施，使这种现象得到了迅速纠正。试办初级农业生产合作社的成功，为

农业生产互助合作运动的大发展创造了有利条件。

1953年冬季以来，在辽宁的广大农村进行了党的过渡时期总路线的深入宣传，同时由于试办农业生产合作社的成功，广大农民认识到合作社是发展生产、走向富裕的主要途径。同年12月通过的《中共中央关于发展农业生产合作社的决议》，明确了发展农业生产合作社的目标和方针政策。1954年，中共辽宁省委（辽东、辽西两省合并）贯彻中共中央提出的"积极领导，稳步前进"的方针，把发展农业生产合作社作为农业合作化运动的中心内容，自下而上摸底，反复修订了发展规划；在多数地区结束了领导试办的阶段，转入了群众性大发展阶段；改变了历年集中在冬季建社的老做法，在挂锄期间建立了一大批新社，基本上满足了当时农民群众参加合作社的需要和要求，使农业合作化运动有了空前的发展。但在农业合作化运动迅速发展的进程中，出现了一些冒进行为，有的地方盲目追求入社农户的百分数，违背了合作社运动中的自愿原则；有些地方对合作化方针宣传不当，一味鼓吹"早社会（主义），晚社会，早晚也得社会，晚社会不如早社会"，使许多农民感到"大势所趋，不入不行"。同时，上一年度粮食统购统销工作出现了某些缺点，造成了农村的紧张状态。针对出现的问题，辽宁省委决定：立即停止发展，全力转向搞好春耕生产和整顿巩固已有社的工作。

1955年7月，毛泽东在中央作了《关于农业合作化问题》的报告，严厉批评了农村工作中的右倾错误。8月12日，中共辽宁省委向中共中央呈送了书面报告，检讨右倾保守思想。此后，出现了农业合作化运动"过急过粗"的现象。1955年12月，辽宁省委发出《关于全力整顿巩固农业生产合作社的指示》，旨在控制农业合作化的速度。但在全省自上而下地检查批判右倾思想的浪潮中，《指示》没有真正发挥作用。

对手工业的社会主义改造的方针是"积极领导、稳步前进"，基本上采取了同农业合作化类似的政策和步骤。最初是组织手工业供销小组，然后发展到手工业供销合作社，再发展为手工业生产合作社，即从供销入手，由小到大，由低级到高级，逐步对手工业进行社会主义改造。1953年秋季以后，辽宁地区各级党组织加强了对手工业社会主义改造的领导，手工业生产合作化的进程也大为加快。到1956年年末，全省已有90.6%的手工业者组织起来。手工业合作化的实现，使绝大多数个体手工业者由小生产的个体经济转变为集体所有制经济，促进了全省国民经济的发展。但是由于速度过快，也把一些本来适合分散经营、分散生产的作坊和店铺进行了不适当的合并，忽视了具有专长的匠人的作用和传统名牌产品的保护。

对资本主义工商业的社会主义改造，遵循党在过渡时期总路线的要求，采取国家资本主义的措施和途径，把资本主义工商业逐步改造成社会主义经济。

对私营商业的社会主义改造，首先是排挤、淘汰投机性强、易于垄断市场、抬高物价的批发商业，再由国营批发商业代替；对私营零售商业，则采取经销、代销的形式，将其纳入社会主义改造轨道。1953年以后，由于国家先后对粮食、棉花、油料及棉布实行统购统销政策，对私营零售商业的社会主义改造进程加快了速度。

早在国民经济恢复时期，辽宁地区的国营企业就开始对私营工业实行加工订货或统购、包销其产品，这些措施是国家资本主义的初级形式。"三反""五反"运动之后，劳资双方的阶级关系发生了很大变化，资本家不能再按照原来办法管理企业，从而使企业的生产和经营遇到困难，这就要求国家资本主义经济由低级向高级发展。

1954年1月，中央财政经济委员会提出了《关于有步骤地将有十个工人以上的资本主义工业基本上改造为公私合营企业的意见》。从这时开始，对资本主义工业的改造转为重点发展公私合营这种高级形式的国家资本主义。在合营后，国家对这些企业给予了各方面的支持，促进了它们的发展，而没有实行公私合营的大多数中小企业，由于种种客观条件的限制，政府还不能向它们投入大量的财力和

★到1956年1月全省资本主义工商业全部实现了公私合营，图为沈阳市东建铁工厂公私合营后挂出了新牌匾

人力。在这种情况下,1954年12月,中央提出统筹兼顾、归口安排、按行业改造的方针。各行业以大带小,以先进带落后,先对中小企业实行改组、合并,然后实行公私合营,把个别合营和按行业的改组、改造结合起来。

1955年12月,中共辽宁省委召开改造资本主义工商业工作会议,传达中央关于对资本主义工商业改造的指示。1956年1月14日,辽宁省委发出《关于加速对资本主义改造工作的指示》,要求争取在1月底基本完成改造任务。此后,沈阳、旅大、鞍山、抚顺、本溪、阜新等市分别宣布私营工商业全部实现公私合营,手工业也同时实现了全行业合作化。县(旗)城镇的私营工商业和手工业也实现了公私合营和合作化。

六、国家重工业基地在辽宁地区的初步形成

辽宁重工业基地的开发建设,始于新中国成立后的三年国民经济恢复时期,形成于1953年开始执行的第一个五年计划时期,历时8年。在全国的大力支援和苏联的帮助下,经全省人民的辛勤劳动和艰苦奋斗,辽宁工业发展迅速。在第一个五年计划期间,辽宁初步形成了以冶金、机械、化工、石油、煤炭、电力、建材等工业为主体的重工业基地。辽宁工业基地的建成,为支援国家进一步开展大规模的经济建设,实现社会主义工业化和国防现代化,奠定了坚实的技术基础和物质基础。

根据党的七届二中全会提出的用三年时间恢复工农业生产的精神,新中国成立后辽宁迅速恢复了遭受严重破坏的工业,没收了日伪经营的工厂、铁路、矿山,组建了574个国营企业,确立了国有经济的主导地位,并且有侧重地进行大规模工业建设的各项准备工作。短短三年,辽宁工业生产总产值比新中国成立前水平最高的1943年高出40%,为辽宁重工业基地的形成奠定了坚实的基础。

从1953年到1957年,国家实施第一个五年计划,将重工业建设的任务放在辽宁,确定"第一个五年计划的中心任务之一是基本上完成以鞍山钢铁联合企业为中心的东北工业基地的新建、改建,其中包括抚顺、阜新的煤矿工业,本溪的钢铁工业和沈阳的机器制造业"。

实施第一个五年计划时期,国家在辽宁共投资65.1亿元,占同期全国基本建设投资总额的11.8%。其中,用于工业建设的投资为46.4亿元,占同期全国工

业投资总额的18.5%。在工业基本建设投资中，重点发展了冶金、机械、航空、造船、化工、建材以及煤、电、油等能源工业。在重工业建设项目中，由苏联帮助中国设计的156项重点工程中有24项安排在辽宁。为了与国家24项重点工程相配套，辽宁还在沈阳、旅大、抚顺、本溪、安东等地安排了省、市重点工业项目625个。在这些工业项目中，有24项重点工程被列为全省基本建设重点项目中的重点，在重工业总投资中占65%以上。

中共中央对辽宁重点工程的建设十分重视，不但在资金上给予重点投资和保证，还从全国各地抽调大批干部、工人和专业技术人员，支援辽宁的工业建设。辽宁省委遵照中共中央的指示，把工作重点放在工业建设上，制定了一系列切实可行的政策，集中全省的人力、物力、财力，克服各种困难，确保了重点工程项目的顺利实施。

在冶金工业方面：建立了以鞍山、本溪、抚顺、旅大为中心的炼铁、炼钢、无缝钢管和大型钢材制造业以及高级合金钢的冶炼和炼铝、炼镁等工业。1952年七八月间，鞍钢三大工程正式开工，这是我国第一个钢铁基地建设的开端。为了建设鞍山钢铁联合企业，国家提出"全国支援鞍钢"的口号。当时从全国各地抽调大批领导干部到鞍山工作，许多大学毕业生也来到鞍山，那里集结了数以千计的生产、设计、施工的工程技术人员，组织了全国57个大中城市的199个企业，在物资、技术方面支援鞍钢。在全国人民的大力支援下，鞍钢广大职工奋发图强，中国第一座自动化的无缝钢管厂、大型轧钢厂和七号高炉"三大工程"的建设，仅用一年多时间就相继提前建成投产，赢得了钢铁工业大规模建设的首战胜利。在建设"三大工程"的同时，与其配套的鞍钢其他改建工程

★1953年12月26日鞍钢"三大工程"（大型轧钢厂、无缝钢管厂、七号炼铁高炉）竣工典礼会场外景

也陆续建成投产。在此前后,本溪钢铁公司改建工程,大连钢厂、抚顺钢厂改建工程,也都相继完成。1954年,抚顺铝厂改扩建工程建成投产,从此,中国有了自己的铝工业,结束了我国没有铝、镁、硅工业的历史。到1957年,辽宁的炼铁年产能力已经达到522.2万吨,炼钢年产能力达到378.5万吨,轧钢年产能力达到287.4万吨。

★王崇伦

★尉凤英

在机械工业建设方面:第一个五年计划规定,中国要建立起制造大型金属切削机床、发电设备、冶金设备和汽车、拖拉机、飞机的机器制造工业,并特别提出改建沈阳的机器制造业以完成围绕鞍钢为中心的东北工业基地的建设。五年间,用于辽宁机械工业的投资为6.2亿元,占全省工业总投资的13.3%,占全国机械工业总投资的16.8%。到1957年年底,已有15个大中型项目全部或部分投入生产。其中属于苏联援建的156项重点工程的沈阳第一机床厂、沈阳第二机床厂(中捷友谊厂)、沈阳风动工具厂、沈阳电缆厂相继完成投入生产。1955年10月,改建完成后的沈阳第一机床厂,生产能力比1952年提高了6倍,是当时我国最大的车床制造厂,它每年生产的机床,可以装备跟它一样规模的5个机床制造厂。第二机床厂成为我国最大的钻、镗机床和铣镗加工制造中心。到1957年年底,全省金属切削机床生产能力已达到2.4万台,工业轴承生产能力达到151万套,机车生产能力已达到120台,货车生产能力达到3000台。在发展建设过程中,辽宁很多企业都遭遇了技术设备陈旧落后的严重困难。以王崇伦、尉凤英等为代表的广大工人职工以高度的政治责任感和生产积极性,主动承担起了技术改造的重任,使辽宁不仅成为机械装备生产的重要基地,也成为全国重要的技术改造和革新基地。辽宁在全国率先开展了以技术革新为主要内容,以完成或超额完成国家计划为目标的社会主义劳动竞赛,极大提高了全省机械工业的生产能力。

在能源工业建设方面："一五"计划时期，国家重点对辽宁省的抚顺、阜新、本溪的煤矿工业进行了大规模的新建、改建，并改建了抚顺的石油工业，阜新、抚顺、大连等地的火力发电厂。新建、改建大中型煤矿井共21个，石油企业6个，电力工程11个。由苏联帮助设计的抚顺、阜新、大连三个火力发电厂建成发电。到1957年，能源工业中煤矿采煤能力已达到2586万吨。能源工业的建设基本上与钢铁、机械等重工业部门的建设同步进行，发挥了先行工业的作用。

在建材工业建设方面：改建了本溪水泥厂、沈阳陶瓷厂、沈阳玻璃厂等企业，五年累计新增固定资产达1.3亿元。到1957年，水泥年产能力已达到316.2万吨，平板玻璃年产能力已达到281.2万标准箱。

在化学工业建设方面：五年间，全省用于化学工业建设的投资为2.3亿元。新建成大连氯酸钾厂，扩建了沈阳化工厂、东北制药总厂，改建了锦西化工厂。全省化学工业五年累计新增固定资产达2.1亿元，到1957年化学工业主要产品年产能力有了显著提高，硫酸生产能力已达到34万吨，烧碱能力已达到11.1万吨，纯碱能力已达到30.9万吨，硫铵能力已达到47.3万吨，染料、油漆等生产能力也有提高。

经过第一个五年计划时期大规模的工业建设，辽宁基本形成了以旅大为中心，包括安东、营口、锦州等沿海工业城市地带，和以沈阳为中心，包括鞍山、抚顺、本溪、辽阳等的中部工业城市群体，成为当时东北乃至全国工业基地的核心。

"一五"结束时，辽宁固定资产原值占全国的27.5%，居全国第一位；工业总产值占全国的16%，居全国第二位。当时，全国17%的原煤产量、27%的发电量、近30%的金属切割机床、50%的烧碱、60%的钢均产自辽宁，辽宁的飞机、军舰、弹药等军事工业占有很高的比重。辽宁成为共和国成立以后，最早建成的全国重工业基地和军事工业基地。

七、中共辽宁省委的组建和中国共产党辽宁省第一届代表大会的召开

1954年6月，中央人民政府作出了《关于撤销大区一级行政机构和合并若干省、市建制的决定》，决定撤销辽东、辽西两省建制，合并成立辽宁省；同时将沈阳、旅大、鞍山、抚顺、本溪等5个中央直辖市，改为辽宁省辖市。1954

年7月25日，辽宁省筹备委员会组成。8月1日，中共辽宁省委员会及辽宁省人民政府正式成立。中共辽宁省委员会机关驻沈阳市。1954年8月至1960年9月，辽宁省委隶属中共中央领导；1960年9月，中共中央东北局成立后，受中共中央和东北局领导。这一时期，省委工作机构设有办公厅、组织部、宣传部、财政贸易部、基本建设部、农村工作部、工业部、统战部、纪律检查委员会、国际活动指导委员会、辽宁日报社和省委党校。随着形势的发展和任务要求，省委工作机构有过增设、撤销、合并的变化。此外，在省级政权机关设立党组。党组成员由省委任命，省委通过党组实现对省级政权组织的领导。

辽宁省委成立后，1954年8月5日，经中共中央决定，黄欧东任省委书记，王铮、杜者蘅、喻屏、李荒任省委副书记。李荒兼任省委秘书长。10月10日，中央批准黄欧东等29人为省委委员，黄欧东、王铮、杜者蘅、喻屏、李荒、李涛、王学明、邹群峰、蔡黎、邱先通、张烈等11人为省委常委。1955年2月21日，中央批准王铮任省委第二书记；1955年6月，中央任命李涛为省委副书记。1955年9月，根据中共中央决定，由黄欧东、王铮、杜者蘅、喻屏、李荒、李涛6人组成省委书记处。1955年12月，中央任命贺庆积为省委常委，免去邱先通省委常委职务，仍为省委委员。从1954年8月5日中央任命辽宁省委组成人员之后，到1956年7月中共辽宁省第一届代表大会召开前，经中央批准还先后增补了10名省委委员。

1956年7月2日至11日，中共辽宁省第一届代表大会在沈阳召开。应出席会议的代表637人，列席代表52人，实际出席会议的代表633人，列席代表52人。大会主要议程是：听取讨论和批准中共辽宁省委员会关于过去工作总结和今后任务的报告；选举中共辽宁省委员会；选举出席党的第八次全国代表大会代表。会上，省委书记黄欧东代表省委作了《加强领导，转变作风，为加速我省社会主义建设而奋斗》的报告。省委书记处书记王铮代表省委作了《把肃清一切暗藏的反革命分子的运动又好又快地进行到底》的报告。大会选举产生了中共辽宁省第一届委员会委员44人、候补委员13人；选举出席党的第八次全国代表大会代表58人、候补代表5人。会议通过了《中共辽宁省第一届代表大会决议》。李荒代表大会主席团致闭幕词。

1956年7月12日，中共辽宁省第一届委员会第一次全体会议召开。会议选举黄欧东、王铮、杜者蘅、喻屏、李荒、李涛、贺庆积、蔡黎、张烈等9人为省委常委；选举黄欧东为省委第一书记，王铮、杜者蘅、喻屏、李荒、李涛为省委书记处书记。1956年12月3日召开的省委一届二次全会，补选李均、褚凤岐、仇友文、吴铎、孙洪志、张雪轩、黄达为省委常委。1958年4月，中央任命杨春甫为省委书记处书记。6月，中央任命黄火青为省委第一书记，黄欧东为省委第二书记。在整风运动和反右派斗争中，1958年10月，省委全体委员扩大会议错误地通过了《关于以王铮同志为首的反党宗派活动的决议》。10月13日，省委决定撤销王铮、杜者蘅、吴铎的一切职务；撤销宋黎旅大市委书记、市长职务，保留省委委员和市委委员；撤销李涛省委书记处书记、省委常委、副省长职务，保留省委委员。同时，另对张烈作出了"叛党自杀，自绝于党，开除其党籍"的处理决定。（上述这些历史错案，省委虽然在"文化大革命"前进行了复查，对部分同志的问题性质及处分决定做过一些改变，但没有真正解决问题。直至1978年12月31日省委作出决定。1979年3月17日经中共中央批准，撤销1958年的决议和1965年的省委《复查决议》，对王铮、杜者蘅、李涛、宋黎、吴铎等同志予以平反。1979年3月9日，省委作出了《关于张烈同志问题的复查决定》，4月9日经中共中央同意，决定对张烈彻底平反，恢复其党籍和政治名誉。）1958年10月28日，省委一届七次全委（扩大）会议召开，补选郭述申、焦若愚、沈越、杨士杰为省委常委。12月，中央任命王良为省委书记处书记。

八、"大跃进"运动在辽宁地区的开展

1957年10月25日，中共中央正式公布八届三中全会通过的《一九五六年到一九六七年全国农业发展纲要（修正草案）》，并发出通知，要求掀起一个生产高潮。10月27日，《人民日报》为此发表题为《建设社会主义农村的伟大纲领》的社论。社论要求"有关农业和农村的各方面的工作在十二年内都按照必要和可能，实现一个巨大的跃进"，从而在中共中央机关报上提出了"跃进"的口号。12月12日，《人民日报》发表题为《必须坚持多快好省的建设方针》的社论，发出"把一九五八年的各项计划指标订得尽可能先进些"的号召。1957年冬至1958年春掀起的农业生产高潮，拉开了"大跃进"运动的序幕。

1958年2月22日，中共辽宁省委根据1958年1月中共中央南宁会议精神，召开全省企事业系统整风会议，确定企业整风的中心任务是以"反浪费、反保守"

为纲,深入开展整风运动,以整风推动生产高潮,促进生产"大跃进"。3月2日至7日,辽宁省委召开全省农村工作会议,根据中央指示精神,深入反对右倾保守思想,重新修订农业生产规划,提出全省农业发展的奋斗目标是:"一年三自给(粮食、蔬菜、肉),二年水利化,三年实现纲要粮食指标,五年实现农业机械化、电气化,三个月突击消灭四害(苍蝇、蚊子、麻雀、老鼠),三年扫除文盲。"会议还提出"鼓足干劲,大干60天"的号召。会后,全省各地普遍开展"大干60天兴修农田水利和积肥运动"。从此,辽宁的农业"大跃进"拉开了序幕。

4月11日至17日,中共辽宁省委召开一届六次全体委员(扩大)会议。会议传达了成都会议精神,检查了过去的工作,讨论了生产"大跃进"和文化"大跃进"等问题。

为实现全省农业发展目标,各地大搞农田基本建设和兴修水利,并公开宣传"人有多大胆,地有多大产",各地竞相放"高产卫星","共产风"、浮夸风盛行一时。

工业战线"大跃进"从1958年年初开始。中共辽宁省委在1958年4月召开的一届六次全体委员(扩大)会议上提出,在五年内实现农业机械电气化;在三年内,地方工业要增长3倍。在中央的号召和省委的积极推动下,1958年上半年,辽宁掀起了全党全民办工业的高潮。在全党全民办工业的热潮中,广泛开展了大搞技术革新和技术革命活动。其中有些经验是有成效的,但是许多工厂盲目上马,在人力、资金、设备和原材料等方面造成很大损失,并带来许多困难。

"以钢为纲";钢产量指标的不断提高,是"大跃进"在工业方面的主要表现。1958年8月17日至30日,中共中央在北戴河召开扩大会议,号召全党全民为生产1070万吨钢而奋斗。在中共中央的号召下,全党和全国人民立即掀起大炼钢铁运动。辽宁作为全国重工业基地之一,钢铁工业实力雄厚,承担起全国炼钢总量的44%,即产钢470万吨的任务。为提高钢铁产量,1958年7月初,辽宁省委、省人委作出《大力挖掘钢铁和有色金属资源支援农业生产"大跃进"》的决定,提出立即在全省范围内开展群众性挖掘回收废钢铁和有色金属运动、积极兴办钢铁工业和有色金属工业、大力节约钢铁原材料等3项措施,全力支持全国炼钢总指标的实现。此后,各地纷纷响应省委、省人委号召,回收废钢铁,兴建各种小高炉、土高炉,开展全民性的土法炼钢炼铁运动。

鞍钢是全国最大的炼钢企业,承担450万吨钢铁的生产任务。鞍钢能否完成产钢任务对辽宁乃至全国都有决定意义。为此，省委号召全省各行各业支援鞍钢生产，实现钢铁"跃进"计划。1958年11月，为完成全省钢铁指标，在鞍山又掀起一次"大洋群""小土群"两条腿同时奔跑、全民大炼钢铁的高潮。即便如此，鞍钢在年终仍未完成跃进指标，全年钢铁产量为392万吨。

在工业生产全面"大跃进"的同时，农业、财贸、文教、卫生等战线也在"大跃进"，并提出一些不切实际的高指标。

1958年12月16日至26日，中共辽宁省委召开一届八次全体委员（扩大）会议，传达贯彻中央八届六中全会精神，总结1958年"大跃进"的经验，讨论1959年全省工农业生产规划、农村的整风整社问题。会议指出，要防止"跃进"出现的浮夸作风，不要单凭热情、干劲，忽视科学分析或脑子只热不冷的现象，对"左"的倾向有所认识并开始纠正。但在1959年8月庐山会议后，反右倾斗争的开展，使纠"左"工作中断。

九、人民公社化运动在辽宁地区的开展

在"大跃进"运动迅猛发展的同时，农村地区掀起了人民公社化运动的高潮。1958年7月，《红旗》杂志第三、第四期发表《全新的社会，全新的人》和《在毛泽东同志旗帜下》的文章，公开披露毛泽东关于办人民公社的思想。8月6日，毛泽东视察河南新乡县七里营人民公社时，称赞"人民公社名字好"。8月9日，毛泽东到山东省历城县北园乡视察时，说："不要搞农场，还是办人民公社好。"新华社和《人民日报》报道上述消息后，"人民公社"的名字立即传遍全国。同月，中共中央政治局在北戴河会议上，作出《关于在农村建立人民公社问题的决议》。

北戴河会议后，辽宁省迅速掀起了建立人民公社的高潮。1958年9月4日，《辽宁日报》发表《高举人民公社的红旗前进》的社论。新华社9月6日发出电讯，称辽宁省1500万农民在党的社会主义建设总路线指引下，高举加速社会主义建设的红旗前进，已在最近实现了全省农村以"一大二公"为标准，在四乡一社的规模基础上，基本生产资料归公社所有，社员的自留地、家庭副业归公社所有；实行以社为核算单位；在分配上实行工资制和供给结合的分配制度，生活上办公共食堂；人民公社不仅仅是经济组织，而且是政权组织，实行政社合一的体制。9月20日，辽宁省委发出关于在农村开展社会主义和共产主义思想教育，

完全实现全省人民公社化的指示,认为全省农村基本上实现了人民公社化,但在组织上经济上还是很不完备的,一部分在规模上仍然不够大,与全面"大跃进"需要还不完全适应,要立即在全省农村开展社会主义和共产主义思想教育并提出一些具体政策,如解决乡办工业、国营农场和商业体制问题;关于收益分配和劳动报酬问题;正确宣传各项经济政策,消除社员误解,避免发生损失等等。这些措施实际上是对人民公社化运动的一哄而起和缺少深入具体工作的一种补课。

1958年的辽宁农业"大跃进"和人民公社化运动,大刮"浮夸风",使辽宁农业和整个农村元气大伤,人力、畜力、地力俱损,加之连续的自然灾害,生产大幅下降,给城乡人民生活带来严重困难。

1958年秋冬,人民公社化运动的严重后果开始显现出来,党中央了解到出现的问题后,积极领导全党整顿人民公社,调整高指标,做了初步纠"左"的努力。1959年二三月间,中共中央政治局在郑州召开扩大会议(即第二次郑州会议)。在毛泽东提议下,会议确定了整顿和建设人民公社、遏制"共产风"的14句话:"统一领导,队为基础;分级管理,权力下放;三级核算,各计盈亏;分配计划,由社决定;适当积累,合理调剂;物资劳动,等价交换;按劳分配,承认差别。"

根据中央会议精神,1959年3月8日至3月17日,辽宁省委召开全省农村六级干部会议。会议传达了第二次郑州会议精神,对前进与后退的问题有了较正确的认识,并批判了平均主义,但对人民公社的优越性予以肯定。按照第二次郑州会议精神,决定将全省农村人民公社的管理体制退回到管理区(大队)为基本核算单位。这次会议后,在全省范围内肯定了三级所有、队为基础,调整了公社体制,清算了旧账,基本上停止并纠正了"一平二调"的"共产风",但急于过渡的思想没有得到彻底解决——算了经济账,没有算思想账和政治账;经济账又没有完全兑现,所以留下了病根。

1959年11月,辽宁省委召开农村工作会议,传达了中央农业书记会议精神,但对中央提出的"不要担心过渡太慢,而应警惕太快"的指示,未能遵照执行。1960年春,在省委大搞丰产方的号召下,许多地方大搞万亩产方,打乱了队界,破坏了生产队的基本所有制与小队的"三包四固定"("三包":包产、包工、包成本;"四固定":固定劳动力、固定土地、固定耕畜、固定农具)。由于急于过渡,又刮起了"共产风",而且越刮越盛。直到1960年11月中央发出《关于农村人民公社当前政策问题的紧急指示信》后才有所好转。

在农村人民公社化运动的影响下，城市也开始建立人民公社。辽宁的城市人民公社，大多数是在原街道办事处动员居民群众兴办街道民办工业和生活福利事业的基础上建立起来的。因此，公社建立伊始，一方面执行街道政权的职能，一方面又组织领导公社和生产、服务、福利、文化、教育、卫生等事业。它带有政社合一的性质，一套组织、一套人员分别负责管理街道政权工作和管理企业、事业工作。城市人民公社照搬农村人民公社"工农商学兵相结合""政社合一"的体制，同农村人民公社一样，也存在急于过渡的问题和"一平二调"的"共产风"，造成了全民所有制职工人数剧增、财政负担加重、市场紧张等不良后果。

十、中国共产党辽宁省第二届代表大会的召开

1959年9月5日至22日，中国共产党辽宁省第二届代表大会在沈阳召开。出席会议的代表527人，列席会议的有省直机关、各市县、工商企业、文教等部门和沈阳军区驻辽宁部队的领导干部1189人。

会上，省委书记处书记喻屏致开幕词。省委第一书记黄火青传达中共八届八中全会精神，并作了《坚决粉碎以彭德怀同志为首的反党集团，为保卫党的总路线而斗争》的报告。省委第二书记黄欧东代表前届省委向大会作了《贯彻执行八届八中全会决议，反对右倾，鼓足干劲，开展增产节约运动》的报告。会议选举产生了中共辽宁省第二届委员会委员51人、候补委员17人。补选了中国共产党第八次代表大会候补代表5人。会议通过了《中国共产党辽宁省第二届代表大会关于拥护八届八中全会批判以彭德怀同志为首的反党集团的错误的决议》和《中国共产党辽宁省第二届代表大会第一次会议关于执行八届八中全会决议，开展增产节约运动的决议》。

1959年9月22日，中共辽宁省第二届委员会第一次全体会议召开。会议选举黄火青、黄欧东、喻屏、李荒、杨春甫、王良、周桓、仇友文、孙洪志、杜平、金直夫、贺庆积、胡亦民、张子衡、徐少甫、黄达、焦若愚、褚凤岐等18人为省委常委；黄火青当选为省委第一书记，黄欧东当选为第二书记，喻屏、李荒、杨春甫、王良、周桓当选为省委书记处书记。会议还选举了省委监察委员会委员19人，张子衡当选为省委监察委员会第一书记，杨子谦当选为第二书记，李炳勋、田果行当选为副书记。

1960年2月，中央任命李东冶为省委书记处书记。1961年3月，中央决定调孙洪志、褚凤岐另有任用。6月，省委二届四次全会召开，递补候补委员刘鸣、高景芝、侯国英、毕文廷、苏羽、宋克难、庞然、邓仲儒为省委委员；补选杨波、张正德、苏羽、殷参为省委常委。7月，中央决定调喻屏去东北局工作；中央免去李东冶省委书记处书记职务。12月，中央批准黄达、胡亦民、徐少甫任省委书记处候补书记。

中共辽宁省第二届代表大会，是在中共中央八届八中全会的错误思想影响下召开的。会后，在全省开展了以反对右倾思想为中心的整风运动，致使全省党内民主生活遭到破坏。在经济上中断了纠正"左"倾错误的进程。在"左"的错误思想指导下，辽宁在1959年下半年还进行所谓改造落后地区的运动，尽管时间不长，范围也不大，但也使一些农村基层干部受到不公正对待。

1960年后，根据中央《关于农村人民公社当前政策问题的紧急指示信》和1961年中共中央八届九中全会精神，辽宁省委领导全省各级党组织深刻总结"大跃进"的经验教训，大力发扬党的实事求是作风，进一步密切党群、干群关系，认真纠正"左"的错误，从而使国民经济"调整、巩固、充实、提高"八字方针得到贯彻，特别是在1962年1月扩大的中央工作会议（七千人大会）召开后，全省社会主义建设和各项工作得以顺利发展。

十一、群众性技术革新和技术革命运动在辽宁的开展

为了提高生产效率，攻克难关，解决生产中的一些关键问题，1960年1月，中共中央发出关于大搞技术革新和技术革命的指示。辽宁是企业密集的省份，技术革新、技术革命尤其具有重要意义。全省在原来已开始进行的技术革新基础上，又掀起了一个新高潮。

在辽宁的众多企业里，鞍钢搞技术革新的规模和声势最大，行动也较早。1959年11月间，鞍钢组织技术表演，提出大量技术革新项目。从1960年元旦开始，从矿山到炼钢、炼铁厂，从各主要生产部门到生产辅助部门都投入了这一运动。仅到2月初，鞍钢职工就提出革新建议10多万件，对于生产计划的完成起到积极作用。鞍钢的技术革新活动还有一个特点，就是十分注意把工人的干劲和智慧及丰富的实践经验同工程技术人员的理论知识相结合，以解决一

些重大技术问题。

在广大鞍钢职工群众大搞技术革新和技术革命的基础上，1960年3月，鞍山市委向辽宁省委和中共中央作出《关于工业战线上的技术革新和技术革命运动开展情况的报告》。报告总结了技术革新和技术革命的五条经验：第一，必须不断进行思想革命，坚持政治挂帅，彻底破除迷信、解放思想；第二，放手发动群众，一切经过试验；第三，全面规划，狠抓生产关键；第四，自力更生和大协作相结合；第五，开展技术革命和大搞技术表演相结合。报告还特别提出，为了把技术革新和技术革命运动不断推向新高峰，必须加强党的领导，坚持政治挂帅。

毛泽东在这份报告上进行批示，高度评价了鞍钢的经验，认为鞍钢自己创造了"宪法"，否定了"马钢宪法"。之后，"鞍钢宪法"的提法被确立，并被广泛引用。鞍钢的技术革新和技术革命的经验有值得肯定的一面。如坚决依靠职工群众，一切经过试验地搞技术革新充分调动全体职工的主人翁主动精神和建设社会主义的积极性，实行干部参加劳动，工人参加管理，改革旧规章制度，干部、工人、技术人员相结合的"两参一改三结合"等经验，在当时及之后一段时间内，对于鞍钢建设乃至全国的经济建设起到积极作用。但是，这些经验的基本思路是在"大跃进"的背景下形成的，对一些问题存在"左"的认识和片面性，过分强调政治挂帅，强调发挥主观能动性，而忽视了客观规律，对鞍钢、辽宁乃至全国，也产生了一定的副作用。

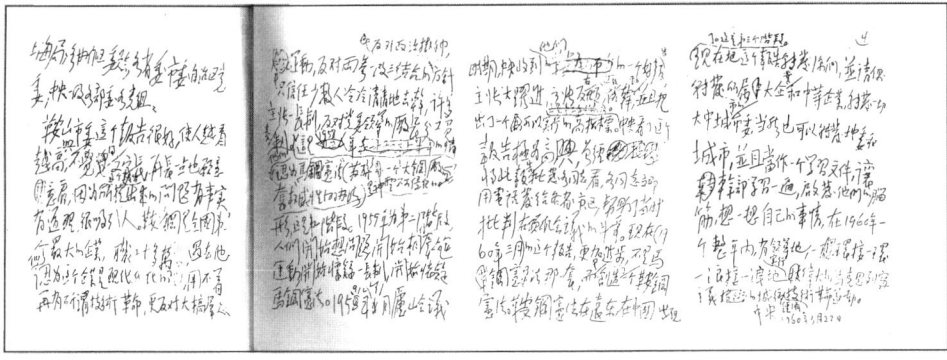

★1961年毛泽东关于"鞍钢宪法"批示手迹

在鞍钢大搞技术革命的同时，辽宁全省的技术革命运动也掀起了高潮。辽宁是工业大省，生产建设体系担负着支援全国建设的任务。虽然大多数企业在当时

★张成哲

条件下，比起其他地区在设备上稍有优势，但总体说来，机械化、半机械化水平还不高，自动化、半自动化的水平更低。当时生产任务重，企业设备不足，劳动力不足，迫切需要使企业生产向机械化、半机械化、自动化、半自动化的"四化"方向发展。因此，在"大跃进"形势下兴起的技术革新和技术革命客观上反映了工业生产发展的需求，在一定程度上推动了"四化"的发展。全省各地的技术革新、技术革命运动迅速发展，特别在解决变手工操作为机械、半机械化操作，变机械化操作为自动化、半自动化操作方面取得了明显的效果。

为了推动全省的技术革新、技术革命的发展，1960年4月10日，辽宁省委、省人委召开全省工业战线技术革新、技术革命先进集体和革新者代表会议。会议提出今后技术革新、技术革命的主要任务是，迅速提高机械化、半机械化，自动化、半自动化水平，大力提高劳动生产率；大搞原材料生产，继续开展群众性的夺材大战；大搞企业管理革命，特别要注意解决企业综合经营问题；大力支援农业，掀起一个规模更大的各行各业，特别是工业战线全面支援农业的群众运动，从而使这一运动沿着正确、科学、全民的轨道继续前进。在会上，中国科学院沈阳分院聘请省内92名革新家为特约研究员，使这些工人出身的优秀革新家步入科学研究殿堂，把自己的丰富生产实践与科学理论结合起来，也给科研部门注入了新鲜血液。在技术革新、技术革命中，全省涌现出一大批优秀革新家、技术能手，为社会主义建设作出了很大的贡献。张成哲就是其中的杰出代表。

十二、"调整、巩固、充实、提高"方针在辽宁的贯彻

20世纪60年代，由于"大跃进"和人民公社化运动以及在经济建设指导思想上的失误，加上农业连年遭受自然灾害等原因，我国经济出现了非常困难的局面。工农业比例关系严重失调，商品匮乏，供需矛盾突出。在这种情况下，通过调整来克服经济困难，就成为迫在眉睫的任务。

1960年6月后，毛泽东、刘少奇等党和国家领导人相继发表讲话，对经济

计划中不切实际的高指标表示不满。中共中央也发出一系列指示，决定在保粮、保钢的前提下，压缩基本建设战线，加强农业战线。根据上述精神，周恩来、李富春在8月下旬主持研究1961年国民经济计划控制数字时，提出国民经济实行"调整、巩固、充实、提高"的八字方针，表明国民经济建设由"大跃进"转入调整阶段。这个方针的基本内容是：调整国民经济各部门间失衡的比例关系，巩固生产建设取得的成果，充实新兴产业和短缺产品的项目，提高产品质量和经济效益。1961年1月召开的党的八届九中全会会议公报中，正式向全党和全国人民宣布了八字方针。从1961年起，辽宁省委认真贯彻执行八字方针，迅速开展了工交、基本建设、农业、科技文化教育事业的调整。

工交战线方面的调整。1961年1月20日至25日，辽宁省委召开全省各市主管工业的书记和省直各工业厅、局党组书记会议。会议传达了党的八届九中全会精神，着重分析了全省工业形势。会议一致认为，煤炭生产是当前左右工业全局的关键，必须动员全省各行各业像保粮保钢一样来保煤炭生产。为了搞好工业经济的调整工作，1961年年初，在企业中开展了整风。在企业整风过程中，为了解决存在的问题，以便于调整工作的进行，由中共中央东北局、辽宁省委和阜新市委组成联合调查组，对阜新平安煤矿做了调查研究。1961年5月，调查组将调查结果形成了包含"党委必须实行全面领导、健全厂长负责制、建立政治部、大搞群众运动、正确贯彻执行工资政策、建立与健全规章制度、正确贯彻执行技术政策、实行三包四固定、节约劳动力、充实第一线、安排好职工生活、做好职工家属工作、广泛深入开展整风运动"等内容的《阜新平安煤矿十二条（草稿）》。这些经验经中共中央东北局批示转发辽、吉、黑三省，对东北三省的经济调整工作起了很好的作用。

根据"调整、巩固、充实、提高"的方针，辽宁省委对全省工交企业进行调整。首先是采取行业排队，综合平衡，分三批实行关、停、并、转。在工业生产上坚决压低过高的计划指标，并留有余地，调整发展速度。主要抓设备维修和更新，进行填平补齐，认真提高产品质量，增加产品品种。对矿山加强了采掘工业的矿井延伸，调整了采掘比例，采掘工业特别是煤炭生产逐步恢复了元气。为了改善工业与农业、重工业与轻工业的比例失衡状况，使工业支援农业，促进轻工业和手工业的进一步发展，进而使人民的吃、穿、日用商品紧缺问题得到较好的解决，各级党委和政府加大了对以农产品为原料的轻工业产品产量的调整力度，使其有所提高。到1964年年底，调整任务基本完成，全省工业生产基本走上了健康发展的轨道。

基本建设方面的调整。在基本建设调整中，按照"压缩规模、缩短战线"的要求，在继续停、缓一批生产建设的同时，严格控制计划外工程的施工，坚决停建了一批楼、堂、馆、所等非生产性建设项目。把支援农业和国防工程项目排在首位，优先设计，优先施工，确保工程按期或提前完成。

农业方面的调整。1960年11月以后，中央多次召开会议，下发了《关于农村人民公社当前政策问题的紧急指示信》（即"十二条"）、《农村人民公社工作条例》（即"农业六十条"）等调整农村政策的文件，以解决农村人民公社存在的问题。同年12月6日，辽宁省委召开常委扩大会议，对照"十二条"内容检查并纠正了全省农村存在的"五风"（共产风、高指标风、瞎指挥风、强迫命令风、浮夸风）问题。12月15日至24日，辽宁省委又召开二届三次全体（扩大）会议，分析了辽宁的形势，总结了三年来的工作，检查了辽宁"大跃进"以来的农村工作，并对各市、县进行初步摸底排队。1961年1月，辽宁省委作出《关于社员自留地的规定》。此后，辽宁省委又印发《关于清算"平调"账目若干具体问题处理意见》。同年10月3日，根据中央提出改变农村基本核算单位的意见，在调查研究的基础上，辽宁省委提出必须把基本核算单位放到生产队和生产队的规模应以二三十户为宜的具体落实意见。经过三年来的工作，辽宁调整了农村政策，在一定程度上纠正了共产风、命令风、浮夸风、干部的特殊化风和对生产的瞎指挥风；适当调整了社队规模，取消了公共食堂；恢复了人力、畜力、地力，纠正了分配上的平均主义，贯彻了按劳分配原则，提高了社员生产积极性；人民公社实行了以生产队为基本核算单位的体制，恢复了自留地、家庭副业、集市贸易。根据中央和国务院关于因地制宜地发展农村副业生产的决定，鼓励恢复和发展近几年被挤掉的经济作物和各种农村副业；加强了农业科学技术工作，积极推行农业技术改革，贯彻执行了以粮为纲、全面发展的方针；同时组织各行各业大力支援农业，使农业生产得到快速发展。

财贸商业战线的调整。在财贸战线上，确定了把支援农业摆在第一位的方针，对农村所需生产资料和生活资料优先保证供应，把商业工作的重点放在促进农业生产力的恢复和发展上。在供应、收购方面，对农村为恢复和发展农业生产力的产品，要求品种规格对路，质量合格，价格合理，供应及时。贯彻农产品的收购政策，促进农村经济恢复，建立农产品收购、消费网点，以便利群众。到 1962 年，全省市场有所好转，商品价格稳中下降，大部分小商品供应状况有所改善，集市贸易的物资上市量增多，辽宁财政情况已见好转，扭转了入不敷出的局面。

科技文化教育事业的调整。同经济工作的调整相配合，科学、教育、文化等各个领域也进行了调整。通过贯彻执行八字方针以及中央《关于自然科学研究机构当前工作的十四条意见（草案）》（简称"科学十四条"）、《教育部直属高等学校暂行工作条例（草案）》（简称"高教六十条"）、《关于当前文学艺术工作若干问题的意见（草案）》（简称"文艺十条"，以后改为"文艺八条"）等指示精神，全省的科技文化教育事业有了很大的发展，许多新的科学技术从无到有、由小到大地发展起来，逐步填补了辽宁科技领域中的空白。

人民生活水平进一步提高。由于当时工业与农业、重工业与轻工业的比例失衡状况的出现，人民的吃、穿、日用商品极度紧缺。在调整过程中，全省大力加强收购和销售群众生活必需品，有效地推动了市场的运转。

国民经济比例失调有所改善。经过这一时期的调整，全省国民收入分配上缴和积累过高的现象得到了扭转，消费基金相对增加，工农业生产逐步得到恢复和发展。其他社会经济在这一时期也得到了相应的调整和改善。

十三、学雷锋活动的兴起

雷锋，1940 年 12 月出生，湖南省望城县（现长沙）人。1960 年 1 月，在鞍钢工作的雷锋参加了中国人民解放军，被编入工程兵某部运输连四班当汽车兵。雷锋在部队中受到了党和人民解放军优良传统和作风的教育、革命纪律的教育。在部队领导的亲切关怀和帮助下，他凭着对党、对社会主义的无比热爱，忠于本职工作，从自身做起，从一点一滴做起，勤俭节约，默默无闻地做了大量的好事。同年 9 月，雷锋被所在部队评为"节约标兵"，他的事迹很快在其所在团内传颂。同年 11 月 23 日，他又被

★雷锋

沈阳军区工程兵党委授予"模范共青团员"称号。入伍不到一年，雷锋便光荣地加入了中国共产党。

入党后，雷锋对自己的要求更加严格，努力践行入党时的誓言。沈阳军区《前进报》率先宣传了雷锋的事迹，为部队学雷锋活动奠定了舆论基础。1960年11月26日，《前进报》在第一版用整版篇幅发表了长篇通讯《毛主席的好战士》。文章较详细地记述了雷锋的成长过程和模范事迹。同时刊登了沈阳军区副政委兼政治部主任杜平中将的批示，号召军区各部队学习雷锋的先进事迹。12月1日，《前进报》又用整版篇幅以"听党的话，把青春献给祖国"为题，发表了《雷锋日记摘抄》15篇，这是雷锋日记首次公开发表。12月上旬，《前进报》开辟了"向雷锋同志学习，做毛主席的好战士"专栏，陆续发表全军区各部队学习雷锋的文章。《抚顺日报》《辽宁日报》等媒体分别进行了转载。此后，部队推举雷锋先后到驻沈阳、抚顺、海城、营口、大连、安东等地的部队、学校巡回作报告，收到了很好的效果。不久，《人民日报》《中国青年报》《解放军报》先后发表文章介绍雷锋的模范事迹。

1961年1月14日，中国人民解放军工程兵政治部发出《关于开展学习雷锋活动》的通报，要求立即组织群众学习雷锋同志的模范事迹。

1962年2月，雷锋以特邀代表的身份出席沈阳军区首届共青团代表大会，并被选为主席团成员。大会通过了《给军区部队全体共青团员的一封信》，号召军区部队广大共青团员和青年，要以毛主席的好战士雷锋等先进人物为榜样，掀起一个学先进、赶先进的竞赛热潮。会后，新的学习雷锋热潮在军队兴起。

正当沈阳军区大力开展学雷锋活动时，1962年8月15日，雷锋因公殉职。23日，《前进报》在头版显著位置刊登了雷锋牺牲的消息，并配发了公祭大会的照片和雷锋的简历。为更有效地宣传雷锋的事迹，10月22日，雷锋生前所在团正式举办了"雷锋烈士生平事迹展览"。11月4日，共青团抚顺市委五届二次会议向全市广大青少年发出"学雷锋，做无产阶级事业接班人"的倡议。

1963年1月7日，国防部根据雷锋所在班的请求，批准命名雷锋生前所在部队运输连四班为"雷锋班"。1月18日，沈阳军区党委作出《关于开展学习雷锋运动的决定》，号召广大指战员向雷锋同志学习。翌日，沈阳军区政治部又发出《关于开展学习雷锋运动的指示》，要求各部队认真执行军区党委决定，开展学习雷锋运动。1月21日，沈阳军区在八一剧场隆重举行"雷锋班"命名大会。

同日，《辽宁日报》刊登了中国人民解放军总参谋长罗瑞卿大将为大会的题词。雷锋班的命名，极大地鼓舞了雷锋所在团的广大指战员，同时也推动了部队学雷锋活动向纵深发展。

为扩大宣传范围，使广大指战员更加详细地了解雷锋，1963年1月8日，《辽宁日报》刊登长篇通讯《永生的战士》。1月9日，又以整版的篇幅登载了雷锋日记。2月9日，中国人民解放军总政治部发出通知，号召全军迅速开展宣传和学习雷锋同志模范事迹的活动，规定了具体学习内容。同日，《解放军报》发表题为《像雷锋那样做毛主席的好战士》的社论。12月，为积极响应总政治部的号召，中国人民解放军工程兵政治部发出《关于广泛深入开展宣传和学习雷锋活动》的指示。21日，《解放军报》又发表社论《再论像雷锋那样做毛主席的好战士》。2月8日，沈阳军区召开近千名官兵参加的学雷锋动员大会，对如何深入开展学雷锋活动提出了具体要求，并组织50人参加的"雷锋事迹展览报告团"，分别前往沈阳军区驻扎在东北的各部队进行巡回报告和展览。2月上旬，在雷锋的家乡湖南，湖南省军区政治部也作出决定，号召所属部队和民兵学习雷锋同志的高贵品质，做毛主席的好战士、好民兵。这样，学雷锋活动在部队形成规模。

部队的学雷锋活动，推动了地方学雷锋活动的开展。抚顺是群众性学雷锋活动开展最早的地区。雷锋牺牲后不久，共青团抚顺市委发出《关于组织全市广大青少年参观雷锋烈士展览室，开展好阶级教育的通知》，要求全市各级团的组织要从青少年参观"雷锋烈士展览室"入手，学习雷锋、宣传雷锋，后来又将展览复制到抚顺市内展出。之后，又作出《关于在全市青少年中以学雷锋为引线深入开展阶级和阶级斗争教育的决定》。以青少年的学雷锋活动为先导，抚顺市各行各业各种形式的学雷锋活动蓬勃展开。

抚顺地区的学雷锋活动带动了全省学雷锋活动的开展，辽宁成为学雷锋活动的先行省份。1963年1月8日，辽宁省军区、共青团辽宁省委联合发出通知，号召全省民兵和青少年学习雷锋的先进事迹，辽宁省委组织雷锋烈士生平事迹报告团，先后在抚顺、沈阳、营口、本溪、安东等市做报告，省委组织部、宣传部在1月26日出版的《共产党员》杂志上发出《关于组织党员学习优秀党员雷锋同志模范事迹的通知》，其他各行业和各条战线也纷纷发出通知和倡议，积极开展群众性的学雷锋活动。1963年2月5日、7日，《中国青年报》《人民日报》分别发表辽宁省各地广泛开展学习雷锋活动的消息和文章，并配发社论。

全国学习雷锋活动首先是在青少年中开展的。1963年2月15日，共青团中央发出《关于在全国青少年中广泛开展学习雷锋的教育活动的通知》。通知要求，各地共青团组织都应该把这项活动作为当前进行共产主义教育的一项重要措施。23日，共青团中央作出《关于追认雷锋同志为全国优秀少先队辅导员的决定》。在各级团组织的倡导下，广大青少年成为开展学习雷锋活动中最活跃、最积极的主力军。

1963年3月2日，毛泽东"向雷锋同志学习"的题词在《中国青年》杂志首次登载。3月5日，《人民日报》《光明日报》《中国青年报》《解放军报》等全国各大报刊都在头版显著位置刊登了毛泽东同志为雷锋题词的手迹。当日，《中国青年报》发表社论《响应毛主席的号召，坚决向雷锋同志学习》。当晚20时30分，中央人民广播电台在"各地人民广播电台联播节目"中，第一次播出了1961年1月5日雷锋应辽宁省实验中学邀请，给师生们做报告的一段讲话录音。此后，每年的3月5日作为开展学习雷锋活动的纪念日。

毛泽东同志题词发表后，刘少奇、周恩来、朱德、陈云、邓小平等中央领导同志也都为学习、纪念雷锋题词。老一辈无产阶级革命家的集体倡导，极大地推动了学雷锋活动在中华大地上蓬勃兴起。

十四、中国共产党辽宁省第三届代表大会的召开

1963年4月6日至13日，中国共产党辽宁省第三届代表大会在沈阳召开。出席会议的代表523人，候补代表6人，列席代表33人。

大会议程是：进一步贯彻中共中央八届十中全会和中央二月工作会议精神；审查第二届省委工作报告和几年工作总结；选举第三届中共辽宁省委员会。

省委书记处书记李荒致开幕词。省委第一书记黄火青代表中共辽宁省第二届委员会作了《高举三面红旗，迎接社会主义建设新高潮》的工作报告。省委第二书记黄欧东作了《关于辽宁省1963年到1967年农业生产规划（修正草案）》的说明。会议讨论了第二届省委八次全体会议通过的《中共辽宁省委关于几年来工作的基本总结》和《关于辽宁省1963年到1967年农业生产规划（修正草案）》，还听取和讨论了张子衡做的《关于党的监察工作的报告》。会议选举产生了中共辽宁省第三届委员会委员51人、候补委员13人。会议通过了《中国共产党辽宁

省第三届代表大会第一次会议决议》。

4月14日，中共辽宁省第三届委员会第一次全体会议（扩大）召开。会议选举黄火青、黄欧东、李荒、杨春甫、王良、周桓、白潜、胡亦民、徐少甫、黄达、仇友文、张正德、苏羽、杨波、金直夫、张子衡、殷参、焦若愚等18人为省委常委；黄火青当选为省委第一书记，黄达、胡亦民、徐少甫当选为省委书记处候补书记。会议还选举了省委监察委员会委员30人，张子衡当选为省委监察委员会第一书记，杨子谦当选为第二书记。

1966年3月，中央批准胡亦民、徐少甫任省委书记处书记，仇友文、张正德任省委书记处候补书记；批准陈北辰、庞然、刘异云、杨弃为省委常委。在省委三届三次全会上递补候补委员卫之、张澍、陈一光为省委委员。

中共辽宁省第三届代表大会着重研究了如何进一步贯彻执行国民经济"调整、巩固、充实、提高"的方针，正确处理农轻重关系，解决人民的吃穿用问题。同时，提出了加强党的思想建设，加强党的民主集中制，健全党的领导干部的组织生活等问题。这对全省以后几年经济建设的恢复和发展起到了积极作用。这次党代会后，辽宁省委领导各级党组织，较好地完成了国民经济调整任务。同时，全省党的建设也取得了较大成绩，党的基层组织和党员数量都有较大增长，壮大了党的力量，健全了党的组织，提高了党的战斗力。

1966年5月，"文化大革命"在全党全国范围开展起来。1967年1月，辽宁省委被造反派组织夺权，省委、省人委全面陷入瘫痪。之后，虽然以中国人民解放军辽宁省军区为主，吸收原省人委有关业务厅、局的部分地方干部，组织辽宁省"抓革命，促生产"指挥部，领导全省工作，但实际上全省仍处于无政府状态的混乱局面。1968年5月，经中共中央、国务院、中央军委、中央文革小组批示，辽宁省革命委员会成立。辽宁省革命委员会由175名委员组成，设常委45人。陈锡联任省革委会主任。这届省革委会是本着所谓"军、干、群"三结合原则组成的，集党、政、财、文等大权于一身，成为辽宁省最高权力机构。1970年3月，中央批准成立中共辽宁省革命委员会核心小组，由陈锡联等9人组成，陈锡联任组长。省革委会成立后，原省委、省人委的所属工作机构不再行使任何职权，机关干部不久后被送进省"五七"干校接受劳动改造。后来，又将大批干部及其家属强制下放农村插队落户，进行所谓接受贫下中农再教育。这些做法使全省各级党组织遭到严重破坏，给党和国家的政治和经济带来重大损失。

十五、辽河油田的开发建设

新中国成立后,党和国家领导人十分关注石油勘探利用工作。在黑龙江省大庆找到石油后,根据地球物理构造分析,国家地质部决定对辽宁地区进行以寻找煤炭和石油为目的的综合物探普查。1959年,国家地质部第一普查大队开始在辽宁省的下辽河地区进行石油地质普查。经过多年的勘探测量,终于在下辽河地区初步探明了大面积石油天然气储藏区。1963年,普查大队作出辽河凹陷含油远景评价。1964年6月4日,在下辽河地区(盘锦东部的黄金带)打出第一口探井,见到良好的油气显示,从此揭开了下辽河地区石油钻探开采的序幕。1966年,在盘锦荣兴农场钻定了辽3井,这是下辽河凹陷第一口自喷井。

1967年3月,国家计委决定,由石油部从大庆油田抽调3个钻井队、2个试油队、1个安装队、1个特车队、1个运输队、1个供应队和部分地质、测井、射孔、机修、生活服务人员等共500多人组成的队伍,奔赴下辽河地区,接替国家地质部地质普查队的工作,开始石油钻探。由这支队伍组成隶属于大庆油田的673厂(因1967年3月组建而得名),厂址设在盘山县沙岭公社(沙岭镇)。1968年10月,石油部从大庆等地抽调4个地震队到辽河地区协助673厂勘探,进行地震详查。1969年3月,大庆的48名采油职工组成第一支采油队来到辽河地区参加石油钻探开采。1970年3月22日,辽河油田会战誓师大会在3241钻井队的井场内召开,322油田成立,同时组成21个钻井队、10个作业队和采油、油建等生产队伍。从此,拉开了辽河油田会战的序幕。

为了早日建成大油田,国家调动千军万马支援辽河油田的开发建设。1970年,由大港油田抽调1个测井队、1个放射性队、1个射孔队和部分绘解人员,同时招收沈阳、鞍山、营口等下乡知识青年共110人,共同组成油田的地球物理勘探营;从营口市调入80名卫生技术人员,由辽阳市调入200名医务人员充实油田医疗卫生力量;从大港油田供应处调入54人,与原供应服务队合并,成立322油田供应营;从大港的六四一厂调入13个钻井队及部分机关和二线人员赴辽河油田参加会战;乌鲁木齐汽车大修厂和独山子汽车保修厂329名职工组成汽车修保营参加辽河油田会战;原胜利油田油建指挥部四大队400余人成建制调入辽河石油勘探指挥部参加会战;新疆克拉玛依油田141名职工、2个采油队来辽河油田参加会战。这一年,又在盘锦地区和辽宁省内其他市共招收知识青年 4000 人,充实石油队伍,这是油田勘探开发以来招收知识青年人数最多的一次。1971 年 11 月,又招收 1250 名知识青年充实石油职工队伍。

　　1973 年春,位于盘锦地区西部的兴隆台在进一步勘探中,连续打出 3 口千吨井以及 30 口百吨以上的高产井,发现了兴 42 井和马圈子高产油区带。为了集中优势兵力,拿下兴隆台油田,辽河油田开展抢打高产油井的夺油会战。1973 年年底,辽宁油田原油产量从 37 万吨上升到 104 万吨,1974 年又上升到 212 万吨。从 1973 年至 1975 年,为了打赢这场会战,国家又调入大批人员进一步支援辽河油田建设。1973 年 9 月,华北石油勘探局钻井指挥部 32115 钻井队到辽河油田参加会战。10 月,四川石油管理局 3266、32513 钻井队和胜利油田 3264、32319 钻井队也来参加辽河油田会战。1974 年,从长庆、大庆、胜利、江汉等油田成建制抽调钻井队 20 个、试油队 8 个和钻前、运输、管子站、完井作业、机修等队伍及机关人员共 4625 人参加辽河油田会战。1975 年,玉门油田 480 余名干部和工人开赴辽河油田参加会战;9 月,从大庆、玉门、新疆等油田和物探局等单位调集队伍,加强下辽河凹陷勘探开发力量,从玉门调 459 人,从新疆调 381 人,大庆近万人成建制的钻井、试油、油建、水电、运输、科研等队伍到达曙光油田参加会战;12 月,大庆油田具有"英雄钻井队"称号的 1205、1202 钻井队和油建十一中队等 7 个先进队,参加曙光油田会战。1205 钻井队是"铁人"王进喜所在钻井队,曾创下年钻井进尺超 10 万米的纪录。1202 钻井队是全国石油钻井的标杆队,其队长是全国劳动模范。这些劳动模范和英雄人物的到来,不但给辽河油田会战增加了生产实力,更增添了无穷的榜样作用。1978 年,南京军区复员转业战士 1000 余人乘专列到达辽河油田,这是首批复转军人参加辽河油田开发建设;同年,大港油田 10 个钻井队和相应的配套队伍陆续到达欢喜岭参加辽河油田会战。这些队伍大多数留在辽河油田,组成了辽河油田具备世界领先水平的石油勘探开采队伍。

　　辽河油田大会战,不仅是全国人民大力支援油田开发的缩影,也是中国石油工人不惧艰苦、战天斗地的经典范例。20 世纪 70 年代的下辽河地区,还没有建立盘锦市,是辽宁比较落后的地区,经济欠发达,到处是沼泽地,也没有一条像样的公路,交通非常不便,从全国各地运来的机器设备,很多时候靠的是人抬肩扛才能运送到井场内。那时的生活条件更是艰苦,钻井、试油、采油、油建等队伍到达油田时，都住在上下铺的简易房或是帐篷里，拥挤狭小，根本没有活动空间；吃的大都是没有营养的包装食品，缺少蔬菜，喝的是河沟里混浊的泥水。参加大会战的石油工人们以"铁人"为榜样，发扬"一不怕苦，二不怕死"的革命乐观主义精神，在荒无人烟的沼泽地上战胜了一个又一个困难，创造了一个又一个奇迹。

十六、中国共产党辽宁省第四次代表大会的召开

1971年1月9日至13日，中国共产党辽宁省第四次代表大会在沈阳召开。出席会议的代表953人。

陈锡联代表中共辽宁省革命委员会核心小组，向大会作了《高举毛泽东思想伟大红旗，沿着毛主席革命路线奋勇前进》的工作报告。大会选举产生中共辽宁省第四届委员会委员81人，候补委员28人。

1月13日至15日，中共辽宁省第四届委员会第一次全体会议召开。会议选举陈锡联、曾绍山、李伯秋、杨春甫、毛远新、白潜、刘盛田、杨迪、张海棠、杨弃、王良、尉凤英、崔修范等13人为省委常委。没有经过选举，会议就宣布了经中央原则同意陈锡联任省委第一书记，曾绍山任第二书记，李伯秋任书记，杨春甫、毛远新任副书记的决定。

1972年12月，中央决定杨春甫、毛远新由省委副书记改任省委书记；任命黄欧东、白潜、胡亦民为省委书记，仇友文、张树德、李素文、尹灿贞为省委常委。1973年12月，陈锡联调中央工作。1975年9月，中央任命曾绍山为省委第一书记，魏秉奎、苏羽、刘盛田为省委书记，吴玉德、刘宇洲、胡金波为省委常委。

1976年10月，党中央粉碎了江青反革命集团，结束了"文化大革命"十年动乱。粉碎"四人帮"后，中央着手解决辽宁问题，省第四届委员会成员构成有了较大变动。1977年2月，中央任命任仲夷为省委第二书记，陈璞如为省委书记。1977年9月，中央任命张新村为省委副书记。10月，中央任命黄欧东为省委第三书记，张树德为省委书记，杨大易、李治文为省委常委；免去胡金波省委常委职务。1978年3月，中央任命李荒为省委书记，陈一光、刘昇云、王光中、朱川、张铁军为省委常委。9月，中央任命任仲夷为省委第一书记、省革命委员会主任；免去曾绍山省委第一书记和省革命委员会主任职务。10月，中央任命黄欧东为

省委第二书记，徐少甫为省委书记。12月，中央决定免去苏羽、张树德省委书记职务，调外地另有任用。1979年2月至6月，中央先后任命郭峰、张正德、沈越为省委书记。

针对毛远新等在"文化大革命"中犯下严重错误的辽宁省委领导成员，中共中央和辽宁省委也进行相应的处理。1976年10月，中央批准逮捕毛远新。1977年7月27日，中共辽宁省委四届七次全体（扩大）会议一致通过决议，并上报中央《关于以毛远新为头子的辽宁省委内"四人帮"的党羽和亲信的主要罪行和处理意见的报告》。9月27日，经中共中央批准，省委决定永远开除毛远新的党籍，撤销其党内外一切职务。

十七、全面整顿在辽宁的开展

1975年年初，刚刚复出工作的邓小平不顾"四人帮"的阻挠，按照四届全国人大确定的把中国建设成为社会主义现代化强国的目标，根据毛泽东提出的学习理论、安定团结、把国民经济搞上去三项指示，从整顿领导班子、批判和消除派性入手，自上而下、大刀阔斧地对各方面开始整顿，使辽宁的发展出现了转机。

辽宁的整顿首先从铁路运输开始。由于"四人帮"及其帮派势力的破坏，致使一些铁路枢纽长期堵塞，津浦、京广、陇海、浙赣等四大干线不能畅通，影响了辽宁境内的京沈、哈大、沈丹等铁路干线运输的正常运行。为了扭转这种困难局面，1975年2月末至3月初，中共中央召开铁路运输工作会议并作出《关于加强铁路运输工作的决定》（即"9号文件"）。辽宁省委及时传达并贯彻上述会议和文件精神，4月，沈铁、锦铁均已畅通并超额完成了计划。8月4日至9日，辽宁省委又召开全省铁路治安工作会议，会议传达学习了华国锋、王震、万里等中央领导同志在全国铁路治安工作会议上的讲话精神，学习了金铧、邹县和内蒙古的经验，听取了鞍山、辽阳、凤城等市县关于贯彻中央9号文件、整顿铁路治安秩序等方面的经验介绍，讨论部署了继续搞好铁路治安秩序、严厉打击阶级敌人破坏活动的行动计划。这次会议对保证全省铁路运输的安全畅通起到了一定作用。

整顿工业方面，鞍钢是重点。由于干部群众的生产积极性受到压抑，鞍钢的生产在1974年出现大滑坡，钢铁生产没有完成国家任务，1975年的头4个月按计划规定又欠产40多万吨，形势十分严峻。4月27日，邓小平在对一份反映鞍钢生产问题的"人民来信摘要"批示中指出："鞍钢生产一直不稳定，值得很好检查原因，迅速得到纠正，拖延不决会影响大局。"随后，在5月中央召开的全国钢铁工业座谈会上，邓小平又多次谈到鞍钢的问题。他认为，要扭转全国钢铁生产的被动局面，首先要抓好大企业的工作，"特别是鞍钢，它的产量要是上不去，一天掉下来两三千吨，别的厂是没有办法补起来的"。至于鞍钢的生产之所以没有上去的原因，邓小平以非凡的洞察力一针见血地指出："鞍钢的问题主要是：路线不端正，派性没克服，政策不落实，核心不团结，群众的积极性没有调动起来。"邓小平的讲话和中共中央随即发出的《关于努力完成今年钢铁生产计划的指示》，有力地推动了鞍钢和全省的整顿工作。鞍山市委召开各种会议对上述精神进行宣传讲解，发动干部和群众总结经验教训，并相应采取了一系列整顿措施，使钢铁生产形势明显好转。

但是，"四人帮"及其在辽宁以毛远新为首的亲信势力并不甘心他们在鞍钢的失败。毛远新虽然在口头上不得不表示接受批评，但在行动上却寻找种种借口进行阻挠拖延。

原鞍山钢铁公司被改为"鞍山市革命委员会第一工交组"后，与分管鞍山地方工业的"第二工交组"同为市革委会主管工业的两个平行机构，钢铁生产就失去了一个强有力的指挥系统和机构，没有一个坚强的领导班子。整顿开始后，虽然局部问题得到一定程度的解决，但宏观指导和持续发展的格局却难于形成。正当鞍钢的整顿遇到阻碍的时候，邓小平在9月15日召开的国务院常务会议上发表重要讲话，明确指出："鞍钢这么大的企业，有管理问题，也有体制问题，缺乏一个强有力的生产指挥机构。现在由市委直接管厂子的办法不是管生产的好办法，事实上市委是抓不过来的，因为忙于其他多于抓生产。市委第一把手可以兼公司第一书记，但是公司必须单独有个班子。"鞍山市委根据邓小平的指示向省委和中央递交了《关于成立鞍山钢铁公司、建立鞍钢党委的请示报告》。11月18日，中共中央正式批复了鞍山市委的报告，指出："中央同意成立鞍山钢铁公司，并建立鞍钢党委和革委会。鞍钢党委和革委会归鞍山市委和市革委会领导。鞍山市的主要精力要放在鞍钢，切实地把鞍钢的工作抓好。"并指出："鞍钢是我国重要的钢铁基地，所处地位非常重要，毛主席、党中央十分关心。希望你们继续认真地贯彻执行毛主席三项重要指示，加强各级领导班子建设，切实落实党的政策，充分调动广大工人群众的积极性，发挥技术人员的作用，整顿好企业管理，把鞍钢的革命和生产搞好，为发展国民经济、加强战备作出新的贡献。"11月18日，鞍山钢铁公司和鞍钢党委重新成立。与此同时，中共中央决定撤回鞍山市委和鞍钢的"支左"部队，从此，结束了鞍钢的"三支两军"工作。在恢复鞍钢建制、建立鞍钢党委和革委会的同时，市委和鞍钢的基层领导班子也做了较大幅度的调整，在388个县团和独立总支以上单位中分5批开展克服派性、落实政策工作，初步处理了全市在武斗、"清队""一打三反"中发生的恶性案件，清除、销毁了带有派性语言的档案材料，并发动干部群众通过"五大讲"（讲路线、讲大局、讲党性、讲团结、讲纪律），做了"拆墙""填沟""解疙瘩"工作。此外，在加强基层对调、搞好设备整修、整顿企业管理、关心职工生活等方面也做了很大努力。这些措施在当时历史条件下虽不能从根本上解决问题，但在促进安定团结、恢复发展生产方面确实起到了一定的作用。

在整顿鞍钢的同时，全省各条战线的整顿工作也渐次展开。1975年6月12日至27日，全省工交基建会议在沈阳召开，会议分析了全省工交基建的生产形势，揭矛盾、找差距、订措施。会后，各部门的整顿工作很快进入实际步骤。到1975年年底，全省大多数工业企业改变了生产下降和停滞的局面，有四分之三的县以上全民企业完成甚至超额完成国家计划，农业也获得丰收，主要农产品产量创历史最高水平。科技、文艺、教育领域的整顿工作也大力开展起来，广大知识分子看到了希望，激发了很大的工作、生产积极性。

十八、辽宁揭、批、查"四人帮"运动的开展

1976年10月，中共中央采取果断措施，摧毁了江青反革命集团的领导核心，粉碎了"四人帮"，标志着长达10年之久的"文化大革命"结束。

粉碎"四人帮"，振奋了辽宁大地，广大人民欢庆胜利。10月22日，辽宁省暨沈阳市250万军民冒雨集会游行，热烈庆祝粉碎"四人帮"的伟大胜利。全省各地纷纷举行大规模的庆祝活动，声讨"四人帮"的罪行。

庆祝粉碎"四人帮"篡党夺权阴谋伟大胜利的同时，也是揭、批、查"四人帮"运动的开始。1976年10月30日至11月1日，中共辽宁省委召开市、地（盟）

委书记会议，中心议题是揭发批判"四人帮"及其辽宁帮派体系的罪行，研究部署如何深入开展这次斗争。11月10日，省委决定成立省委揭批"四人帮"办公室；26日，省委常委会决定成立省委清查"四人帮"领导小组。从此，辽宁的揭批"四人帮"及其在辽宁的帮派体系罪行的运动全面铺开。

11月27日至12月3日，辽宁省直属机关召开彻底揭发批判"四人帮"罪行大会。大会设55个分会场，有2.8万多人参加。尽管此时的揭批运动搞得声势浩大，但由于中央当时对"文化大革命"持肯定态度，加上"四人帮"在辽宁残余帮派体系的阻挠，实际工作开展得并不顺利。直到1977年2月，中共中央先后派任仲夷、陈璞如等人来辽宁担任主要领导工作。在充实调整后的辽宁省委领导下，全省各级组织放手发动群众，迅速扭转了沉闷、被动局面，雷厉风行地开展了揭、批、查运动。辽宁省委首先采取果断措施，改组省委清查组，清除了清查组中的"四人帮"帮派骨干，把一批立场坚定、旗帜鲜明的革命干部，特别是受"四人帮"迫害的革命老干部充实到清查组的领导班子和各专案组中，将清查工作的领导权从"四人帮"的党羽和亲信手中夺回来。这一举措，为彻底把问题揭开，搞好清查工作创造了条件。

在解决清查工作领导权并对清查组进行了组织整顿之后，辽宁省委依据中共中央下发的文件材料，结合辽宁的实际，从1977年2月到7月的半年多时间里，采取专案清查和群众运动相结合的办法，连续组织了三个战役，对"四人帮"及其在辽宁的帮派势力所犯罪行进行揭发批判。

★鞍钢的广大职工揭批"四人帮"罪行

第一个战役，从1977年3月初开始，召开省委常委扩大会议和上万人参加的省直机关干部大会，面对面地批判"四人帮"在辽宁的残余帮派骨干，揭露出的问题和罪行线索数千件，促进了专案清查的深入，形成了群众性的清查工作新局面。

第二个战役，从1977年4月开始，从省直到各市、地、盟，上上下下打总体战，使"四人帮"在辽宁的帮派体系土崩瓦解，为深挖其罪行创造了更为有利的条件。

第三个战役，从1977年夏季开始，把"四人帮"同林彪反革命集团的罪行"捆起来批"，进一步清查他们互相勾结，推行极左路线，破坏国民经济发展和危害国计民生的罪行。战役打响后，本溪市在揭批林彪、"四人帮"及其辽宁代理人推行反革命政治纲领，煽动、教唆一些人大搞打砸抢的罪行时，还批判了当地打砸抢的首恶分子，从而把运动引向深入。11月下旬，辽宁省委召开市、地（盟）负责人会议，及时推广本溪经验，要求全省把清查打砸抢作为战役的一个组成部分来抓。会后，清查打砸抢工作和平反冤假错案工作很快在全省展开，纵深至党政机关、企事业单位。

到1978年7月止，全省揭发出与"四人帮"篡党夺权阴谋活动有牵连的共8052人，其中立案清查3633人，大多数人问题基本查清。此外，还及时完成了中央专案组交办的清查任务。

两年的揭、批、查工作，坚持实事求是，重证据、重调查研究的科学态度。在揭、批、查的过程中，还特别注意执行党的政策，积极进行有关人员的思想转化工作。在监护犯罪分子时坚持做到不打骂、不歧视、不侮辱、不虐待，还主动对年老体弱、家庭困难给予照顾，解决其实际困难。这一切不仅使一些受"四人帮"影响而犯错误的人幡然悔悟，而且使较为顽固的帮派骨干在思想上发生转变。

十九、真理标准问题讨论在辽宁的开展

1977年2月7日，《人民日报》《解放军报》和《红旗》杂志发表《学好文件抓住纲》的社论，公开提出"两个凡是"的指导方针。

由于"两个凡是"严重背离了真理的客观标准，必然引起关于真理标准大是大非问题的争论。1978年5月11日，《光明日报》头版发表《实践是检验真理的唯一标准》的理论文章，重申了"实践是检验真理的唯一标准"这个马克思主义认识论的基本原理，从理论上否定了"两个凡是"的错误方针。由此开始，一场规模宏大、内涵丰富、影响深远的真理标准问题讨论在全国范围内迅速展开。

辽宁省委高度重视这一讨论，5月13日，《辽宁日报》在显著位置转载了这篇文章。7月上旬，省委主管宣传工作的领导同宣传部的同志一起，研究全省开展"实践是检验真理的唯一标准"的工作安排。8月18日，省委发出通知，要求在全省范围内开展真理标准问题讨论。由此，辽宁地区真理标准问题的大讨论拉开了序幕，并很快融入全国的大讨论之中。

在通知精神的推动下，辽宁社会科学院、东北工学院（现东北大学）、辽宁大学等许多科研和教育单位相继召开会议，研究和讨论真理标准问题。讨论很快发展到党和政府的工作部门，并且在广大基层干部和群众中引起了反响。工厂、农村、机关、学校采取开讨论会、办学习班、听辅导报告等多种形式，联系实际讨论真理标准问题，总结实践方面的经验教训，辽宁大地出现了前所未有的思想活跃局面。9月，时任省委第二书记的任仲夷在《理论与实践》杂志第八、第九期合刊上发表《理论上根本的拨乱反正》的文章，指出开展这场讨论的重大理论意义和深远政治意义。

9月17日，邓小平结束对朝鲜民主主义人民共和国访问后到辽宁视察。邓小平在听取中共辽宁省委的汇报后，发表了十分重要的讲话。他在讲话中强调指出："不恢复毛主席树立的实事求是的优良传统和作风，四个现代化没有希望。我们要根据现在的国际国内条件，敢于思考问题，提出问题，解决问题。千万不要搞'禁区'。'禁区'的害处是使人们思想僵化，不敢根据自己的条件考虑问题。"邓小平的这次谈话，点燃了全省思想解放之火，促进了辽宁地区真理标准问题讨论的深入。10月7日至14日，辽宁省委召开常委扩大会议，传达邓小平的讲话精神并开始整风。会议指出，必须坚持"实践是检验真理的唯一标准"这个马克思主义的基本观点，弄清大是大非问题，把辽宁的各项工作搞好。

1978年12月18日至22日，具有划时代意义的党的十一届三中全会胜利召开。全会高度评价了关于实践是检验真理唯一标准问题的讨论，认为这是对于促进全党同志和全国人民解放思想、端正思想路线具有深远历史意义的一场大讨论。党的十一届三中全会后，全国关于真理标准问题的讨论进一步向纵深发展。

辽宁省委始终把真理标准问题讨论当作思想战线上一项十分重要的工作来抓。1979年1月4日至16日，省委召开常委扩大会议，传达党的十一届三中全会精神。省委第一书记任仲夷在会上指出，为了实现工作重点的转移，必须从思想、组织、政策、机构设置、工作方法和领导方式等多方面进行相应的转变，而首先的、最重要的是必须进一步解放思想，克服"照抄照转"和遇事"一慢、二看、三通过"的消极态度，敢于打破林彪、"四人帮"禁锢人们头脑的一切精神枷锁，敢于冲破他们设置的一切思想"禁区"，打破小生产的狭隘眼界和陈规旧习，从实际出发研究新情况、解决新问题。在这次会议精神的推动下，辽宁关于真理标准问题的讨论进一步与各项实际工作相结合，促进了政治、经济等各个领域的解放思想和拨乱反正。

1月29日，中共辽宁省委宣传部召开市、地、盟委宣传部长会议。会上，与会同志总结交流了各地宣传工作的经验教训，对开展真理标准问题的讨论给予充分肯定，认为通过开展大讨论，给全省带来了不可抗拒的解放思想潮流。但是，对于思想战线上的重大转变，有些同志还转不过弯来，担心思想解放搞过了头。为此，《辽宁日报》发表题为《让思想冲破牢笼》的评论。6月17日，在北京举行的理论座谈会上，与会的理论工作者建议，把真理标准问题的讨论继续深入开展下去，并要把这个讨论推广到基层单位群众中去。此后，全省各地的大讨论更加深入，更加普及。《辽宁日报》专门开辟了真理标准问题讨论问答专栏，回答在讨论中出现的一些理论性问题，以此来引导讨论的深入。

6月26日至28日，中共辽宁省委宣传部和沈阳市委宣传部召开理论工作座谈会，集中研究怎样把真理标准问题讨论深入下去和普及开来。9月19日，省委宣传部又召开真理标准问题讨论经验交流会。会议指出，真理标准问题的讨论，既然是根本的拨乱反正，就必须触及政治、思想、经济等各个领域，就必然会遇到各种阻力，出现斗争。会议要求各级党委书记、常委，必须带头解放思想，做解放思想的促进派。这是能否把这场讨论普及、深入地开展起来的关键。会议强调，开展真理标准的讨论要紧密地联系思想和工作实际。

在广泛进行真理标准问题讨论的过程中，辽宁省委树立了几个典型，有些在全国产生了巨大的影响：一是1979年3月，省委作出为张志新同志彻底平反并追认她为革命烈士的决定，在全国范围内迅速掀起向张志新学习的热潮。这对深入开展真理标准问题讨论和揭批"四人帮"起到了很大的推动作用。二是同年9月，兴城县委在

★张志新

真理标准问题讨论期间,正式为县委原书记李权法平反,这件事对全省农村党组织解放思想、拨乱反正产生了相当大的影响。三是沈阳冶炼厂党委自己摘掉了"在经营管理方面已经资本主义化"的大帽子。四是在全省农村开始了富起来的大讨论。五是开展了生产目的的大讨论。

二十、邓小平"北方谈话"在辽宁的贯彻

"文化大革命"结束以后,中国刚刚出现新气象,就遇到了"两个凡是"的严重阻碍,束缚着人们的头脑,造成了党和国家工作的徘徊不前,许多重大问题的解决迫在眉睫。1978年9月8日至13日,邓小平以中共中央副主席、国务院副总理的身份,率领中国党政代表团参加朝鲜民主主义人民共和国成立30周年庆祝活动。9月13日,邓小平结束访问回国。9月13日至20日,邓小平在东北三省和天津等地视察,发表了一系列谈话,史称邓小平"北方谈话"。他走一路讲一路,用他自己的话说是"到处点火",对解放思想和冲破"两个凡是"的禁区,对改革开放和加快发展生产力,做了一次重要的思想发动。

邓小平"北方谈话"的内容很丰富,涉及建设中国特色社会主义的许多方面。主要包括:关于解放思想、实事求是的问题;关于体制机制改革和企业改造的问题;关于对外开放的问题;关于农业、农村和农民问题,等等。

关于解放思想、实事求是的问题,是邓小平"北方谈话"中讲得次数最多、内容最多的。邓小平认为,高举毛泽东思想旗帜就是要坚持实事求是,强调指出:"什么叫高举毛泽东思想的旗帜呢?就是从现在的实际出发,充分利用各种有利条件,实现毛泽东同志提出、周恩来同志宣布的四个现代化的目标。"对于如何认识实事求是问题,邓小平指出:"现在摆在我们面前的问题,关键还是实事求是、理论与实际相结合、一切从实际出发的问题。这是政治问题,是思想问题,也是我们实现四个现代化的现实问题。一切从实际出发,我们的事业才有希望。理论联系实际,就是从实际出发,把实践经验加以概括。不论搞工业,搞农业,搞科学研究,搞现代化,都要实事求是,老老实实。"对于怎样坚持解放思想、实事求是,邓小平指出:"我们的思想开始活跃,现在只能说是开始,还心有余悸。要开动脑筋,不开动脑筋,就没有实事求是。不开动脑筋,就不能分析自己的情况,就不能从实际出发提出问题,解决问题。只凭上级指示,或中央发的文

件，或省里下发的文件，能解决所有具体问题吗？要提倡、要教育所有干部独立思考，不合理的东西可以大胆改革，也要给他权。"

关于体制机制改革和企业改造的问题，邓小平指出："从总的状况来说，我们国家的体制，包括机构体制等，基本上是从苏联来的，人浮于事，机构重叠，官僚主义发展。'文化大革命'以前就这样。一件事人多了，转圈子。有好多体制问题要重新考虑，总的说来，我们的体制不适应现代化，上层建筑不适应新的要求。"在辽宁鞍钢听取鞍山市委汇报后，指出："鞍钢减人、减机构的设想，我看是好的。划出去的单位，领导班子和机构不要搞很多人。现代化、自动化，人多了不行，人多了管理不好。一定要按照国际先进的管理方法、先进的定额来管理。也就是按照经济规律管理经济。""你们要注意，编制里面一定要有相当规模的科学研究机构。美国和日本的大企业，都有相当规模的科学研究机构。我们也要把科研队伍加强和扩大起来。"邓小平还谈到了扩大企业自主权的问题。他指出："要加大地方的权力，特别是企业的权力。大大小小的干部都要开动机器，不要当懒汉，头脑僵化。以后既要考虑给企业的干部权力，也要对他们进行考核，要讲责任制，迫使大家想问题。现在我们的上层建筑非改不行。"

在"北方谈话"中，邓小平反复强调了"走出去"向世界先进学习的重要思想。邓小平强调，"要到发达国家去看看，应当看看人家是怎么搞的。过去我们对国外的好多事情不知道。"他又指出，"世界天天发生变化，新的事物不断出现，新的问题不断出现，我们关起门来不行，不动脑筋永远陷于落后不行。"他还针对企业引进技术的问题，强调指出，"要把真正的先进技术引进来。凡引进的技术设备都应该是现代化的"，"我们要以世界先进的科学技术成果作为我们发展的起点"。

在相当长的时期，辽宁的农业一直在低产和落后中徘徊，严重制约了全省经济的发展和人民生活的改善。邓小平明确指出：农业要现代化，才能适应工业的现代化。工业越发达，越要重视农业，即使工业发达到很高的程度，也不要忘记农业，一定要把农业放到第一位。农业第一，这就要工业支援农业。

更为重要的是，"北方谈话"中涉及了对社会主义本质问题的初步判断，他指出："我们是社会主义国家，社会主义制度优越性的根本表现，就是能够允许社会生产力以旧社会所没有的速度迅速发展，使人民不断增长的物质文化生活能够逐步得到满足。按照历史唯物主义的观点来讲，正确的政治领导的成果，归根结底要表现在社会生产力的发展上，人民物质文化生活的改善上。"

邓小平在"北方谈话"中还谈到了发展第三产业、不断提高人的素质、打破平均主义"大锅饭"等重要观点。

邓小平"北方谈话"的发表，在辽宁广大干部中引起巨大反响。在邓小平"北方谈话"精神的指引下，辽宁省委把真理标准问题的讨论进一步引向深入，也极大地推动了全省的思想解放运动，推动了拨乱反正的历程，为全省历史性转折的实现奠定了坚实基础。

大事记

1949 年

10 月 1 日　辽东、辽西省各地普遍举行盛大的群众集会和游行，热烈庆祝中华人民共和国成立。

10 月 5 日至 11 日　沈阳市第一届职工代表大会召开。

10 月 11 日至 18 日　辽西省文学艺术工作者代表大会在锦州召开。

10 月 22 日至 24 日　沈阳市第一届各界人民代表会议第一次会议召开。

10 月 25 日至 11 月 1 日　中共辽东省第一次代表会议在安东（今丹东）市召开。

11 月 1 日　中苏友好协会辽西省分会成立。

11 月 15 日　根据中共辽东省委决定，辽东省财政经济委员会成立。

11 月 24 日　沈阳市第一届各界人民代表会议第二次会议召开。

同日　中共辽西省委发出《关于调整土地工作的通知》。

11 月 25 日　辽西省和锦州市各界代表千余人集会，追悼在解放战争中光荣牺牲的原辽西行政督察专员公署专员兼锦州市市长张士毅。

12 月 18 日至 22 日　中国新民主主义青年团沈阳市第一届代表大会召开。

12 月 19 日至 24 日　辽东省第一次司法会议召开。

1950 年

1 月 10 日至 15 日　辽东省第一届文学艺术工作者代表大会召开。

1 月 15 日至 19 日　辽西省第一届工会代表大会召开。

2 月 1 日至 2 月 8 日　辽东省第一届各界人民代表会议第一次会议在安东市召开。

3月1日　毛泽东主席、周恩来总理访问苏联后，在回国途中，视察沈阳。

同日　辽东省第一届荣军代表大会召开。

3月8日　旅大市妇联和大连铁路分局在大连火车站为我国第一批女火车司机田桂英、王宝鸿、毕桂英举行出车典礼。

4月1日至6日　中共辽西省第一次代表会议在锦州市召开。

4月10日至14日　中共沈阳市第一次代表会议召开。

5月15日至18日　中国新民主主义青年团辽西省第一次代表大会在锦州召开。

6月20日　沈阳市第二届各界人民代表第一次会议召开。

7月10日　辽西省整风运动正式开始。

7月25日至29日　中国新民主主义青年团辽东省第一届代表大会召开。

8月5日　苏联驻沈阳总领事馆设立。

8月　根据东北军区决定，辽东军区撤销。

10月15日　中共旅大区委改为中共旅大市委，隶属中共中央东北局。

10月19日　中国人民志愿军进入朝鲜北部地区，开始与朝鲜人民并肩作战。

11月14日至17日　辽东省第一届工会会员代表大会在辽阳市召开。

12月1日　沈阳市第二届各界人民代表会议第二次会议召开。

12月25日至31日　辽西省第一届各界人民代表会议第一次会议在锦州市召开。

1951年

1月1日　沈阳市工商界举行抗美援朝、保家卫国示威游行。

1月12日至17日　辽西省第一届财政会议召开。

2月25日　辽东省首届女工工作会议召开。

3月3日至6日　辽西省第一届烈属、军属、荣军、复员军人模范代表大会在锦州召开。

3月28日　中共辽西省委发出《关于宣布实行东北与全国的货币统一的通知》。

4月9日　辽西省抗美援朝分会成立。

4月10日至16日　辽东省第一届妇女代表大会在安东市召开。

4月28日　沈阳市第二届各界人民代表会议第四次会议召开。

4月　东北军区公安部队领导机关在沈阳成立，同时将辽西、辽东两省公安总队改称中国人民解放军辽西、辽东省公安总队。

5月8日　中共辽东省委发出《关于镇压反革命宣传工作的指示》。

7月2日　义县各界人民追悼为解放义县而牺牲的朱瑞等烈士。

7月6日　中共辽西省第二次代表会议在锦州市召开。

8月　根据东北军区决定，抗美援朝烈士陵园在沈阳北陵修建。

9月20日至21日　辽西省人民政府灾区县县长会议召开。

10月12日　《毛泽东选集》第一卷在沈阳发行。

12月23日至27日　辽东省第二届各界人民代表会议第一次会议在安东市举行。

12月28日　辽东省第二届各界人民代表会议协商委员会第一次会议在安东市召开。

1952年

1月3日　辽西省转业建设委员会成立。

2月1日　中国人民志愿军归国代表团东北分团和朝鲜人民访华代表团东北分团到达沈阳访问。

2月3日至9日　中共辽东省第二次代表会议在安东召开。

3月7日　辽东省各人民团体发表声明，强烈谴责美国空军在安东、抚顺、宽甸等地撒布传播带细菌的昆虫和滥施轰炸的罪行。

5月12日　中共辽西省委发出《关于肃毒运动的指示》。

5月25日　中共辽东省委发出《大力领导增产节约及结束"三反"的指示》。

6月30日　中共辽东省委工业部成立。

9月12日　辽东省所辖本溪县建制撤销，其所辖各区划归本溪市直辖。

10月20日　辽东省首届农业互助合作代表会议召开。

11月10日至15日　中共辽西省委召开辽西省第一次互助合作代表会议。

11月19日至24日　中共辽西省第三次代表会议在锦州召开。

11月　根据国务院决定，山海关市划归河北省管辖。

12月16日至19日　沈阳市第三届各界人民代表会议第一次会议召开。

1953 年

1月15日至19日　辽东省人民政府文教厅与辽东省文学艺术界联合会举行全省第一届民族民间艺术汇演及文艺工作者会议。

1月28日　辽东省贯彻《中华人民共和国婚姻法》会议召开。

2月21日　沈阳市各界人民悼念黄继光、孙占元、邱少云三名烈士。

3月21日　经中央人民政府批准,沈阳、旅大、鞍山、抚顺、本溪市5个大行政区辖市改为中央直辖市。

5月8日　中国新民主主义青年团辽东省第二届代表大会召开。

5月25日　中共辽西省委发出《关于加强农村支部教育工作的指示》。

6月9日至12日　中共辽西省委召开基本建设工作会议。

6月11日至18日　中共沈阳市第一次代表大会召开。

7月　辽东省总工会改称辽东省工会联合会。此后,沈阳、旅大、鞍山、抚顺、本溪等市的总工会相继改称为工会联合会。

11月26日至30日　辽西省手工业工作会议召开。

11月27日　中共辽东省委制定《农业生产计划大纲(草案)》。

12月7日　中共辽西省委召开互助合作工作会议。

12月8日　中共辽西省委发出《关于组织全体党员干部普遍学习总路线与向全体人民群众大张旗鼓地宣传总路线的指示》。

12月26日　鞍钢隆重举行"三大工程——大型轧钢厂、无缝钢管厂、七号炼铁炉"开工典礼。

1954 年

1月10日　中共辽西省委发出《关于进一步学习党在过渡时期的总路线,密切联系检查总结工作的通知》。

1月25日　中共辽西省委发出《关于加强农村支部工作的指示》。

2月9日至21日　辽西省人民政府召开全省先进教育工作者代表大会。

3月20日　中共辽西省委作出《关于宣传党在过渡时期总路线的总结》。

4月7日　东北局撤销。

4月16日至23日　辽东省第二届文艺工作者代表大会召开。

5月10日　中共辽西省委发出《关于成立"省委整党整社办公室"的通知》。

5月16日至19日　辽东省第二届工会会员代表大会召开。

6月19日　根据中央决定，辽东、辽西两省建制撤销，合并成立辽宁省。

7月14日　根据中央军委电令，东北军区决定，辽东、辽西两省军区合并，组建辽宁省军区。

8月1日　新的辽宁省成立大会召开。

8月6日　辽宁省人民政府召开第一次行政会议。

8月12日至8月15日　辽宁省第一届人民代表大会第一次会议在沈阳召开。

8月15日　东北行政委员会撤销。

8月27日　辽宁省工会第一次会员代表会议召开。

8月28日　辽东、辽西两省合并后，重新组建的辽宁省军区在锦州市正式成立。

9月1日　中共辽宁省委机关报《辽宁日报》在沈阳创刊。

9月7日　辽宁人民广播电台正式成立并开始播音。

10月27日　中共辽宁省委召开第一次全会。

11月8日　辽宁省征收统购委员会第一次会议召开。

11月28日至30日　辽宁省第一届妇女代表会议召开。

12月8日　辽宁省人民检察署改称辽宁省人民检察院。

12月13日　辽宁省爱国卫生运动委员会正式成立。

同日　辽宁省人民政府发布命令，撤销昌北县建制，并入昌图县。

1955年

1月8日　中共辽宁省委召开第一次农业生产互助合作会议。

2月6日至11日　辽宁省第一届人民代表大会第二次会议召开。

2月12日　中国人民保卫世界和平委员会辽宁省分会成立。

同日　辽宁省人民政府改称省人民委员会，省人民政府主席、副主席改称省长、副省长。辽宁省人民委员会举行第一次全体会议。

3月6日至10日　中国人民政治协商会议辽宁省第一届委员会第一次全体会议召开。

3月14日　辽宁省首次优抚模范代表会议召开。

3月26日至30日　辽宁省工商联合会第一届会员代表大会召开。

5月26日　我国全部收回旅顺主权，驻旅顺地区苏军指挥部的高级将领和指挥部人员全部回国。

6月11日至15日　政协辽宁省沈阳市委员会正式成立。

6月24日至29日　中国共产党辽宁省第一次代表会议召开。

7月18日　国务院第15次会议通过决议，撤销热河省建制，将其原辖的朝阳县、建平县、建昌县、北票县、凌源县和喀喇沁左旗划归辽宁省管辖。

8月15日至21日　中国新民主主义青年团辽宁省第一届代表大会在沈阳召开。

9月24日　辽宁省劳动工资委员会成立。

10月22日至27日　辽宁省第一届人民代表大会第三次会议召开。

11月17日　中共辽宁省委发出《关于加强对胡风反革命集团案件处理工作的指示》。

11月25日至12月2日　中共辽宁省委统战部召开全省第一次宗教工作会议。

11月26日　中共辽宁省委监察委员会第一次会议召开。

12月26日　辽宁省人民委员会发出《关于全力整顿巩固农业生产合作社的指示》。

1956年

1月3日　中共辽宁省委印发《关于执行〈中央关于党的高级干部自修马克思、列宁主义办法的规定〉的通知》。

1月14日　中共辽宁省委发出《关于加速对资本主义改造工作的指示》。

2月3日至6日　辽宁省首届青年代表大会召开。

3月26日至4月1日　辽宁省第一届人民代表大会第四次会议召开。

4月4日　中共辽宁省委决定将原工业部改组为三个工业部。

4月19日至30日　辽宁省第一届全省司法工作会议召开。

5月8日至14日　中国人民政治协商会议辽宁省第一届委员会第二次全体会议召开。

5月15日　辽宁省中苏友好协会第一次代表会议召开。

5月22日　中共辽宁省委发出《关于省、市、县成立科学普及协会的决定》。

6月5日　辽宁省军区从锦州移驻沈阳市。

6月22日　中共辽宁省委决定增设高等教育部。

7月1日至20日　中华人民共和国最高人民法院特别军事法庭在沈阳开庭审判伪满洲国国务院总务长官武部六藏等28名日本战犯。

7月2日至11日　中国共产党辽宁省第一届代表大会第一次会议召开。

8月15日　中共辽宁省委发出《关于彻底地结束第一批肃反运动的指示》。

9月12日　中共辽宁省委作出《关于全省肃反运动的规划》。

11月9日　中共辽宁省委、省人民委员会发出《关于农村扫除文盲工作的指示》。

11月21日至24日　青年团辽宁省第二届代表大会在沈阳召开。

11月　中共辽宁省委批准辽宁省人民委员会党组组成人员。

12月13日　中共辽宁省委、省人民委员会发出《关于正确开放国家领导下的自由市场的紧急指示》。

12月20日至27日　辽宁省第一届人民代表大会第五次会议召开。

1957年

1月22日　中共辽宁省委发出《关于精简机构，紧缩编制，抽调干部充实与加强基层领导的通知》。

2月16日至23日　辽宁省工商业联合会第二届会员代表大会召开。

4月11日至17日　中共辽宁省委召开工业政治工作会议。

4月22日　中共辽宁省委发出《关于加强干部思想工作的几项规定（试行方案）》。

5月30日　经中共辽宁省委批准，撤销沈阳铁路管理局党组，成立中共沈阳铁路管理局临时委员会。

6月5日至7日　辽宁、吉林、黑龙江三省在沈阳召开东北体制问题座谈会，中共中央总书记邓小平参加会议并传达中央关于整风的指示。

6月20日　中共辽宁省委作出《关于迅速加强对增产节约运动领导的指示》。

7月20日　中共辽宁省委召开全省粮食会议。

8月24日　中共辽宁省委发出《关于划分右派分子的具体标准（草案）》。

9月10日至18日　中共辽宁省委召开政法工作会议。

10月9日　中共辽宁省委发出《关于完满结束肃反运动的指示》。

10月22日　中共辽宁省委发出《关于整改工作的通知》。

10月31日　中共辽宁省委发出《关于在中学、师范与小学教职员中开展整风运动和反右派斗争的指示》。

11月2日　辽沈战役革命烈士纪念塔在锦州建成。

11月22日至28日　中共辽宁省委召开第一届党代表大会第二次会议。

12月24日　中共辽宁省委发出《关于把工业生产建设新高潮向前推进一步的指示》。

1958年

1月27日至2月4日　中共辽宁省委、省人委联合召开全省社会主义农业建设积极分子代表会议。

2月12日至13日　毛泽东主席到辽宁视察。12日，视察了沈阳黎明机械厂、沈阳松陵机械厂。13日，视察了沈阳小型开关厂、沈阳市东陵区高坎公社、抚顺铝厂、抚顺西露天矿。下午，在东塔机场停机坪接见了沈阳军区、辽宁省军区和省市领导干部。

2月22日　中共辽宁省委召开全省企事业整风会议。

3月1日　辽宁省人民委员会制定《本年欢迎中国人民志愿军回国工作方案》。

3月2日至7日　中共辽宁省委召开全省农村工作会议。

4月15日至16日　中共辽宁省委召开企业整风会议。

5月6日至11日　中共辽宁省委召开全省教育工作会议。

11月18日　中共辽宁省委发出《关于农村整风问题的指示》。

12月2日至6日　辽宁省第二届人民代表大会第一次会议召开。

12月6日　中共辽宁省委发出《关于实现全民皆兵的决定》。

12月16日至26日　中共辽宁省委召开第八次全委（扩大）会议，传达贯彻党的八届六中全会精神。

12月20日　经国务院批准，设立朝阳市，归辽宁省直接领导。

12月23日　辽宁省公安厅人民武装警察总队正式成立。

1959 年

1 月 5 日　辽宁省撤销锦州、辽阳、安东、铁岭 4 个专区建制，将其原辖各县分别划归各市领导。

1 月 19 日　中共辽宁省委发出《关于整顿和巩固人民公社的指示》。

2 月 2 日　中共辽宁省委发出《关于加强民办工业领导的通知》。

2 月 13 日至 17 日　中共辽宁省委召开第九次全体（扩大）会议。

3 月 3 日　中共辽宁省委发出《关于在整顿农村党的基层组织中对于党员违犯党纪的处理界限的补充规定》。

3 月 27 日　中共辽宁省委作出《关于加强人民公社领导干部配备的决定》。

4 月 7 日　中共辽宁省委作出《关于成立省、市委交通工作部（处）的决定》。

5 月 19 日　中共辽宁省委宣传部、团省委召开会议，部署纪念、宣传、学习安业民烈士的事迹。

6 月 17 日至 23 日　中国人民政治协商会议辽宁省第二届委员会第一次会议召开。

8 月 24 日至 9 月 4 日　中共辽宁省委召开一届十一次会议（扩大）。

9 月 5 日至 9 月 22 日　中共辽宁省第二届代表大会第一次会议召开。

10 月 12 日　中共辽宁省委监委第一次全体委员会议召开。

10 月 13 日　中共辽宁省委发出《关于在反右斗争中进一步开展"反走后门"斗争和有效地制止非法采购的指示》。

11 月 2 日　中共辽宁省委发出《关于 1959 年冬季整顿农村党的基层组织工作的指示》。

12 月 12 日至 23 日　中共辽宁省委召开农村工作会议。

12 月 20 日至 25 日　辽宁省第二届人民代表大会第二次会议召开。

1960 年

1 月 18 日　中共辽宁省委发出《关于划分右倾机会主义分子的标准和处理办法》。

同日　经国务院批准，决定撤销旅大市所辖的旅顺市，改设旅大市辖旅顺口区。撤销沈阳县，将其所属的各公社划归沈阳市的 6 个市辖区管辖。

2 月 7 日至 11 日　中共辽宁省委、省人委召开辽宁省首届服务业先进集体、先进工作者代表会议。

2月15日至26日　辽宁省妇女第一次代表大会召开。

2月26日至3月4日　辽宁省第一次民兵代表会议召开。

3月2日　中共辽宁省委作出《关于进一步收集党的历史资料的通知》。

3月25日至29日　中共辽宁省委、省人民委员会召开全省工业战线技术革新、技术革命先进集体和革新者代表会议。

4月21日　中共辽宁省委发出《关于反对官僚主义的指示》。

同日　中共辽宁省委发出《关于反对铺张浪费的规定》。

5月11日至17日　辽宁省文教群英会召开。

5月12日　中共辽宁省委发出《关于加强工业支援农业组织领导的决定》。

6月30日　中共辽宁省委发出《关于开展"三反"运动的指示》。

8月28日至9月4日　辽宁省第一次文艺工作者代表大会召开。

9月　中共中央东北局在沈阳正式成立。

11月1日　中共辽宁省委作出《关于农村政策的十项规定》。

12月15日至24日　中共辽宁省委召开二届三次全体(扩大)会议。

1961年

1月9日　辽宁省农业技术改造委员会成立。

3月18日　中共辽宁省委召开工业交通基本建设企业整风会议。

4月25日　中共辽宁省委发出《关于当前企业整风的几点指示》。

5月23日　中共辽宁省委发出《关于搞好当前生产和进一步安排好人民生活的指示》。

6月15日　中共辽宁省委发出《关于安排社会镇反问题的通知》。

6月25日　辽宁省防汛指挥部正式成立。

7月1日　辽宁省和沈阳市各界隆重集会,庆祝中国共产党成立40周年。

7月19日　中共辽宁省委发出《关于压缩城镇人口支援农业宣传的紧急指示》。

8月20日至31日　中共辽宁省委召开全省改造右派分子工作会议。

9月14日至17日　中共辽宁省委召开第四次城市人民公社工作会议。

10月5日　中共辽宁省委、省人民委员会发出《关于加强国营农场工作的决定》。

1962年

1月19日　中共辽宁省委发出《关于工业企业开展清产核资工业的紧急指示》。

2月23日　中共辽宁省委、省人民委员会发出《关于严格控制职工队伍和城市人口增加的几项规定》。

3月28日　中共辽宁省委、省人民委员会发出《关于迅速恢复与发展畜牧业的决定》。

同日　中共辽宁省委发出《关于精简国家机关、民主党派、人民团体机构编制的决定》。

4月27日　中共辽宁省委决定成立财经工作小组和省物价委员会。

4月　辽宁省公安厅人民武装警察总队改称为中国人民武装警察部队辽宁省总队。

5月17日至25日　中共辽宁省委召开二届六次全体会议。

6月2日　中共辽宁省委发出《关于加速进行党员、干部甄别工作的指示》。

7月3日　中共辽宁省委、省人民委员会颁发《关于进一步减少城镇人口，精简职工的决定》。

7月17日　中共辽宁省委发出《关于加强战备期间对敌斗争和治安工作的指示》。

8月15日　雷锋因公殉职。

8月15日至20日　辽宁省第二届人民代表大会第三次会议召开。

8月21日　中共辽宁省委批转省军区党委《关于贯彻执行毛泽东主席对民兵工作"三落实"指示的请示报告》。

10月18日至26日　中共辽宁省委召开二届七次全体（扩大）会议。

10月25日　抗美援朝烈士纪念碑举行揭幕仪式。

11月28日　中共辽宁省委、省人民委员会发布《关于深入开展灾区生产自救运动的指示》。

12月7日　中共辽宁省委发出《关于在农村开展以坚持社会主义方向，巩固集体经济为中心内容的社会主义教育的指示》。

1963 年

1月4日　中共辽宁省委发出《加强工业交通企业党的领导，广泛深入开展增产节约运动，大力支援农业的指示》。

2月4日至13日　辽宁省农业生产先进单位和劳动模范代表会议召开。

2月19日　中共辽宁省委发出《关于认真搞好农村社会主义教育问题的几点意见》。

2月　中国人民武装警察部队改称中国人民公安部队，其建制和领导关系不变。

3月7日　辽宁省总工会、共青团中共辽宁省委员会、辽宁省妇女联合会发出《关于组织全省职工、青年、妇女学习安东丝绸一厂韩秀芬同志模范事迹的通知》。

4月6日至13日　中共辽宁省第三届代表大会第一次会议召开。

4月15日　中共辽宁省委发出《关于进一步加强党员教育工作的指示》。

5月16日至22日　辽宁省手工业合作社首次社员代表大会召开。

5月27日至6月5日　中国共产主义青年团辽宁省第四次代表大会召开。

6月18日　辽宁省人委发出《关于贯彻中共中央、国务院〈关于严格管理大中城市集市贸易和坚决打击投机倒把的指示〉的几个具体问题的通知》。

8月16日　中共辽宁省委召开中朝联合考古准备工作会议。

10月15日　塔山阻击战革命烈士纪念塔揭幕。

12月9日至16日　辽宁省工会第二次代表大会召开。

12月9日至18日　中共辽宁省委召开三届二次全体（扩大）会议。

12月20日至30日　中国人民政治协商会议辽宁省第三届委员会第一次会议召开。

12月21日至28日　辽宁省第三届人民代表大会第一次会议召开。

1964 年

1月15日至23日　辽宁省学习毛泽东著作积极分子代表会议召开。

1月29日至2月2日　辽宁省哲学社会科学界联合会第一次代表大会召开。

2月27日至3月5日　辽宁省农业生产工作会议召开。

3月26日至31日　中共中央东北局在阜新市召开学习彰武县哈尔套地区医

院经验现场会议。

3月　省委决定撤销省委工业部，成立工业交通政治部。

6月29日至7月18日，中共辽宁省委召开三届三次全会（扩大）会议。

8月15日　雷锋纪念馆在抚顺市望花区奠基。

8月26日至9月4日　辽宁省第三届人民代表大会第二次会议召开。

10月　中央军委决定，将中国人民解放军第五十军第一五〇师，改编为独立师，隶属辽宁省军区领导。

11月20日　中共辽宁省委召开十四个社会主义教育试点公社党委书记座谈会。

1965年

1月19日　中共辽宁省委批转省人民委员会办公厅《关于我省1965—1966年试办半工（农）半读学校的初步规划意见》。

1月20日　辽宁省安东市改名为丹东市，安东县改名为东沟县，盖平县改名为盖县。

2月20日　中共辽宁省委发出《关于贯彻执行中央"关于在新闻报道工作中，必须消灭弄虚作假的通知"的通知》。

3月15日至21日　中共辽宁省委、省人委召开动员知识青年参加农村社会主义建设工作会议。

4月4日　中共辽宁省委和省人委直属机关党委召开全体党员、干部学习毛主席著作报告会，纪念马克思诞辰147周年。

5月21日　辽宁省人民委员会举行第19次委员会议。

6月1日至12日　中共辽宁省委三届四次全会（扩大）召开。

6月7日　中共辽宁省委发出《关于今后农村四清运动部署的意见》。

6月29日　辽宁省人民委员会举行第20次委员会议。

7月17日　辽宁省人民委员会举行第21次委员会议。

8月4日　中共辽宁省委发出《关于加强对学习毛主席著作群众运动的领导的决定》。

8月12日　辽宁省人民委员会举行第22次会议。

9月12日　中共辽宁省委书记处候补书记徐少甫率领辽宁省党政代表团前

往朝鲜平安北道进行友好访问。

11月30日至12月5日 辽宁省第三届人民代表大会第三次会议召开。

12月16日 经国务院批准,辽南、锦州两个专区设立。

1966年

1月6日至14日 辽宁省城市知识青年参加农村社会主义建设积极分子代表大会在沈阳举行。

1月27日 中共辽宁省委、省人委发出《设立盘锦垦区的通知》。

2月2日 中共辽宁省委发出《关于深入开展学习毛主席著作运动的指示》。

2月8日 中共辽宁省委发出《关于向焦裕禄同志学习的通知》。

2月16日至3月6日 中共辽宁省委农村支部工作会议召开。

5月5日 中共辽宁省委决定成立省精简领导小组。

6月2日 辽宁省"文化大革命"开始。

6月13日至25日 中共辽宁省委举行扩大的三届五次全体会议。

6月30日 中共中央政治局委员陈毅和中共辽宁省委第二书记、省长黄欧东在鞍山召集市委常委及部分市委机关领导干部座谈鞍山"文化大革命"问题。

6月 中国人民公安部队辽宁省总队整编为中国人民解放军辽宁省军区独立第二师。

7月15日 中共辽宁省委印发《关于学习刘英俊同志的通知》。

7月 中共辽宁省委召集各民主党派负责人会议,宣布"无产阶级文化大革命"已经开始。

同月 中国人民解放军辽宁省军区独立师改称为辽宁省军区独立第一师。

8月22日 中共辽宁省委召开三届六次全委(扩大)会议。

8月25日 沈阳市新华书店开始发行《毛主席语录》。

9月10日至16日 沈阳"中等学校红卫兵""大专院校革命串连联络总部""大专院校红卫兵总部""红后代指挥部"以及一些工厂、企业和机关的群众组织,先后在市人民体育场召开大会。

10月14日 中共辽宁省委发出《关于学习尉凤英同志的通知》。

11月16日 中共辽宁省委发出《关于大中学校师生进行徒步串连试点工作的通知》。

1967 年

1 月 30 日　"八三一"沈阳革命造反总司令部成立。

1 月 31 日　"辽宁省革命造反夺权指挥部"宣布接管中共辽宁省委、省人委的一切权力。

2 月 16 日　"辽宁革命造反派大联合委员会"（简称"辽联"）成立。

3 月 7 日　辽宁革命造反派大联合委员会发布决定："无产阶级革命派按单位、按部门、按系统实行大联合"。

3 月 20 日　辽宁省军区发出《关于打退资本主义势力的猖狂进攻，巩固农村集体经济的通告》。

3 月　国家计委决定开发辽河油田。

4 月 21 日　中共中央东北局书记处发表《关于当前无产阶级文化大革命运动的"三点意见"》。

5 月 10 日　"辽宁无产阶级革命派联络站"（简称"辽革站"）成立誓师大会召开。

6 月 1 日　"辽革站"到东北工学院揪东北局第三书记马明方，与"辽联"发生大规模武斗。

6 月 5 日　辽宁省造反派组织"八三一"沈阳革命造反总司令部成立。

6 月 12 日　沈阳市在红旗广场（中山广场）举行毛泽东巨型塑像奠基典礼。

6 月 17 日　我国第一颗氢弹爆炸成功。辽宁省各地群众举行庆祝活动。

8 月 6 日　中共中央发出《东北局停止对东北各省市领导的决定》。

8 月 16 日　辽沈地区三派群众组织与沈阳卫戍区司令部签订《关于立即制止武斗、恢复生产的协议书》。

8 月 26 日　周恩来总理等中央领导人，在人民大会堂接见辽沈地区三派组织赴京代表。

9 月 26 日　辽沈地区三派群众组织与沈阳警备区达成《关于退还各方占用的生产、公共、军用车辆的协议》。

10 月 26 日至 11 月 3 日　辽宁省军区召开农村民兵、专职武装干部活学活用毛主席著作讲用会。

1968 年

1月21日　辽沈地区三派群众组织，在北京签订《沈阳三大革命群众组织关于实现革命大联合的协议》。

5月8日　中共中央、国务院、中央军委、中央文革小组作出《关于成立辽宁省革命委员会的批示》。

5月12日至18日　辽宁省革命委员会召开第一次常委会议。

7月21日　全省陆续开始大办"七二一"大学。

8月8日　沈阳农学院赴新疆小分队启程，这是沈阳市第一批去新疆工作的大学毕业生。

8月14日　辽宁省革命委员会召开活学活用毛泽东思想讲用会第一次（上山下乡知识青年）会议。

9月6日　辽宁省革命委员会发布文件，决定由各级革委会接管工会全部财权及其所属事业单位。

10月5日　辽宁省革命委员会决定将五大机关计3万余名机关干部下放到省、市"10·5"干校（于12月15日改名为"五七"干校）进行劳动改造。

10月14日　辽宁省革命委员会召开省活学活用毛泽东思想讲用会第二次（工交战线）会议。

11月2日至17日　辽宁省革命委员会召开了活学活用毛泽东思想讲用会第三次（农业战线）会议。

11月19日　经中共中央和中央文革小组批准，辽宁省成立了九大代表工作小组。

12月15日　辽宁省革命委员会发出《首批优秀造反派战士入党情况报告》。

12月20日　辽宁省革命委员会发出《关于进一步做好上山下乡知识青年再教育工作的指示》。

12月26日　辽宁省革命委员会发出《关于辽宁省部分行政区划调整的决定》。

1969 年

1月7日　辽宁省革命委员会常委会决定：选调工人、农民代表组成毛泽东思想宣传队进驻省革委会机关。

1月19日　辽宁省革命委员会发出关于同意北票县与北票矿区合并为北票

县的批复。

1月23日至2月2日　辽宁省革命委员会召开第一次宣传工作会议。

3月1日至15日　辽宁省革委会召开省活学活用毛泽东思想讲用会第四次（教育、卫生系统）会议。

3月3日，沈阳市群众愤怒声讨苏联出动武装部队侵犯我国领土珍宝岛的罪行。

3月5日至12日　辽宁省革委会在锦州市召开"辽宁省春耕生产动员和农田基本建设现场会议"。

4月　辽宁省革命委员会决定，辽宁大学、沈阳音乐学院、锦州医学院等院校搬迁到辽西北镇农村办学。

5月10日至21日　辽宁省革命委员会召开全省首届活学活用毛泽东思想积极分子代表大会。

6月1日至8日　辽宁省革命委员会召开第一次全委会议。

6月19日　辽宁省革命委员会成立整建党领导小组。

7月18日至8月2日　辽宁省革委会召开省活学活用毛泽东思想讲用会第五次（上山下乡知识青年）会议。

8月9日至20日　辽宁省革命委员会召开省活学活用毛泽东思想讲用会第六次（财贸战线）会议。

8月25日至9月6日　辽宁省革命委员会召开省活学活用毛泽东思想讲用会第七次（工交战线）会议。

9月11日至22日　辽宁省革委会召开省活学活用毛泽东思想讲用会第八次（农村斗、批、改）会议。

9月12日　辽宁省革命委员会召开战备领导小组第一次会议。

10月1日　沈阳市军民热烈庆祝中华人民共和国成立20周年。

11月25日　辽宁省革命委员会决定成立省革委会保密委员会。

12月5日　辽宁省革委会决定成立省革委会定案处理工作领导小组。

1970年

1月7日　辽宁省革命委员会决定成立省革命委员会石油化工局、地质局革命领导小组。

2月13日　省工业会战指挥部和打好农业翻身仗指挥部成立。

2月23日　辽宁省革委会号召在全省范围内迅速掀起"一打三反"的群众运动。

3月15日　辽宁省革命委员会决定成立"辽宁三二二会战总指挥部",开发建设辽河油田。

3月16日至4月6日　辽宁省革命委员会召开省活学活用毛泽东思想讲用会第九次(工交战线)会议。

3月28日　中共中央批复同意成立中共辽宁省革命委员会核心小组。

4月17日至24日　辽宁省革命委员会召开省活学活用毛泽东思想讲用会第十次(财贸战线)会议。

4月25日　辽宁省各地群众连夜举行庆祝我国成功发射第一颗人造地球卫星活动。

6月7日　辽宁省革命委员会党的核心小组发出《关于开展学习毛泽东建党思想和新党章群众运动的决定》。

7月15日　辽宁省革命委员会党的核心小组决定：建立省革命委员会党的核心小组办公室(简称党办)。

7月21日　辽宁省革命委员会发出《关于中、小学改为春季始业的通知》。

7月25日　辽宁省革命委员会通知,将朝阳专区、铁岭专区和盘锦垦区改为朝阳地区、铁岭地区和盘锦地区。

9月10日至22日　辽宁省革命委员会召开省活学活用毛泽东思想讲用会第十一次(农业战线)会议。

10月19日至11月1日　辽宁省革命委员会召开省活学活用毛泽东思想讲用会第十二次(下乡知识青年)会议。

11月12日　辽宁省革命委员会党的核心小组开始进行"思想爬坡"。

12月25日　辽宁省革命委员会召开农村斗、批、改工作座谈会。

1971年

1月初　辽宁省革命委员会党的核心小组成立省"一打三反"运动领导小组。

1月9日至1月15日　中共辽宁省第四次代表大会召开。

2月24日至3月13日　中共辽宁省委召开辽宁省第一次县以上党员干部会

议。

3月26日至4月7日　辽宁省革命委员会召开全省"五七"干校工作会议。

4月13日至26日　辽宁省革命委员会召开辽宁省活学活用毛泽东思想讲用会第十三次（卫生战线）会议。

5月7日至11日　辽宁省召开工交系统技术革新座谈会。

6月3日　中共辽宁省委决定开始举办省革委会常委"批修整风"学习班。

6月22日至27日　沈阳军区党委、中共辽宁省委联合召开工作会议。

6月25日至7月3日　辽宁省革命委员会召开清产核资工作会议。

7月17日至23日　辽宁省革命委员会召开全省批清（批陈和清查"五一六"）工作座谈会。

7月20日　中共辽宁省委、省革委会发出《关于做好防灾、抗灾、救灾工作，确保今年农业生产收成的紧急指示》。

8月25日至9月11日　辽宁省革委会召开全省出版工作座谈会。

10月3日　沈阳军区党委和辽宁省联合召开工作会议，传达中央关于林彪反革命集团事件的5个文件。

11月21日至12月2日　辽宁省革命委员会财贸组召开全省外贸工作会议。

12月26日　辽宁省革命委员会召开贯彻国务院《关于调整部分工人和工作人员工资的通知》和《关于改革临时工、轮换工制度的通知》会议。

1972年

1月15日至27日　中共辽宁省委召开全省工交战线斗批改工作会议。

1月16日至27日　辽宁省革命委员会召开全省农村工作会议。

2月1日至13日　中共辽宁省委召开四届二次全委（扩大）会议。

2月　辽宁省革命委员会、辽宁省军区决定：成立省革命委员会、省军区国防工业办公室。

3月13日　省委对敌斗争领导小组成立。

4月3日　辽宁省革命委员会召开国营农场工作会议。

4月16日至18日　辽宁省革命委员会召开全省工交工作座谈会。

5月14日、中共辽宁省委发出《关于贯彻执行中共中央〈关于杜绝高等学校招生工作中"走后门"现象的通知〉的决定》。

5月27日至29日　辽宁省革命委员会召开省"批清"工作座谈会。

6月2日至17日　辽宁省革命委员会召开全省中小学教育工作会议。

7月19日　中共辽宁省委批准组成中共水利电力部东北电管局党的核心小组。

9月14日　中共辽宁省委批转省革命委员会人保组关于《全省"一打三反"运动的基本情况和今后意见》的报告。

10月24日　辽宁省革命委员会发出通知，决定成立省复员退伍军人接收安置工作领导小组。

10月27日　辽宁省革命委员会发出《关于动员应届中学毕业生上山下乡的通知》。

11月10日　经国务院批准，海城县划为鞍山市领导，作为鞍山市的市辖县。

11月19日至12月1日　辽宁省革命委员会召开全省上山下乡知识青年批林整风讲用会。

12月4日　中共辽宁省委发出《关于组成省革委会机关各组委党的核心小组的通知》。

12月19日　辽宁省革命委员会决定成立辽宁省知识青年上山下乡工作办公室。

1973年

1月13日至20日　中共辽宁省委召开批林整风座谈会。

1月15日　辽宁省革命委员会宣传组发出《关于开展向雷锋同志学习活动的通知》。

1月30日　中共辽宁省委批准成立中共辽宁省"五七"干校委员会。

2月12日至3月2日　中共辽宁省委召开四届三次全委（扩大）会议。

3月4日　沈阳部队在八一剧场举行大会，纪念毛主席"向雷锋同志学习"题词发表十周年。

3月5日至9日　中国共产主义青年团辽宁省第五次代表大会召开。

3月8日　辽宁省革命委员会决定设立辽宁人民出版社和辽宁省新华书店。

4月3日　辽宁省革命委员会召开全省计划工作会议。

5月11日　中共辽宁省委、省革委会发出通知，决定成立辽宁省编制委员会。

6月4日至28日　中共辽宁省委四届四次全委（扩大）会议召开。

6月9日　辽宁省革命委员会决定成立辽宁省抗旱防汛指挥部。

8月8日　辽宁省召开全省坚决打击破坏知识青年上山下乡犯罪分子公判大会。

8月15日　辽宁省妇女第二次代表大会召开。

8月24日至28日　中国共产党第十次全国代表大会在北京召开。

9月24日　我国第一条地下大动脉——大庆至秦皇岛输油管道（铁岭至秦皇岛段）建成，全线顺利通油。

10月5日至13日　辽宁省革命委员会召开第四次全委（扩大）会议。

10月19日至27日　辽宁省革命委员会召开全省第一次环境保护会议。

10月22日　中共辽宁省委、省革委会举办第一期工农干部学习班。

10月25日　辽宁省革命委员会发出通知，决定将辽宁省实行的春季始业改回为秋季始业。

12月7日　中共辽宁省委决定，从1974年1月1日起将辽宁省革命委员会的人民保卫组改称辽宁省公安局。

1974年

1月26日　共青团辽宁省委印发《关于向柴春泽同志学习的通知》。

3月5日至7日　中共辽宁省委召开"批林批孔"座谈会。

3月24日　辽宁省革命委员会印发《关于深入批林批孔、搞好春耕生产的通知》。

3月28日　中共辽宁省委工农兵干部学习班第二期开学。

4月26日至5月8日　中共辽宁省委召开工交战线"抓革命，促生产"工作会议。

6月20日　辽宁省工人干部学校举行第一期开学典礼。

10月26日至11月1日　中共辽宁省委召开全省农村学习天津小靳庄经验交流会。

11月8日　中共辽宁省委决定，建立省高级人民法院党的核心小组。

11月23日至27日　辽宁省革命委员会在盘锦、辽阳两地召开全省支援"两化"（辽阳化纤厂和盘锦辽河化肥厂）建设会议。

12月24日　辽宁省革命委员会召开第五次全委（扩大）会议。

12月31日　中共辽宁省委、省革命委员会命名海城县、台安县为"农业学大寨"先进县。

1975年

1月5日　中共辽宁省委在彰武县哈尔套公社召开现场会议，推广"割资本主义尾巴"的"哈尔套经验"。

1月29至2月7日　中共辽宁省委召开四届五次全委（扩大）会议。

2月4日　海城、营口地区于19时36分发生强烈地震。

3月22日至27日　中共辽宁省委在鞍山召开庆祝毛主席批示《鞍钢宪法》十五周年大会。

4月4日　中共辽宁省委发出《关于抢修辽河、浑河、太子河受震堤防大会战的决定》。

6月25日至7月1日　辽宁省革命委员会召开全省推广沈阳第五人民医院卫生革命"经验"现场会。

7月27日至8月4日　中共辽宁省委召开全省"七二一"工人大学、理工科院校教育革命经验交流会。

8月17日　辽宁省革命委员会召开黄金生产地质工作座谈会。

10月12日　辽宁省革命委员宣传组、省农业组、省电影电视工业办公室联合发出《关于举办农业学大寨电影宣传月的通知》。

10月22日至11月1日　中共辽宁省委召开常委（扩大）会议。

11月4日　中共辽宁省委批复省委统一战线工作办公室，批准恢复中国人民政治协商会议辽宁省委员会活动。

11月10日至19日　辽宁省教育局召开农村扫除文盲和业余教育座谈会。

12月23日至31日　辽宁省革命委员会召开全省科技工作会议。

1976年

2月5日　中共辽宁省委批准组成中共辽宁省公安局第一届委员会。

2月20日至3月1日　中共辽宁省委召开第三次"理论讨论会"。

4月30日　我国第一座现代化10万吨级深水油港——大连新港建成投产。

5月6日　中共辽宁省委发出《关于纪念文化大革命10周年的通知》。

6月24日至30日　中共辽宁省委召开知识青年上山下乡工作会议。

7月16日　辽宁省革命委员会发出通知，决定成立辽宁省出版局。

7月27日　辽宁省暨沈阳市在省体育馆召开万人大会，纪念"七二七"工人阶级登上上层建筑斗、批、改政治舞台八周年大会。

8月18日　辽宁省暨沈阳市在辽宁省体育馆举行万人大会"纪念毛主席首次接见红卫兵10周年"。

9月9日　毛泽东逝世。

10月6日　中央政治局粉碎江青反革命集团。

10月14日至15日，中共辽宁省委召开市、地（盟）委书记会议。

10月22日，沈阳市军民热烈庆祝粉碎"四人帮"的伟大胜利。

11月10日　中共辽宁省委决定成立省委揭批"四人帮"办公室。

11月26日　中共辽宁省委常委会议决定成立省委清查"四人帮"领导小组。

11月27日至12月3日　辽宁省直属机关召开彻底揭发批判"四人帮"及其在辽宁的死党毛远新罪行大会。

12月11日　中共辽宁省委决定撤销省民兵领导小组、民兵指挥部。

12月12日　中共辽宁省委发出《关于认真组织好中发〔1976〕24号文件的传达学习和王张江姚反党集团罪证（材料之一）的传达、阅读、讨论的通知》。

12月13日　中共辽宁省委决定将省革命委员会组织组、宣传组和省委统战办公室改为中共辽宁省委组织部、省委宣传部和省委统一战线工作部。

1977年

4月10日　中共辽宁省委发出《关于认真贯彻执行〈中共中央关于召开党的第十一次全国代表大会的决定〉的通知》。

4月25日　辽宁省革命委员会计划委员会改称辽宁省计划委员会。

同日　中共辽宁省委决定成立辽宁省科学技术委员会。

5月20日　中共辽宁省委发出《关于认真贯彻全国工业学大庆会议精神，深入持久地开展工业学大庆运动的通知》。

6月13日至14日　中共辽宁省委在抚顺市召开揭批"四人帮"斗争经验交流会。

6月16日至18日　中共辽宁省委举行四届六次全会（扩大）会议。

6月18日　中共中央电复中共辽宁省委，同意对吴玉德（原省委常委、沈阳市委第一书记）实行停职审查。

7月1日　中共辽宁省委发出《关于创办〈理论与实践〉的决定》。

7月16日　中共辽宁省委决定，恢复马明方同志名誉。

7月23日　辽宁省暨沈阳市军民热烈庆祝党的十届三中全会胜利召开。

7月24日至27日　中共辽宁省委四届七次全会（扩大）召开。

8月8日　中共辽宁省委召开揭批"四人帮"死党和党羽亲信反党罪行大会。

8月21日　辽宁省暨沈阳市军民庆祝党的第十一次全国代表大会召开。

8月29日至9月3日　中共辽宁省委召开四届八次全会（扩大）。

10月14日　中共辽宁省委决定成立辽宁省土地管理委员会。

10月27日　辽宁省革命委员会决定成立省高中等教育招生考试委员会。

11月25日　辽宁省暨沈阳市革命委员会召开揭批、控诉"四人帮"炮制的"两个估计"罪行广播大会。

11月30日　中共辽宁省委发出《关于严禁请客送礼、铺张浪费的通知》。

12月5日　辽宁省第四次民兵代表会议在沈阳召开。

12月23日至28日　辽宁省第五届人民代表大会第一次会议召开。

1978年

1月10日　中共辽宁省委、省革委会发出《关于农村若干经济政策问题的规定（试行草案）》。

2月3日　辽宁省直机关召开揭批"四人帮"死党毛远新及其党羽、亲信破坏教育工作的罪行大会。

2月14日　中共辽宁省委在辽宁大厦召开修改宪法草案座谈会。

3月5日　周恩来总理少年时代在沈阳读书旧址修复工程全部竣工，并举行了展览开幕式。

3月18日　鞍山钢铁公司被命名为大庆式企业。

3月22日至26日　辽宁省召开第二次工业学大庆会议。

5月5日　中共辽宁省委发出《关于对所谓"国民党军统沈阳情报联络站"特务集团案的平反决定》。

6月19日　辽宁省人民检察院成立。

7月2日　中国人民对外友好协会辽宁省分会和中朝友好协会辽宁省分会重新组建。

7月14日　中共辽宁省委决定成立省委政法领导小组。

8月27日　辽宁省革命委员会五届二次会议召开。

9月10日至15日　共青团辽宁省第六次代表大会召开。

9月14日　中共辽宁省委发出《关于所谓"东北帮"叛党投敌反革命集团案件的平反决定》。

10月16日　中共辽宁省委作出《关于为胡明等53名同志平反的决定》。

11月4日　中共辽宁省委统战部召开大会，为遭受林彪、"四人帮"迫害的爱国民主人士平反昭雪。

11月16日　中共辽宁省委决定成立辽宁省经济委员会。

11月21日　中共辽宁省委发出《关于为因天安门革命行动而受迫害的同志彻底平反的决定》。

12月20日至25日　中共辽宁省委召开知青工作会议。

改革开放和
社会主义现代化建设新时期

〉〉〉

综 述

1978年12月,具有重大历史意义的党的十一届三中全会召开,作出了把党的工作中心转移到经济建设上来,实行改革开放的历史性决策,实现了新中国成立以来党的历史上具有深远意义的伟大转折,开启了我国改革开放和社会主义现代化建设新时期。辽宁同全国一样,踏上了改革开放和社会主义现代化建设的伟大征程。

一、冲破思想藩篱,全面拨乱反正,实现工作重点转移

党的十一届三中全会召开后,1979年1月4日至16日,中共辽宁省委召开常委扩大会议,迅速传达全会精神,集中研究如何把辽宁省重点工作转移到社会主义建设上来,强调要从思想、组织、政策、机构设置、工作方法和领导方式上促进和保证工作重点的转移。同时,根据中央精神,辽宁省委从实际出发,在开展真理标准问题大讨论的基础上,开始了在政治上和组织上全面的拨乱反正。党中央果断地调整了辽宁省委的领导班子,一大批老同志重返领导岗位,完成了组织上的拨乱反正。与此同时,平反冤假错案工作在全省迅速开展起来。1979年1月,辽宁省委批转了省公安厅党组的报告,为被错划为"五·一六"分子和在"追谣打反"期间受到打击迫害的干部、群众平反。之后,又批转省公安厅党组的另一份报告,要求做好地富反坏分子摘帽和地富子女改变成分的工作。1979年2月,辽宁省委作出决定,为所谓"东北城工部叛徒特务集团案"彻底平反,还为"文化大革命"中的"中华全国红色造反者联合会辽宁省联合会""捍卫毛泽东思想联合委员会联络站"等被定为反动组织的案件平反。同时,对"文化大革命"前

的历史遗留案件进行了复查,并为在上述案件中受到迫害的人员恢复名誉。1979年3月21日,辽宁省委发出通知宣布:省委决定撤销1958年扩大的省委整风会议《决定》和1965年省委《复查决议》,撤销对王铮、杜者蘅、李涛、宋黎、吴铎、李均、郭洪德、蔡黎、张烈等人的错误处理结论,予以彻底平反,恢复名誉,恢复原政治、生活待遇。3月26日,辽宁省委作出决定,为张志新彻底平反昭雪,恢复党籍,恢复名誉,并追认她为革命烈士。到1985年年底,全省为21.6万人平反昭雪,恢复名誉,并及时纠正了"文化大革命"前的历史遗留案件11.4万件。落实了党的统战政策和民族工商业者政策,肯定了广大民主党派和无党派爱国人士在长期革命斗争中的贡献,宣布原工商业者已经成为劳动者。对民主党派、无党派爱国人士和原工商业者中的冤假错案进行认真的平反,归还他们在"文化大革命"中被查抄的财物,恢复相应的政治待遇;落实党的宗教政策,恢复各级宗教团体和组织;落实少数民族及台胞台属等一系列政策。在原来揭批查的基础上,省委进一步开展了涉及"两案"的清查审理工作。在犯有严重错误的700多人中,对200多人给予党纪处分,撤销或免除所任领导职务。经过几年的工作,全省清理出打砸抢首恶分子2700多人,其中受刑事处分的1400多人,犯有打砸抢错误的19000多人,都分别进行处理。全省各级党组织认真贯彻党的十一届三中全会以来的干部政策,充实了一大批政治立场坚定,拥护并坚决贯彻党的路线、方针和政策的干部。清理了干部队伍中的"三种人"及各种坏分子、犯有严重错误的人。清除"四人帮"在辽宁的亲信和基础,基本上纯洁了各级领导班子,干部队伍的革命化、年轻化、知识化、专业化建设也有了较大的突破。这些措施,极大地解放了辽宁广大干部群众的思想,为随后展开的工作重点的转移奠定了良好的思想基础。辽宁在冲破思想禁锢中踏上了改革开放和社会主义现代化建设的征程。

1979年8月25日至31日,中国共产党辽宁省第五次代表大会召开,时任中共辽宁省委第一书记任仲夷作了题为《全省党员动员起来,为加速社会主义现代化建设而奋斗》的工作报告,强调必须正确认识我国现阶段的主要矛盾和我们的主要任务,要把工作重点转移到社会主义现代化建设上来。为确保工作中心转向现代化建设,在政治保证上,辽宁在恢复人民代表大会制度之后,于1980年1月召开了第五届辽宁省人民代表大会第二次会议,选出了辽宁省第五届人民代表大会常务委员会,正式成立了省人民政府,取代了持续多年的省革命委员会。在干部队伍建设方面,按照党中央和国务院的部署,辽宁省于1983年年初结合机构改革进行了领导班子的调整工作。在这次调整中，中共辽宁省委坚持实现领导班子革命化、年轻化、知识化、专业化。经过调整，10个市、地党委和12个市、地政府（行署）领导成员由调整前的208人减到143人，减少了31.3%；班子中50岁以下的中青年干部由17人增加到66人，平均年龄降到49.4岁；班子成员具有大专以上文化程度的占44.1%。特别是通过调整领导班子，发现了一大批优秀的后备干部。党的十二大以后，中共辽宁省委按照中央的要求，从1983年12月至1987年5月，进行了为期三年半的整党。其间，全省共处分10259名党员。其中开除党籍1166人，留党察看2184人，撤销党内职务289人，严重警告2555人，警告4065人。这次整党促进了工作重心转移，纠正了"文化大革命"对党的建设造成的错误，解决了组织不纯、思想不纯和作风不纯问题，为确保实现党的十二大确定的宏伟目标提供了组织保障。

为了切实把工作重点转移到经济建设上来，1979年4月召开的中央工作会议制定了用三年时间对国民经济实行"调整、改革、整顿、提高"的方针。由于辽宁是国民经济比例关系失调最严重的省份，因此，贯彻执行这一方针具有特殊重要的意义。为使辽宁经济走上协调发展的轨道，中共辽宁省第五次代表大会提出了总的发展目标。1980年1月召开的省委工作会议为实施调整方针制定了具体的政策和措施。在1980年至1982年的三年间，辽宁省委、省政府主要做了"补短""压长""改制"三方面的工作。"补短"，即集中力量补长农业、轻工业、能源和科学文教事业等短腿，在投资、信贷、市场、原材料等方面，向短腿的部位倾斜，使之得到协调发展。"压长"，即坚决缩短基本建设战线。"改制"，即改革经济管理体制，把经济工作搞活，省给市、县以必要的机动权，给企业以自主权。经过全省各级党委、政府和广大干部群众的共同努力，辽宁国民经济主要比例关系得到调整，各行各业开始趋向协调发展。

为了更好地贯彻中央提出的国民经济"调整、改革、整顿、提高"的方针，中共辽宁省委提出辽宁调整国民经济要坚持"五抓一提高"的原则，即农村抓富、企业抓活、各行各业抓管理、抓科学、抓人才，提高领导水平。1982年11月，辽宁省委、省政府召开经济、科技与社会发展战略及规划讨论动员大会，以"全国翻两番，辽宁怎么办"为题展开了大讨论，进一步推动工作重点转移。

党的十一届三中全会以后，中央连续制定并下发了关于农村工作的1号文件和一系列规定，对于推动农村改革、促进经济发展起到了重要的指导作用。辽宁省委、省政府从实际出发，着手解决农村问题，进行农村经济体制改革，落实党在农村的有关政策。但党的各项政策规定在具体执行的过程中并不是一帆风顺的。由于长久以来人们在思想观念上受传统计划经济的影响较深，很多人对于"允许一部分人先富起来"的提法有顾虑，辽宁省委因势利导，在全国率先开展了农村致富大讨论，解决人们思想上的问题。通过讨论，大家普遍认识到：要大张旗鼓地给"富"字平反，要大造社会主义制度下"富光荣，穷可耻"的舆论。把"富有罪，穷有理"的思想流毒彻底打扫干净。随着致富大讨论的深入开展，许多带有普遍性的焦点问题逐渐被提出来，家庭副业到底该不该发展，社员副业收入多了会不会走个人发家的路子，是不是会产生两极分化……许多问题在讨论中得到明确的认识，许多问题在实践中不断得到检验。这场农村致富大讨论历时一年半的时间，极大地解放了全省人民的思想，使人们摆脱"左"的精神枷锁，引导辽宁农村迈出了致富的第一步，促进了党在农村各项政策的贯彻落实，确保了农村各项政策的顺利实施，全省农村开始了一系列的改革，广大农民迅速走上了富裕之路。这次大讨论，在全国是一个首创，对全国农村致富也产生了巨大影响。

1979年2月，中共辽宁省委、省革委会根据《中共中央关于加快农业发展若干问题的决定（草案）》，制定了《关于农村若干经济政策问题的补充规定（试行草案）》，这是辽宁农村改革的开始。《补充规定》明确提出农村可以包产到户，实行联产计酬和生产责任制，改变分配上的平均主义，并允许一部分农民先富起来。这一系列的政策符合广大农民的愿望，以户为主的经营管理方式把农民的收益与劳动成果联系起来。农民的积极性得到了进一步发挥，有力推动了辽宁农副业生产的发展。1980年，辽宁偏远山区和贫困地区试行了家庭联产承包责任制，普遍收到了较好的效果。1981年5月，辽宁省委召开各市、地委主管农业书记会议，主要讨论农业战线进一步加强和完善生产责任制的问题。1982年10月，辽宁省委召开五届六次全会，进一步统一了对家庭联产承包责任制问题的认识，提出在"双包"尤其是在包干到户问题上，要进一步解放思想。之后不久，全省开始大面积地推行家庭联产承包责任制。

以家庭联产承包责任制为核心的农村经济体制改革，冲破了过去长时期"左"的思想束缚，摆脱了人民公社"三级所有，队为基础"的模式，废除了"大锅饭"的分配形式，克服了过分单一、过分集中、过分平均的弊端，调整了生产关系。1983年，家庭联产承包责任制得到普遍推行，到1984年，全省农村全部实行了家庭联产承包责任制，同时，取消了人民公社体制，恢复了乡村政权组织。在调整生产关系的同时，从1979年起，辽宁几次提高农副产品收购价格，使农民从中得到较多的实惠。1985年与1978年相比，全省农副产品收购价格指数上升了63.4%。接着，又采取了扩大自留地、划定自留山、延长土地承包期以及农村专业户和农民手工业不纳税等政策，充分解放了农村生产力，调动了农民的生产积极性。

农业农村改革极大地调动了农民的积极性，结束了全省农业长期停滞不前的局面，农业生产特别是粮、油、菜、肉生产出现了超人预料的增长速度，城乡人民的温饱得到初步解决，一举改变了辽宁工业强、农业弱的"铁拐李"局面，辽宁农业实现了历史上的第一次跨越。1983年和1984年，全省粮食总产量都达到140亿公斤以上，创历史最高水平，比1978年增长30%左右，改变了长期缺粮的历史，实现了购销平衡，略有结余；农民收入也有较大的增加，大多数农村的温饱问题得到了基本解决。

二、对内搞活经济，对外实行开放，各项改革稳步推进

农村经济体制改革的顺利进行，使辽宁农业取得了飞速发展，解除了改革的后顾之忧。1984年7月，国务院决定先后在沈阳、大连等市进行城市经济体制综合改革试点。1984年10月，中共十二届三中全会通过了《中共中央关于经济体制改革的决定》，明确提出进一步贯彻执行对内搞活经济、对外实行开放的方针，加快以城市为重点的全面经济体制改革任务。这标志着改革开放的重点转移到城市经济体制改革上来。

1984年11月27日，中共辽宁省委制定了《贯彻执行〈中共中央关于经济体制改革的决定〉的意见》，明确提出加快以城市为重点的全面经济体制改革的步伐。从1984年开始，辽宁在国有企业进行简政放权、减税让利试点的基础上，逐步进行了全面的企业改革，对国有大中型企业建立和完善以承包为主要形式的经营责任制。1985年，辽宁省政府下放给企业的权力达110项，并提出各级政府部门原则上不再直接经营管理企业。紧接着，便试行厂长（经理）负责制，到1986年，全省有1400多户国营企业试行了厂长（经理）负责制。同时，实行多种形式的经济责任制，1984年，辽宁有80%的全民所有制工业企业建立了以承

包为主要形式的经济责任制。有些地区还在股份制、租赁、出售、破产等改革形式上进行了大胆尝试。1984年，沈阳市汽车工业公司在全国首开个人租赁国有中小型企业的尝试。1986年8月3日，沈阳防爆器材厂宣告破产，这是新中国成立以来第一个破产倒闭的企业。

1987年10月，在改革向纵深发展的时候，党的十三大报告第一次明确提出："是否有利于发展生产力，应当成为我们考虑一切问题的出发点和检验一切工作的根本标准。"为了深入贯彻落实党的十三大精神，省委组织开展了生产力标准大讨论，为辽宁改革开放的全面展开奠定了坚实的思想基础。

从1987年开始，抓住"两权分离"这个重点，辽宁国有大中型企业逐步推行和完善了多种形式的承包经营责任制，小型企业实行"包、租、股、破、卖"并举，大面积推进租赁经营。在企业内部，推行以"五改"（改革领导体制、分配、用工、干部制度和组织管理结构）为主要内容的配套改革。到1990年年末，全省全民所有制工业企业承包面达85%，其中大中型工业企业承包面达96.4%。1987年到1988年两年间，小企业租赁经营得到迅速发展。1987年，阜新市成为全国第一个实行大面积租赁制的城市。1988年5月3日，全国首家大型股份制企业、沈阳市最大的工业企业之一——金杯汽车股份有限公司宣告成立。7月24日，金杯股票正式在上海证券交易所上市交易。这是全国第一家以发行规范股票集资创办的多种经济成分并存的大型股份制企业，全部采用股票方式集资创办，改变了长期以来固定资产投资基本上依靠国家资金来源单一的局面，开创了企业所有制改革的先河。

随着企业改革的逐步深入和工业生产的迅速发展，计划、投资、价格、财税、金融、外贸、外汇管理等宏观管理体制改革相继展开。在发展多种经济成分方面，1983年7月，辽宁省作出《关于整顿、改革和发展城镇集体经济的决定》。经过几年的发展，城镇集体经济获得迅猛发展。在政府职能转变上，按照政企分开、政事分开的原则，把政府经济管理部门的职能切实转到规划、指导、协调、监督、服务上来，把省级政府管得过多过细的权力下放到市和企业。同时，缩小指令性计划范围，注意发挥市场调节的作用。在财税体制上，主要是通过对可支配财力的分配、预算管理和税收征管、财税和杠杆的运用以及对省以下各级财政的监督指导等进行改革。在劳动制度上，改革了统包统配的就业制度，实施了"统筹规划，条块结合，多方协作，共同负责"的安置办法。在市场体系建设上，辽宁打破了过去"统购包销"的制度，城乡间、地区间的多渠道、多层次、多形式、全方位的商品流通网络初具规模。到1992年年底，全省城乡集贸市场发展到2728处，专业市场944处，农副产品批发市场179处。在科技改革方面，省委、省政府连续下发了《关于贯彻落实中央科技体制改革的若干规定》《放活科研机构、放活科技人员的若干规定》《关于依靠科技进步、振兴辽宁经济的决定》，这些政策措施的出台，有力地推动了全省科技体制改革。教育改革方面，辽宁积极普及了九年制义务教育；调整了中等教育结构，大力发展了职业技术教育；改革和完善了高等教育体系，对高校布局、结构进行调整，促进高校联合与合并，提高办学效益和质量；推进了成人教育结构的调整，形成多层次、多形式、多渠道的成人教育网络；推进了农村教育的综合改革，完善农村中、小学管理体制，采取多种形式、多种途径为本地经济和社会发展培养人才。

在推进经济体制改革的同时，辽宁省委把实行对外开放提到了突出位置。在党中央"对内搞活经济，对外实行开放"的方针指引下，辽宁步入了对外开放的新时期。

1983年，辽宁省委、省政府提出"改革、开放、改造、开发"振兴辽宁的战略思想后，又提出"奋发图强、振兴辽宁、服务全国、走向世界"的战略目标。1984年5月，中央确定包括大连在内的14个城市作为沿海开放城市。继而，辽宁省委、省政府进一步提出了发展辽东半岛外向型经济，进一步对外开放的战略设想。到1988年国家宣布辽东半岛对外开放前，辽宁的对外开放区设立由点到线，由线到片，逐渐增多。1988年3月18日，国务院正式批准辽东半岛8市17个县（区）对外开放，后因省内行政区划调整，辽东半岛经济开放区范围变为9市16县（区）。其中包括沈阳市、大连市、鞍山市、丹东市、营口市、盘锦市、锦州市、葫芦岛市、辽阳市等9个市及其所辖新金县（后改为普兰店市）、瓦房店市、庄河市、东沟县（后改为东港市）、凤城市、营口县（后改为大石桥市）、盖县（后改为盖州市）、盘山县、大洼县、兴城市、绥中县、锦县（后改为凌海市）、海城市、辽阳县、灯塔市及由金县改成的金州区等，一个以大连为前沿，以沈阳为腹地，相互配合的辽东半岛外向型经济区逐步形成。

1988年2月，辽宁省委、省政府在沈阳召开了辽东半岛对外开放工作会议，提出了以出口创汇为龙头，以大连为重点，5个沿海城市先行，依次向中部城市展开，抓好大连经济开发区、营口鲅鱼圈出口工业区、沈阳铁西工业区3个窗口，把辽东半岛建设成为出口创汇、进口替代、引进吸收消化国外先进技术和管理经验并向内地转移、培养外向型人才和提供信息4种功能的基地。1989年2月，辽宁省委、省政府召开辽东半岛对外开放第二次会议，提出以调整结构、扩大出口创汇和利用外资，搞好老企业嫁接为重点，促进全省全方位开放。1990年4月，辽宁省委、省政府在大连召开第三次对外开放工作会议，重点研究了在新的情况下进一步搞好对外开放工作，以统一思想，创造良好环境，加快开放步伐。1991年10月，辽宁省委、省政府召开了第四次对外开放工作会议，提出了扩大对外开放的五条措施。全省着手进行了外资体制改革的探索，加强了全省对外经贸工作的集中统一领导。同时，组建了辽宁省对外贸易（集团）公司，强化了企业集团的职能。到20世纪80年代末，全省已有300多家大中型企业享有外贸自营权，逐步走向国际市场，参与国际竞争。

为了扩大开放，积极引进外商投资，辽宁在"六五"和"七五"计划期间，着重抓了改善投资环境这个环节，重点加强了港口、机场、铁路、公路、通信等基础设施建设。其中，大连港、营口港、丹东港的改造、扩建，锦州港的新建，沈阳桃仙机场与大连周水子机场的扩建，中国第一座大型海上高速公路桥梁——普兰店湾跨海大桥的建设以及沈大高速公路的修建，都是这期间重要的代表性工程。在不断完善硬件环境的同时，辽宁省委、省政府还连续出台了一系列确保扩大开放的政策，如鼓励扩大出口、鼓励引进技术消化吸收创新、实施外汇调剂、鼓励兴办"三资"企业、鼓励进口替代与国产化、培养外语外贸人才，等等。

在改革开放的进程中，中共辽宁省委紧紧围绕全面而准确地理解和把握党的基本路线，切实加强党的思想理论建设，使广大党员干部增强了实事求是、一切从实际出发的自觉性。同时，狠抓了从严治党、领导班子建设和反腐倡廉教育，全省各级党组织建设得到进一步加强，领导水平不断提高。1985年6月8日至14日，中国共产党辽宁省第六次代表大会在沈阳召开，时任中共辽宁省委第一书记郭峰致开幕词，李贵鲜代表中共辽宁省第五届委员会作了题为《奋发图强，振兴辽宁》的工作报告，对全省改革开放作出部署。1990年7月31日至8月7日，中国共产党辽宁省第七次代表大会在沈阳召开，时任中共辽宁省委书记全树仁代表中共辽宁省第六届委员会作了题为《坚定不移地贯彻执行党的基本路线，加速开发建设辽东半岛，为全面振兴辽宁而奋斗》的工作报告，为全省进一步深化改革、扩大开放指明了方向。在党建工作的推动下，全省社会主义精神文明建设也迈上了新台阶。此外，文化市场整顿工作取得了初步成效，文艺战线涌现了一批优秀作品和人才，群众文化活动向多层次、多元化方向发展。新闻出版、广播电视和社会科学研究也取得了新的成果。卫生事业稳步发展。社会主义民主与法制建设得到增强。中国共产党领导的多党合作和政治协商制度逐步完善。社会治安综合治理明显增强。安定团结的政治局面得以不断巩固与发展。

三、实现"四个转变"，抓好三大战略，不断进行调整改造

1992年1月18日至2月21日，邓小平在武昌、深圳、珠海、上海等地发表了著名的南方谈话，回答了长期以来束缚人们思想的许多重大认识问题。邓小平南方谈话，吹响了向建设有中国特色社会主义进军的号角，极大地鼓舞了辽宁人民的战斗意志，一个新的改革开放大潮在各个领域、各条战线波澜壮阔地展开。

为深入贯彻邓小平南方谈话精神，1992年3月14日，中共辽宁省委召开常委扩大会议，会议结合辽宁实际提出：放开胆子，放活政策，放大步子，加速改革开放和经济建设的步伐。1992年4月27日至29日，省委七届六次全会召开，会议确定了进一步贯彻落实"一抓三带"（集中力量抓好辽东半岛的开放建设，带动老工业基地改造，带动辽东、辽西、辽北地区的开发建设，带动全省经济的振兴）的战略方针，抓好"四个重点，一个先导，一个环节"（以强化农业基础地位、搞好国有大中型企业、发展乡镇企业、发展外向型经济为重点，以科技为先导，抓好流通这个重要环节），使全省经济逐步实现"四个转变"：由过去高度集中的单一计划经济向计划与市场调节相结合的体制转变；由封闭型经济向开放型经济转变；由传统产业向以现代科技和管理为主转变；由粗放型经济向集约型经济转变，切实转到以讲求经济效益为主的轨道上来。

1992年10月，党的十四大明确了我国经济体制改革的目标是建立社会主义市场经济体制。1993年2月27日召开的辽宁省第八届人民代表大会第一次会议提出，当前，摆在全省人民面前的根本任务，就是坚定不移地贯彻党的十四大精神，总结历史的经验教训，选准经济发展的路子，进行"第二次创业"。所谓"第二次创业"，是相对于在经济恢复时期和第一个五年计划期间，辽宁人民在党的

领导下，发扬自力更生、艰苦奋斗的精神，把辽宁建成国家重要的老工业基地的"第一次创业"而言的。其宗旨是，在充分发挥和利用辽宁国有大中型企业等原有优势的同时，大力培育诸多新的经济增长点，促进单一计划经济和单一所有制结构尽快向多种经济成分共存共荣的社会主义市场经济转变，使辽宁老工业基地焕发青春，再现生机和活力。按照"第二次创业"的思路，辽宁省委、省政府研究制定了《90年代加快辽宁经济发展规划纲要》，明确了辽宁20世纪90年代经济发展的奋斗目标和战略措施，提出了在经济发展速度、经济效益、经济结构、生产力水平、外向型经济、社会事业发展和提高人民生活等方面要登上新台阶。

1993年11月14日，党的十四届三中全会通过了《中共中央关于建立社会主义市场经济体制若干问题的决定》，对如何建立社会主义市场经济提出了宏伟蓝图。1993年12月15日至17日，中共辽宁省委召开七届九次全会，通过了《关于贯彻党的十四届三中全会〈决定〉，加快社会主义市场经济体制建立的意见》。随后，辽宁省委、省政府出台了一系列有力措施，积极推动了辽宁建立社会主义市场经济体制的步伐。一是企业改革进一步深化。按照建立社会主义市场经济体制的总体目标要求，把国企塑造为面向国内国外两个市场的独立法人和竞争主体，坚持整体推进和重点突破相结合，改革、改组和加强管理相结合，以建立现代企业制度为核心，大胆借鉴和使用反映社会化大生产与市场经济相适应的管理制度。不断扩大企业经营生产自主权，清理与企业法精神不一致的地方性法规3898件。加快股份制试点步伐，到1995年，建立股份制企业4710户。推进和探索多种资产经营形式，到1994年，大中型企业与外资合资达288户，建立企业集团300多户。现代企业制度逐步建立，制定了《辽宁省进行现代企业制度试点实施意见》等文件，到1995年，现代企业制度试点工作已全面展开。二是流通体制改革不断完善，市场体系建设进一步发展。以大型市场为中心，以中、小综合批发、批零结合市场为依托，以城乡各类商品市场为网络，多元化、多层次的日用工业品和农副产品市场格局基本形成。三是社会保障体系日趋完善。全省逐步建立以养老、失业、医疗保险为主体，社会救济、优抚安置相辅的社会保障体系。四是转变政府职能，加快省级经济调控体系的建立。继续下放权力，不断理顺政府部门职能，推进机构改革。五是县级综合改革进一步深化。进一步稳定完善了以家庭联产承包为主的责任制和统分结合的双层经营体制，不断完善社会化服务体系和农村市场体系，不断推进城乡一体化进程，进一步深化县区属国有小企业产权制度改革，深化县级政府经济管理体制改革。

1995年8月20日至25日,中国共产党辽宁省第八次代表大会在沈阳召开,省委书记顾金池代表中共辽宁省第七届委员会作了题为《坚持党的基本路线,加速"第二次创业"进程,为建设新辽宁迎接新世纪而奋斗》的报告。在总结经验的基础上,大会根据辽宁经济发展的实际,明确提出要重点抓好结构优化、外向牵动、科教兴省三大战略。按照省委的决策部署,全省进一步深化改革,不断扩大对外开放,取得了显著成效。

实现国有企业三年改革与脱困是20世纪末中央赋予辽宁的一项重要任务。随着改革的不断深入,辽宁国有企业历史上形成的机制性、结构性矛盾日益凸显。从1995年到1997年,全省国有工业企业连续三年净亏损,亏损面高达53%;全省处于停产、半停产的企业5472户,涉及职工104.6万人;全省下岗职工人数超过120万人,占全国的12%。1997年7月,国务院总理朱镕基在辽宁考察时,首次提出了国有企业三年改革与脱困的任务。辽宁围绕实现国有企业改革与脱困目标,一是理清思路,突出重点,把国有企业改革与脱困摆到重要日程。党的十五大后,辽宁省委、省政府在对全省国有企业的现状进行深入调查研究的基础上,提出了"发展壮大第一类、扭亏脱困第二类、淘汰重组第三类"的工作思路。1997年12月,辽宁下发了《辽宁省国有大中型企业三年改革与脱困实施方案》,随即出台了15个配套文件以及分地区、分行业的方案,落实了分年度目标和责任制。党的十五届四中全会之后,辽宁又提出了贯彻《中共中央关于国有企业改革和发展若干重大问题的决定》的26条实施意见。各级党委和政府都把国有企业改革与脱困列入重要日程,省委、省政府主要领导同志每年都亲自带队,到企业进行调研,帮助理清工作思路,解决实际问题。二是深化改革,强化管理,增强国有企业摆脱困境的内在动力。全省选择百户企业,在实行规范的公司制改革、分离企业办社会职能、建立完善的法人治理结构、深化企业内部三项制度改革、推进技术创新和加强企业管理等六个方面进行重点规范。对一些资不抵债的企业特别是资源枯竭的矿山,进行了关停并转。1998年至1999年,开展了以质量管理、成本管理、资金管理和现场管理为主要内容的四项管理整顿活动;2000年开展了创建花园式工厂、比价采购和压缩库存三项工作,仅比价采购一项全年就降低成本28亿元。三是调整结构,推动技术进步,提高国有企业的市场竞争力。坚持"两高一深",即大力发展高新技术产业、加快用高新技术改造传统产业、推进初级产品精深加工的方针，加快工业结构的优化和升级。重点抓了新型汽车、数控机床、工业机器人、数字化医疗设备、计算机及软件等十大高技术产业化项目，使新型材料、电子信息、汽车等产业得到快速发展，成为新的经济增长点。四是扩大对外开放，实施嫁接改造，促进国有企业转变经营机制和产品升级。五是坚持以人为本，充分调动广大干部职工的积极性。全省调整了215户国有大中型企业的领导班子，共调整班子成员704人；并加强了对企业重大决策的民主监督。六是转变政府职能，增强服务意识，努力营造国有企业改革与脱困的良好环境。重点抓了减轻企业负担，建立国有资产管理、运营和监督体系、完善社会保障制度等方面工作。1998年，省委、省政府确定沈阳、大连、抚顺、丹东、辽阳五个优化资本结构试点市为扭亏增盈的工作重点；1999年，全省重点抓了100户大企业扭亏脱困工作；2000年，省委、省政府把煤炭、有色、军工三个特困行业作为扭亏工作的重点行业，新型材料、电子信息、汽车等产业得到快速发展，成为新的经济增长点。在党中央、国务院的领导和国家各部门的帮助支持下，经过全省人民的不懈努力和积极奋斗，到2000年年底，全省国有大中型企业基本实现了改革脱困目标。辽宁的国有企业重新焕发了生机和活力，为辽宁进入新世纪后实现老工业基地全面振兴打下了坚实的基础。辽宁老工业基地历经艰难曲折，逐步走上振兴之路。

在农村经济体制改革方面，辽宁省从以往侧重于打破旧体制转变为侧重于建立新体制，重点进行农村经济结构调整优化，加速农业产业化、市场化进程。在基本经营制度和产权制度上，第一次提出了土地制度建设的基本框架（在将土地承包期再延长30年的基础上，建立土地使用权的流转机制），推进适度规模经营和"四荒"地（荒山、荒坡、荒水、荒滩）使用权拍卖；对乡镇集体企业进行了股份制和租赁、拍卖等多种产权组织形式的试点，使全省乡镇企业出现强劲快速发展的态势；在粮食购销体制上，放开了粮食价格和购销；增加对农业的投入，支持粮棉大县发展经济和建立高产优质高效农业示范区；坚持市场导向，依靠科技进步，围绕商品生产基地建设、龙头企业培育等关键环节，大力发展"两高一优"农业，切实实施"米袋子""菜篮子"两个农业产业化工程和"3310"计划。这些措施有力促进了辽宁农业的快速发展，缓和了工重农轻的矛盾，同时也提高了农业抵御自然灾害的能力。尽管1994年和1995年连续两年发生特大洪涝灾害，但是在"八五"期间，辽宁年均粮食总产量仍然达到1535万吨，农民收入大幅度增加，结束了辽宁省长期靠调入粮食和副食品维持供需平衡的历史，实现了从短缺到自给的历史性跨越，谱写了辽宁农业发展史上最为辉煌的一页，农业农村经济的发展有力地支撑了全省经济的增长。

在市场体系建设方面，不断深化流通体制改革。1992年5月，中共辽宁省委作出了《关于进一步加强商品交易和市场建设的决定》。在《决定》的推动下，全省市场建设步伐明显加快，形成了继1989年市场建设高潮后的第二次高潮，沈阳五爱、海城西柳等影响日益扩大，其辐射范围突破了行政区划的限制，向跨地区、远辐射方面发展，市场机制和功能逐步发挥出来。与此同时，资本、产权、劳动力、房地产、人才等生产要素市场进一步健全。1993年成立的大连商品交易所逐步发展成为在世界期货市场上举足轻重的、中国最大的农产品期货交易市场；1994年成立的沈阳产权交易中心逐渐成为北方最大的产权交易中心。1998年开始停止住房实物分配、实行住房货币化购买，这一历史性突破加速了住房的市场化进程。到2002年，初步形成以市场配置资源为主的住房体制，城镇居民成为购买住房的主体。随着改革的不断深入，市场环境不断完善，以大中城市为依托，城市市场与农村市场相匹配，综合市场与专业市场相结合，生产资料市场与消费品市场共同发展的，多层次、多形式、多功能的商品市场体系逐步形成，市场在资源配置中开始发挥出基础性作用。在市场体系建设的同时，全省流通体制改革加快。在全省100户国有商业流通企业中进行"经营、价格、分配、用工"四放开试点的基础上，到1993年年底，"四放开"已在全省普遍推行，放开面达90%以上。特别是在1998年开始进行的深化粮食流通体制改革，按照"四分开一完善"（即政企分开、中央与地方责任分开、储备与经营分开、新老粮食财务挂账分开和完善粮食价格机制）的改革原则，摆脱了"大锅饭"模式，基本建立起适应社会主义市场经济要求的粮食流通体制并实现顺畅运行。

在社会保障制度改革方面，一是建立并完善覆盖城乡的社会养老保险体制。从1992年起，城镇职工养老保险引入个人交费机制，按照国家、企业、个人三方合理负担的原则，实行基本养老保险、企业补充养老保险和个人储蓄养老保险制度。经过稳步推进，全省社会保险的覆盖面不断扩大。到2000年年底，全省已初步实现了从市级统筹到省级统筹的过渡。2001年，辽宁作为社会保障制度试点省份之一，进一步对养老保险制度进行改革。到2002年年底，全省基本养老保险应参保企业覆盖面和社会化发放率均达到100%，征缴率达92.5%。二是推进失业保险制度的进一步完善，减轻就业压力。从 1994 年起，开始在全省范围内实施国有企业下岗职工再就业工程。也是在这一年，全省普遍实施了再就业工程。通过制定促进就业的若干政策、拓宽就业渠道、开展就业援助活动，基本解决了困难职工的生活保障问题。三是进一步探索医疗保险制度改革。1994 年，辽宁省下发了《关于辽宁省职工医疗制度改革的试点意见》。1996 年，辽宁省医疗保险制度改革全面启动。到 2002 年年底，辽宁省参加基本医疗保险的职工达到 617.0 万人。四是建立覆盖城乡居民的最低生活保障制度。1995 年，大连市开始城市最低生活保障制度试点，随即在全省 14 个市不同程度地推开。到 2002 年年底，全省城镇享受最低生活保障人数达到 150.1 万人。辽宁省农村最低生活保障制度经过 1996 年的试点，1997 年在全省启动。与此同时，坚持医疗保险、医疗机构和药品流通体制改革"三改并举"，强力推动医疗保险制度改革。到 2001 年年底，全省养老、医疗、工伤、失业、生育五种社会保险和城市居民最低生活保障制度的框架已基本形成。

在所有制结构调整上，这一时期，辽宁大力发展了非公有制经济。中共辽宁省委在"九五"初期提出了对个体私营经济要"政策扶持、拓宽领域、调整结构、加快发展"的要求。党的十五大后，对非公有制经济发展的政策扶持、发展环境整治和依法保护力度进一步加强。这些措施使非公有制经济发展迅速，2000 年，全省个体户和私营企业纳税 49.8 亿元，占全省总税收的 21.9%。在工业产品结构调整方面，按照择优扶强的原则，对生产重点畅销产品的企业在资金、能源、原材料、运输等方面给予必要的支持和倾斜，使畅销产品占全省国有产值的比重大幅上升。

在加速对外开放方面，辽宁省委、省政府采取一系列措施，下大力量提高对外开放水平。1992 年，辽宁省委出台了《关于进一步扩大对外开放的决定》。1993 年 6 月，辽宁省委在大连召开了常委扩大会议，决定加快速度，推进大连等沿海城市对外开放。1995 年，辽宁制定了促进经济发展的新战略——外向牵动战略，对外开放水平进一步加大。此后，辽宁省委、省政府采取一系列措施，包括加速开发区建设的进程，进一步增加大连口岸的地位和作用，不断扩大招商引资的范围和数量，加速发展国际旅游事业等。到 1995 年，全省已经形成了以大连为龙头的沿海城市，以沈阳为中心的中部城市群和以锦州为窗口的辽西地区"三点一面"对外开放格局。1995 年，辽宁全省已有省级以上开发区 17 个，其中包括国家级 4 个。进区的"三资企业"已达 2650 家，实际利用外资 24.62 亿美元。

到 2001 年，辽宁对外开放领域不断拓宽，由注重经济领域开放转向经济、社会全方位开放；由注重几个领域的开放转向外资、外贸、外经、外事、旅游、科技、文化、体育、人才等领域开放。

在科教兴省方面，辽宁注意大力发展高新技术，改造传统产业，在信息技术、自动化技术、生物技术、新材料、精细化工、节能、环保和医药等方面发展一批高新技术产业。逐步建立起包括东大阿尔派、东大自动化工程等在国内外有较大影响的十几个具有科研、新产品开发、综合技术服务等多功能的工程技术中心。在科技与经济结合方面，侧重抓了科技成果的转化和推广。在教育方面，辽宁省委、省政府始终坚持把教育摆在优先发展的地位。从20世纪90年代起，不断加大对教育的投入。与此同时，大力加强基础教育和职业技术教育，使教育事业得到新的发展。在基础教育方面，重点抓了普及九年制义务教育。在学龄儿童入学率和小学毕业生升入初中升学率这两个方面，辽宁均为全国最高的省（区）。

在党的建设方面，这一时期，辽宁深入贯彻落实党的十四大、十五大精神，在全省掀起学习邓小平理论的高潮。从1999年1月起，全省自上而下，分级分批地进行了以"三讲"为主要内容的党性党风教育，取得了显著成效。2001年10月24日至28日，中国共产党辽宁省第九次代表大会在沈阳召开，闻世震代表中共辽宁省第八届委员会，向大会作了题为《认真实践"三个代表"重要思想，为实现辽宁经济跨越式发展和社会全面进步而奋斗》的报告，部署了新世纪初辽宁发展的宏伟蓝图。同时，党风廉政建设和反腐败斗争取得阶段性成果，1993年9月，查处了昌图县粮材特大违法犯罪案件。1999年7月至2001年6月，查处了慕绥新、马向东案件。

通过深化改革，扩大开放，全省经济结构进一步调整，产业升级速度不断加快，基本完成了各项任务和目标。1997年，全省国内生产总值（按1952年不变价计算）提前两年实现比1980年翻两番；1999年，全省人均国内生产总值达到10086元，提前一年实现翻两番，按汇率计算，人均国内生产总值已达到1215美元。科技、教育、文化、卫生、体育事业都有较大发展，交通、邮电等基础设施建设成就显著，在全国率先实现了14个省辖市全部通高速公路，2000多个乡镇全部通油路，2002年，全省公路总里程已达47000多公里。城乡人民生活水平显著提高，精神文明建设硕果累累。

四、抢抓历史机遇，落实国家战略，加快辽宁振兴发展

进入新世纪后，辽宁的振兴发展迎来了新的春天。2002年11月8日，中国共产党召开了第十六次全国代表大会，大会明确提出了"支持东北地区等老工业基地加快调整改造，支持以资源开采为主的城市和地区发展接续产业"的战略决策。2003年10月5日，党中央、国务院出台了《关于实施东北地区等老工业基地振兴战略的若干意见》（中发〔2003〕11号）文件，标志着老工业基地振兴上升为国家战略，辽宁的振兴发展也随之进入了一个新阶段。

在准确判断形势的前提下，中共辽宁省委紧紧抓住中央实施东北地区等老工业基地振兴战略这一重大历史机遇，在总结全省改革发展经验教训的基础上，研究确定了辽宁老工业基地振兴的指导思想和目标任务。2004年，中共辽宁省委根据中央精神和辽宁实际，制定和完善了振兴辽宁老工业基地的总体规划和重点产业发展战略，明确了把建设大连国际航运中心同建设现代装备制造业基地、重要原材料工业基地和发展现代农业、高新技术产业、现代服务业（即"一个中心、两大基地、三大产业"）结合起来的战略重点。主要工作措施是：以建设现代装备制造业和重要原材料工业两大基地和高新技术、农产品加工和现代服务业三大产业为重点，加快产业结构调整；突出重点，坚持市场效益原则，坚持高起点，增强自主创新能力，加强企业技术改造；优化区域经济布局，推动区域经济协调发展，并大力发展临港经济；深化改革，加速实现体制创新、机制创新和管理创新；围绕产业结构调整优化和企业技术改造，提高利用外资水平，扩大利用外资规模，积极接受欧美日韩等发达地区、国家的产业转移；依靠科技进步，实现经济社会的协调、全面、可持续发展；切实转变政府职能，营造加快辽宁老工业基地振兴的良好环境。

根据中发〔2003〕11号文件"要重点发展数控机床、输变电设备、轨道车辆、发电设备、重型机械等重大装备产品，把东北地区建成我国重要的现代装备制造业基地"要求，辽宁全面推进先进装备制造业建设，取得了明显成效。2005年1月14日，省委、省政府制定的《辽宁老工业基地振兴规划》明确指出：以产业结构调整为主线，以发展现代装备制造业为重点，加快辽宁老工业基地调整、改造与振兴。2006年1月18日，涵盖了辽宁省"十一五"期间装备制造业总体发

展思路、基本原则和目标体系的《辽宁省装备制造业"十一五"发展规划》正式出台，并提出以交通运输装备、成套装备、基础装备等体现辽宁优势的领域为重点，以调整产业结构、完善产业布局、构建多层次的自主创新体系、做强做大企业规模为手段，把辽宁建设成为具有较强核心技术和自主研发能力、产业结构比较合理、产品技术比较先进、综合实力国内领先、在国际上有较大影响的先进装备制造业基地。从2003年起，辽宁省委、省政府推出一系列战略规划重振装备制造业，深化企业改革，调整产业布局，优化产业结构，加大科技投入，推动产业升级。短短几年间，辽宁装备制造业从量变走向质变，到2007年，辽宁装备制造业初步实现了"用中国装备支撑中国制造"。从2006年起，装备制造业已经超过冶金、石化行业，成为辽宁工业第一支柱产业，2007年装备制造业经济总量达到2003年的2.8倍。到2007年年底，辽宁装备制造业企业技术中心总数达到105个，其中国家级技术中心20个，装备制造业企业技术中心已占全省省级以上企业技术中心总数的50%。依托企业技术中心，已经建立起大型压缩机研发平台、大型重载精密轴承研发试验平台等14个国家级的重大产业技术研发平台，具备了开展国际水准的产品与技术研发的能力，特别是一些重点产品领域取得了一大批标志性的技术成果。

在国有企业改革方面，从2001年开始，辽宁启动实施了国有大型骨干企业股份制改革，特别是产权制度改革。2005年，辽宁放开股权比例，实行开放式改革，并出台了一系列涉及筹集改革成本、保障职工安置、规范改制操作等配套的政策措施。到2010年，全省地方国有大型工业企业基本完成了股份制改造，国有中小企业产权制度改革基本完成，国资、民资、外资等多种投资主体并存的企业所有制格局在全省已经形成。在构建新型产业体系方面，按照走新型工业化道路的要求，辽宁省在政府投入、发展精专特产品、开展合作等方面，大力推进石化、冶金、建材等重点产业向集约化、高级化、系列化和深加工方向发展，拉长钢铁深加工、石油化工深加工、农产品深加工等产业链，积极培育精细化工、精品钢材、绿色食品、纺织服装等一批有较强竞争力的、体现辽宁工业优势的精、专、特企业和产品，进一步增强了重点行业和骨干企业的竞争实力。100万吨乙烯裂解气压缩机和丙烯压缩机、30万吨油轮等一批重大装备产品，标志着辽宁装备制造业产品研发能力上了一个新台阶，技术水平在某些领域进入国际先进行列。重点推进装备制造、汽车及零部件、船舶、石化、钢铁、镁制品和非金属矿制品、纺织服装、电子信息产品、生物与医药等12大产业集群，推进产业结构优化升级。通过与国际知名公司的合资合作，引进技术、资金和管理，汽车、燃气轮机、医学检验设备、数控机床等一批重点产品实现了升级换代。2005年，辽宁确定了以"两大基地和三大产业"建设为核心的100项重点工业结构调整项目和100个重大基础设施项目。到2010年年底，一些项目相继竣工投产、发挥效益，成为辽宁老工业基地振兴的重要推动力，为辽宁工业的持续健康发展奠定了良好基础，大大加快了辽宁工业经济的发展。

同时，辽宁加快了对外开放步伐。2004年12月，辽宁省委、省政府发布《关于加快建设大连东北亚国际航运中心的决定》，确定建设大连东北亚国际航运中心的指导思想、功能定位和发展目标。2006年8月，国务院正式批准设立大窑湾保税港区，进一步为大连国际航运中心建设提供了政策和功能支持。2007年8月30日，国家发展和改革委员会批复了由辽宁省委、省政府组织省直有关部门和大连市共同研究制定的《大连东北亚国际航运中心发展规划》。大连东北亚国际航运中心以大连大窑湾保税港区为核心，以大连城市为载体，以沿海港口为基础，以东北腹地为依托，构建完善的基础设施体系、综合运输体系和航运服务体系，着力打造港口布局合理、服务功能完备、比较优势突出、牵动作用较强的东北亚重要国际航运中心，使之成为东北亚地区重要的国际性枢纽港和物流中心，成为引领东北对外开放的龙头和全面振兴老工业基地的重要引擎。到2007年，大连东北亚国际航运中心建设进展顺利，航运基础设施建设加快，港口核心竞争力大幅度提升，集疏运体系不断完善，航运综合服务体系逐步完善，功能显著提高。以大连国际航运中心为龙头，以沈阳中部城市群为腹地，以丹东、锦州为两翼，沿海和内地互动的开放新格局，为进一步加快辽宁开放型经济发展奠定了坚实的基础。

2005年，为落实中央振兴东北的战略部署，国务院下发了《关于促进东北老工业基地进一步扩大对外开放的实施意见》，明确指出，进一步扩大对外开放是实施东北地区等老工业基地振兴战略的重要组成部分，也是实现老工业基地振兴的重要途径。为贯彻实施中央经济发展战略，辽宁省委、省政府经过认真研究论证，在2005年的《政府工作报告》和全省"十一五"发展规划中提出了要努力打造"五点一线"沿海经济带的战略构想。"五点一线"的"五点"是指：大连长兴岛临港工业区、辽宁（营口）沿海产业基地（含盘锦船舶工业基地）、辽西锦州湾沿海经济区（含锦州西海工业区和葫芦岛北港工业区）、辽宁丹东产业园区和大连花园口工业园区，规划总面积582.9平方公里，起步区面积为219.86平方公里。"一线"是指：从丹东到葫芦岛绥中1443公里的滨海公路。通过"以点连线、以线促带、以带兴面"的空间发展格局，辐射和带动距离海岸线100公里范围内的沿海经济带的发展。2008年年初，为了在更高的起点上加快推进"五点一线"沿海经济带开发建设步伐，以使"五点一线"沿海经济带尽快在国内外合作中占据制高点，并使其尽早纳入国家战略，辽宁省政府决定适当扩大沿海经济带重点支持发展区域范围，赋予其相应政策，以此推动沿海经济带又好又快发展。新增17个政策支持区域，规划总面积701.11平方公里，起步区总面积503.41平方公里。辽宁省委、省政府作出"五点一线"重大部署后，全省上下迅速行动，采取有力措施，加快推进速度，取得了开发开放的阶段性成果。

2006年10月23日至26日，中国共产党辽宁省第十次代表大会在沈阳召开，时任辽宁省委书记李克强代表中共辽宁省第九届委员会作了题为《为实现辽宁老工业基地全面振兴不懈奋斗》的报告，会议提出，要在推进和落实三项重点任务（即建设国家新型产业基地、建设社会主义新农村、构建和谐辽宁）上取得突破性进展，使全省经济社会发展总体水平进入东部发达地区行列。同时，进一步明确了沿海经济带、沈阳经济区（辽宁中部城市群）和突破辽西北三大发展战略，加快实现全面建设小康社会目标。

2008年年初，辽宁省政府扩大沿海经济带重点支持发展区域范围，新增17个政策支持区域，规划总面积701.11平方公里，起步区总面积503.41平方公里。2009年7月1日，国务院常务会议原则通过了《辽宁沿海经济带发展规划》，标志着辽宁沿海经济带开发开放已经上升为国家战略。这极大地提升了辽宁的影响力和知名度，极大地振奋了全省人民的精神。2009年，辽宁紧紧抓住沿海经济带上升为国家战略这一重大历史机遇，加速大连沿海核心城市建设和国际航运中心建设，加快沿海六市开发开放，29个重点区域竞相发展，全长1443公里的滨海大道提前一年建成通车。沿着海岸线，一个充满生机的城市带、经济带、旅游带开始形成。

在推动辽宁中部城市群建设方面，2003年，中共辽宁省委、省政府作出将建设辽宁中部城市群作为振兴辽宁老工业基地的重大战略举措的决定。2005年，沈阳、鞍山、抚顺、本溪、营口、辽阳、铁岭七市正式签署了辽宁中部城市群（沈阳经济区）合作协议，合作内容包括交通运输、产业发展、金融服务、贸易流通、对外招商、人力资源、科教文化、旅游开发、生态环境等10个领域。这标志着辽宁中部城市群建设全面起步。2008年，阜新市被正式纳入沈阳经济区，辽宁中部城市群由七市变为八市，并再度更名为沈阳经济区。2010年，经国务院同意，国家发展改革委正式批复沈阳经济区为国家新型工业化综合配套改革试验区。沈阳经济区成为继上海浦东新区、天津滨海新区之后的又一个国家综合配套改革试验区。通过综合配套改革试验，沈阳经济区将建成国家新型产业基地重要增长区、老工业基地体制机制创新先导区、资源型城市经济转型示范区、新型工业化带动现代农业发展的先行区和节约资源、保护环境、和谐发展的生态文明区。

为了促进全省区域经济协调发展，中共辽宁省委、省政府决定实施突破辽西北战略，支持辽西北地区加快发展。2004年4月，辽宁省政府颁布了《关于支持辽西北地区经济与社会发展的若干政策意见》，提出了40条具体政策。到2012年，突破辽西北取得明显成效，三市主要经济指标增速连续五年超过全省平均水平，生态环境发生了重大变化。

在社会主义新农村建设方面，2002年，为了从根本上减轻农民负担，保护农民的利益和生产积极性，促进农业发展、农民增收和农村社会稳定，辽宁省决定在北宁市（今北镇市）和灯塔市进行农村税费改革试点。从2005年1月1日起，辽宁在全省范围内全部取消农业税，结束了农民种地缴纳"皇粮国税"的历史，标志着辽宁省在解决"三农"问题方面的成熟度上有了一个质的飞跃，进入了以工促农、以城带乡的新时代。2006年，辽宁省开始了以乡镇机构、农村义务教育和县乡财政管理体制三项改革为重点的农村综合体制改革，并从2007年开始逐步在全省全面推开。到"十一五"末期，全省基本完成农村综合改革任务。2006年，辽宁省出台《关于推进社会主义新农村建设的实施意见》，确定以发展县域经济为重要载体，以农业现代化为基础，以工业化为主导，以城镇化为支撑，扎实推进社会主义新农村建设。全省先后出台了《关于加快县域经济发展的若干意见》等配套政策文件，完善了新农村建设政策措施。经过几年的扎实推进，辽宁县域经济异军突起，一年上一个台阶。2010年，辽宁44个县（市）经济的发展速度高出全省平均增速一倍，全面超额完成第一个三年倍增计划，为推进城乡统筹发展、提高农民收入、带动我省农业经济和农村各项事业全面发展提供了新的动力。以发展县域经济为重要载体的社会主义新农村建设取得显著成效，农业和农村经济各项指标稳步提升，粮食连年稳产，农业结构更趋合理，现代农业快速发展，农民收入大幅提高，各项民生事业得以改善。2012年，粮食产量达到414亿斤，再创历史新高。林、牧、渔各业产量和产值跃居全国前列。完成了千万亩设施农业工程，其中在朝阳建成了185万亩大棚。16个县（市）成为一县一业示范县（市）。2008年至2012年累计开工建设了投资10亿元以上的重大农产品加工项目108个。伴随着社会主义新农村建设，辽宁省于2003年7月启动了新型农村合作医疗试点工作。到2007年12月，全省97个县（市、涉农区、涉农开发区）全部启动了新农合制度建设，实现了县、乡、村全覆盖，提前两年实现了国家提出的新型农村合作医疗制度覆盖全省农民的目标，缓解和解决了广大农民看病难、看病贵问题。

在保障和改善民生方面，2005年年初，省委提出了"加快老工业基地振兴、建设和谐辽宁、全面振兴辽宁"的总要求。城市集中连片棚户区改造、零就业家庭再就业、城乡困难群体救助等民生工程轰轰烈烈地展开。

推进棚户区改造工程是这一时期民生工作的一大亮点。2004年12月，中共辽宁省委九届八次全会和全省经济工作会议提出：从2005年开始，用两到三年时间，基本完成全省城市5万平方米以上集中连片棚户区改造任务，改造范围包括11个地级市（不含沈阳、大连、鞍山），拆迁总量为848万平方米，受益居民为27.5万户、84.4万人。2005年3月16日，省政府下发了《全省城市集中连片棚户区改造实施方案》，打响了辽宁棚改攻坚战。在棚改过程中，辽宁采取了"市场化运作，政府兜底"的资金筹措新模式。在党中央、国务院的关怀与国家有关部门的指导、支持下，在辽宁省委、省政府的正确领导下，经过全省上下的共同努力，辽宁省城市集中连片棚户区改造工作提前到2006年年底基本完成。经过两年多的不懈努力，列入省计划的11个市（不含沈阳、大连、鞍山）共完成投资近150亿元（其中省财力13.35亿元，国开行贷款51亿元，国家补助12.2亿元，各市自筹等69亿元），共拆除棚户区住宅面积983.7万平方米，新建回迁房1332万平方米，改善了29.3万户、89.9万人的住房条件，提前一年超额完成了计划。另外，沈阳、大连、鞍山3个市共改造了棚户区228.4万平方米，受益居民为5.2万户、30.1万人。14个市共改造城市集中连片棚户区1212万平方米，改善了34.5万户、120万人的住房条件，使棚户区居民的人均住房建筑面积由不足10平方米提高到18平方米。2007年，又启动了5万平方米以下、1万平方米以上城市连片棚户区改造。到年底，基本完成1万平方米以上城市集中连片棚户区改造任务，拆除了1512万平方米低矮破旧的棚户区，建起了2400万平方米的新楼房，42万户、143万人喜迁新居。与此同时，在国家的有力支持下，中央下放煤矿棚户区改造工作进展顺利，到2007年年底，全省7个采煤沉陷区治理工作基本完成。

在推进全面振兴的过程中，中共辽宁省委全面加强党的执政能力建设和先进性建设，为振兴辽宁老工业基地提供坚强保证。2004年，省委通过突出重点，区分层次，抓好领导干部学习，带动广大党员干部和群众学习，全省迅速兴起了学习贯彻"三个代表"重要思想新高潮。按照党中央的统一部署，从2005年1月至2006年6月，辽宁省紧紧围绕提高执政能力、实现辽宁全面振兴的战略目标，分三批开展了保持共产党员先进性教育活动。从2008年9月开始，全省分三个批次开展了深入学习实践科学发展观活动。全省组织18.6万名各级党政机关干部深入基层，推进企业发展、重点项目落实和新农村建设；持续开展"党员干部走进千家万户""解难题促和谐""环保攻坚惠民"三项实践活动，解决群众迫切需要解决的各种实际问题。通过一系列重大战略思想的学习实践，全省广大党员干部进一步坚定了理想信念，深化了工作思路，改进了工作作风，密切了党同人民群众的血肉联系，增强了基层党组织的创造力、凝聚力和战斗力。在学习的同时，中共辽宁省委积极贯彻《中共中央关于加强党的执政能力建设的决定》，切实加强党的执政能力建设。2004年12月31日，中共辽宁省委九届八次全会明确了加强党的执政能力建设的总体要求、指导原则和主要措施。在推进干部人事制度改革上，倡导和坚持正确的用人导向，在干部选拔任用工作中推行票决制、公示制等改革措施，顺利完成市、县、乡党委换届。2005年年初，省委常委班子向全省郑重作出并落实廉洁自律五项承诺。深入开展党风廉政建设和反腐败斗争，加大从源头上预防和治理腐败工作力度，严厉惩处腐败分子，努力营造风清气正的良好环境。2003年起，辽宁省逐步建立起巡视制度，进一步建立和完善了党内监督制约机制。2004年5月21日，"民心网"（辽宁省政务信息处理中心）正式开通，在全国率先实现政务公开与纠风工作互动。到2007年年底，全省14个市、100个县区和70多个行业和纠风部门，实现了与民心网的资源整合，形成了三级联动查处、整改问题的纠风模式。

经过改革开放，辽宁人民以一往无前的进取精神和波澜壮阔的创新实践，自强不息，顽强奋进，谱写了走向全面振兴的壮美诗篇。

重大历史事件

一、党的工作重点转移决策的贯彻与落实

党的十一届三中全会后,辽宁省委带领全省人民,坚决拥护和认真贯彻落实党中央把党的工作重点转移到社会主义现代化建设上来的战略决策,积极为党的工作重点转移创造条件,并着重在统一人们的思想认识方面做工作,在工作实践中集中精力抓社会主义现代化建设,排除了"左"的和右的思想干扰,确保党的工作重点转移的顺利实施。

(一)为实现党的工作重点转移创造条件

首先,从端正党的思想路线入手。1978年8月中旬,省委发出通知,要求在全省开展真理标准问题大讨论。8月25日,省委第二书记任仲夷在省委主办的《理论与实践》上发表了《理论上根本的拨乱反正》的署名文章。作为省委和省委主要领导公开支持开展真理标准问题大讨论,这在全国是走在前面的。9月中旬,邓小平同志来辽宁,他鲜明地指出,不恢复毛主席给我们树立的实事求是的优良传统和作风,我们四个现代化也没有希望。"两个凡是"观点是不正确的。邓小平同志的指示,是对辽宁省刚刚开始的真理标准问题讨论的一个有力支持,把辽宁省的真理标准问题讨论进一步引向了深入,为贯彻执行党的工作重点转移的决策扫除了思想障碍。在1979年8月25日召开的中共辽宁省第五次代表大会上,省委第一书记任仲夷要求全省各级党组织和全体党员,要肃清林彪、"四人帮"及其死党的流毒,把思想和行动统一到社会主义现代化建设上来,真正搞好工作重点的转移。

其次,从政治路线上进行拨乱反正。1979年1月4日至16日,中共辽宁省

委召开了常委扩大会议，传达党的十一届三中全会和中央工作会议精神，集中讨论和研究如何把全省的工作重点转移到社会主义现代化建设上来的问题，省委第一书记任仲夷在这次会议的讲话中明确指出，贯彻党的十一届三中全会精神必须抓住工作重点转移这个中心，统一全省人民的思想和行动，从思想、组织、政策、机构设置、工作方法和领导方法上促进和保证工作重点的转移，以适应新形势、新任务的需要，努力开创辽宁社会主义现代化建设的新局面。2月26日，省委第一书记任仲夷、书记徐少甫及部分领导干部，带领工作人员分赴全省各地，协助贯彻落实党的十一届三中全会精神，同时搞好调查研究，帮助各地解决问题，尽快实现工作重点的转移，把国民经济特别是把农业搞上去。

再次，从组织路线上提供保证。中央为解决辽宁的问题，坚决调整省委领导班子，先后派任仲夷、陈璞如来辽宁担任主要领导工作。新的领导班子严格执行了党中央"既要解决问题，又要稳定局势"的方针，牢牢掌握斗争大方向，把"四人帮"和死党及其在辽宁帮派体系坚决从各级领导班子中清除出去。揭批"四人帮"在辽宁帮派体系的同时，大规模平反冤假错案和纠正历史遗留的各种问题，落实党的干部政策，不仅使一大批具有丰富工作经验的老同志充实到各级领导班子，又培养选拔了一批年轻干部进入各级领导岗位，极大调动了广大群众的积极性，为贯彻执行党的工作重点转移提供了组织保障。

1979年10月16日至18日，省委召开常委扩大会议，进一步强调指出，经济工作和经济问题，是现在最大的政治问题。今后长期工作的重点都要放在经济工作上面，其他各方面的工作都不能离开现代化建设这个中心。党的工作重点转移的决策从根本上代表了广大干部和群众的利益，得到全省上下的拥护，集中精力进行社会主义现代化建设的新局面逐步形成。

（二）党的工作重点转移的贯彻与落实

1979年4月，中央工作会议提出了三年内实行对国民经济"调整、改革、整顿、提高"的八字方针。为了贯彻中央工作会议精神，辽宁省委连续召开会议。5月，召开工作会议，传达中央关于国民经济调整工作的方针。《辽宁日报》为此发表了题为《一件有决定意义的大事》的文章。8月，召开中共辽宁省第五次代表大会，提出要集中三年时间认真贯彻执行中央确定的方针，打好社会主义现代化建设第一战役。1980年1月，省委召开工作会议，认真分析了辽宁农业基础薄弱，轻工业发展缓慢、燃料、动力不足、基本建设战线过长等问题。接着，省委又召开常委扩大会议，充分肯定了 1979 年贯彻执行党中央的路线、方针、政策所取得的显著成绩。

为贯彻中央的"八字方针"，省委结合实际，重点抓了调整和改革。1979年 4 月，省委召开基本建设工作会议，研究调整全省基本建设规模，坚决扭转多年来存在的"长、散、乱"的被动局面，按照中央的要求，下决心停建、缓建一批基本建设项目，投资方向也得到了调整。1981 年 6 月，省委又召开工作会议，根据中央工作会议精神和邓小平来辽宁时所作的指示，研究总结全省的经济调整工作，进一步动员党员干部和群众，振奋精神，确保国民经济调整任务的完成。

在贯彻中央的"八字方针"抓改革时，全省突出在搞活上做文章。为进一步搞活经济，率先提出了抓富和搞活，提出了"四个打破"，即打破保守思想、条条和块块的分割、多余的中间环节、不合理的旧框框；"两个调节"，即计划调节和市场调节，以及一个变通，努力把农业搞活，把工业搞活，把商业搞活，把金融搞活，把整个经济搞活。

二、农村经济体制改革的起步与发展

为贯彻落实中央文件精神，1979 年 2 月 26 日，中共辽宁省委、省革委会结合辽宁的实际，制定了《关于农村若干经济政策的补充决定》（试行草案），对保障人民公社的所有权和自主权、粮食征购等 10 个问题作了补充规定，从此揭开了全省农村改革的序幕。

（一）改革的起步与展开

从 1978 年 12 月至 1984 年年末，重点推行家庭联产承包为主要内容的各种责任制。1979 年 11 月，省委召开了县委书记会议，会议提出在全省上下进行农村致富大讨论。省委第一书记任仲夷在会上作了题为《全省齐动员，为建设富庶的社会主义新农村而奋斗》的报告。1980 年，全省的偏远山区和贫困地区试行了家庭联产承包责任制，并普遍收到了较好的效果。1982 年 10 月，省委召开五届六次全会，统一对家庭联产承包责任制问题的认识，提出在"双包"尤其是在包干到户问题上,要进一步解放思想。1983年省委又发出通知,强调农村改革的中心环节是进一步加强和完善联产承包责任制,进一步放手发展"两户"(专业户、重点户),发展多种形式的新的合作经济。到1984年年底,全省已有506万农户实行了家庭联产承包责任制,占全省农户总数的93.6%。在推行家庭联产承包责任制的同时,对农村管理体制进行了相应的改革。重点是政社分离,实现管理制度的更新。改革极大地调动了农民的积极性,结束了全省农业长期停滞不前的局面,农村商品经济开始启动,辽宁农业实现了历史上的显著飞跃。1984年,全省农村社会总产值实现203.9亿元,比1978年增加1.8倍。

★落实了农村生产责任制,丰收后的农民欢天喜地忙脱谷

(二)改革的深化与完善

从1985年至1992年,在进一步巩固和完善家庭联产承包责任制的基础上,重点调整了农村产业结构,改革统购派购制度,开始建立计划调节与市场调节相结合的运行机制。1985年,国家决定改革农产品统购派购制度,对粮油等大宗农产品采取合同定购与市场收购的"双轨制"。我省放松了对农业生产资料价格的控制,并逐步取消了对农用工业的补贴,农业生产资料价格出现了大幅度上涨的趋势。从1988年下半年开始,在宏观经济政策紧缩的背景下,一方面,农业得到了一定的加强,我省主要农产品产量都有大幅度提高,粮食产量创下了历史最高纪录。但粮棉等主要农产品的价格仍大大低于市场价格,各地收购矛盾很大。另一方面,非农产业发展受到抑制。

(三) 改革新阶段与历史性突破

1992年至1998年，辽宁农村全面向社会主义市场经济体制转轨。农业和农村经济在改革方面也出台了许多重大举措，并取得了较大突破。第一次提出了土地制度建设的基本框架（在将土地承包期再延长30年的基础上，建立农地使用权的流转机制），推进适度规模经营和"四荒"地（荒山、荒坡、荒水、荒滩）使用权拍卖；对乡镇集体企业进行了股份制和租赁、拍卖等多种产权组织形式的试点；放开了粮食价格和购销；出台了支持粮棉大县发展经济和建立高产优质高效农业示范区专项贷款，等等。我省农业和农村经济呈现全面发展的态势，结束了我省长期靠调入粮食和副食品维持供需平衡的历史，实现了从短缺到自给的历史性跨越，谱写了辽宁农业发展史上最为辉煌的一页。

三、中国共产党辽宁省第五次代表大会的召开

在揭批和清查林彪、"四人帮"的大规模群众运动已基本结束，党的工作重心转移到社会主义现代化建设上来的时代背景下，1979年8月25日至8月31日，中国共产党辽宁省第五次代表大会在沈阳召开。出席大会的代表982人，列席代表50人。任仲夷作了题为《全省党员动员起来，为加速社会主义现代化建设而奋斗》的工作报告，通过大量的事实，阐述了我省粉碎"四人帮"以来的大好形势及原因，总结回顾了我省揭批林彪、"四人帮"的斗争，深刻分析了林彪、"四人帮"及其在辽宁的死党得以产生和赖以横行的历史根源和应该汲取的历史教训。强调必须正确认识当前我国的主要矛盾和我们的中心任务，把工作着重点真正转移到社会主义现代化建设上来。

报告论述了我省调整国民经济的形势及存在的问题，提出了认真贯彻国民经济"调整、改革、整顿、提高"八字方针的具体要求，特别提出集中力量补长"短腿"；改革经济管理体制，努力把经济工作搞活；大力搞好现有企业的挖潜、革新、改造；加强管理，深入开展增产节约运动。报告强调在党的领导下，发扬社会主义民主，加强社会主义法制。报告最后对搞好党的建设，加强党的领导，加强党的思想建设，做好党的思想政治工作，加强党的组织建设，提高党组织的战斗力和端正党风、严肃党纪等工作，提出了具体的要求和措施。

在闭幕式上，陈璞如肯定了大会所取得的成就，并号召全省要深入宣传和贯彻大会精神。首先，要进一步解决好思想路线问题，进一步把党的工作着重点转移到社会主义现代化建设上来。全省党员、干部要适应新形势的要求，努力学习政治、科学、文化、技术和管理知识。认真端正党风，坚决消除派性，增强党性。进一步健全党的组织生活，加强党的纪律检查工作，对违反党规党纪的行为，进行坚决的斗争。

1979年9月1日，中共辽宁省第五届委员会举行了第一次全体会议，选出省委常务委员会委员19人，选举任仲夷为省委第一书记、黄欧东为第二书记，陈璞如、李荒、白潜、胡亦民、徐少甫、郭峰、沈越、张正德、张新村为书记。会议还选举产生了省纪律检查委员会，委员56人，选举徐少甫为第一书记，刘汉清为书记，蔡思光等5人为副书记。

四、党的十二大后大规模整党工作的展开

党的十二大以后，中共辽宁省委按照中央的要求，从1983年12月至1987年5月，进行了为期三年半的整党，分期分批对党的作风和党的组织进行一次全面整顿。目的是使全党能更好地实现工作重心的转移，纠正"文化大革命"对党的建设造成的破坏，解决党内存在的组织不纯、思想不纯和作风不纯问题，确保实现党的十二大确定的宏伟目标。

（一）为大规模整党做好准备工作

1983年1月，省委成立以省委书记徐少甫为组长的整党工作领导小组，全省从上到下建立起整党工作体系和检查监督体系，省市县三级相继成立了整党办公室。紧接着全省共有46个省直和市县机关、工厂、大专院校、科研院所等单位参加首批试点，省委抽调393名干部组成了整党试点调查组进驻试点单位协助工作。同年10月，省委发出《关于认真学习〈中共中央关于整党的决定〉的通知》。通知要求，要把学习、宣传、贯彻落实《中共中央关于整党的决定》作为头等大事来抓，自上而下，分期分批进行整党。第一批开展整党的省直机关，要积极做好整党的各项准备工作。第二批开展整党的市、地、县委领导班子成员，在学习整党《决定》，提高认识的基础上，开展批评与自我批评，做好对照检查。已经

进行过整党试点的单位，要结合整党《决定》，进行检查验收。1983年11月，省委在召开的五届七次全会上，讨论了如何落实《中共中央关于整党的决定》，会上通过了中共辽宁省委《关于贯彻执行〈中共中央关于整党的决定〉的实施方案》，明确了整党工作的指导思想、基本方针、基本任务和基本方法，决定在前阶段试点的基础上，在全省开展整党工作。

（二）第一批整党首先在省级领导班子和省直机关中展开

1983年12月5日，省委召开省直机关整党动员大会。12月16日，省委召开省直机关第一批整党单位负责人会议。省委第一书记郭峰在会上要求参加第一批整党的各单位均拉开两条战线，5000多名党员暂时脱离工作，全部坐下来集中学习，高标准、严要求地把学习引向深入。1984年1月4日，省委召开常委会议，讨论中共中央整党工作指导委员会第六号通知，讨论省纪委《关于共产党员在整党中必须严守党的纪律的通知》。会议指出，在整党中能够立即解决的问题要坚决解决，不能拖延。首先要解决群众最关心、意见最大、最有普遍教育意义的事情。同月5日，省委又召开了省直各单位负责同志和分管整党工作的负责同志会议。会上，宣读了中共中央整党工作指导委员会第六号通知，简要总结了前一段整党边整边改的情况，通报了一批整改比较好的单位，省委常委、省整党办公室副主任陈素芝传达了省委关于贯彻执行边整边改方针的要求和措施。1984年1月11日，省委召开省直单位负责人和分管整党工作的负责人会议，对搞好整党学习阶段总结检查验收工作做了进一步动员和部署。省委要求，要认真学习薄一波同志在中央和国家机关有关会议上的讲话，认真检查对党的十二届二中全会决定、对中共中央整党工作指导委员会的6个通知的贯彻执行情况，整党文件学习不能走过场，要在思想上政治上同中央保持高度一致。边整边改的重点要放在整顿作风上，打开整改工作的新局面。要抓好清理"三种人"的工作。要根据不同类型的党员思想有针对性地进行工作。1984年1月15日，中共辽宁省委向中央整党工作指导委员会呈送《关于我省省级机关整党工作的情况报告》。《报告》汇报说，辽宁省省级机关自1983年12月份开始整党以来，从组织上严格划分四条战线，采取分批脱产集中轮训的办法，保证整党学习不走过场，深入解决对"文化大革命"的认识问题，与中央保持政治上的一致，搞好整党，提高了做好整党工作的信心。

（三）第二批整党先后在市县机关和城乡各基层单位的党组织中进行

1984年12月29日，中共辽宁省委发出《关于深入搞好市直机关整党工作的通知》。《通知》要求各市要切实加强对整党工作的领导。市委的主要负责同志要拿出较多时间抓好整党。分管整党工作的同志要全力以赴抓整党。领导干部要深入到整党单位调查研究，解剖典型，总结经验，并注意抓后进单位，促进其转变。1985年1月18日至20日，中共辽宁省委在阜新市召开第二期整党工作座谈会，传达中指委召开的第二期整党工作座谈会精神，交流各市直机关整党工作进展情况和经验，研究讨论如何加强第二期整党工作的领导问题。省委书记徐少甫，省委常委、整党办公室副主任陈素芝就如何搞好市直机关的整党和加强第二期整党的领导问题分别讲了话。1985年3月11日至13日，中共辽宁省委召开整党工作会议。传达中指委召开的第二期整党工作会议精神，结合辽宁省实际，研究在继续开放、继续搞活、继续搞好经济体制改革的同时如何纠正新的不正之风的问题。省委第一书记郭峰在会上讲了话。他强调，纠正新的不正之风态度必须坚决，措施和办法也要得当，不但要"一查二惩"，还要切实加强思想教育，教育党员增强党性和组织纪律性，自觉地同党中央在政治上保持一致。1985年7月19日至23日，中共辽宁省委召开第二期整党工作会议。会议传达学习了中指委召开的六省、区整党汇报会精神，分析了当前整党工作形势，交流了经验。省委书记李贵鲜作了会议总结。会议强调，要进一步明确"整党要保证和促进改革"这一根本指导思想，严肃党纪，整顿党风，增强党性，保证和促进改革事业健康发展。

在中央整党决定公布之后，各市立即组织党员干部学习整党文件，轮训党员干部；组织力量开展对"三种人"的核查工作；在未整先改中纠正一部分以权谋私的不正之风和严重官僚主义的问题；调整了一部分领导班子。许多市从市级机关的实际出发，借鉴省直机关整党的经验，在学习整党文件阶段将要解决的重点问题划分为四五个专题，组织党员针对每个专题，边学习文件，边揭摆问题，边对照检查，边进行整改，做到学习整党文件紧密联系本单位和每个党员思想的实际。

在县区的整党工作中，县、区委对整党工作比较重视，做了许多工作，取得了较好的效果。一是主要领导亲自抓，领导班子以身作则，搞好各级领导的自身整党；二是对全县、区的各个部门整党做到认真检查；三是底数比较清楚，整党要解决的问题抓得准;四是紧密结合本县区的实际,采取灵活多样的、行之有效的整党方法;五是注意把党性教育贯彻整党的始终,在增强党性提高党员思想政治素质上下功夫;六是把整党同改革同经济工作紧密结合,做到以整党促进经济、促进改革。

(四)整党工作从根本上改变了"三个严重不纯"的状况

1987年6月,中共辽宁省代表会议对我省整党工作进行了全面总结。三年多的整党,成绩是主要的,提高了广大党员的马列主义水平,消除了"左"的思想影响和"文化大革命"的遗风,使党员在思想上政治上同中央保持一致;进一步清理了"三种人",在加强党内民主生活和制度建设等方面收到了比较明显的效果;"三个严重不纯"的状况有了根本改变。

在三年多的整党工作中,全省各级党组织认真贯彻执行《中共中央关于整党的决定》和中指委各项指示,通过学习文件、思想教育、开展批评与自我批评,基本上完成了"统一思想、整顿作风、加强纪律和纯洁组织"四项任务,党在思想、作风和组织上的"三个严重不纯"的状况有了较大的改变。在思想上,彻底否定了"文化大革命",全面系统地清理了"左"的影响,端正了对党的十一届三中全会以来路线的认识,增强了党的团结,促进了思想解放,提高了同党中央在思想上政治上保持一致的自觉性。同时,通过对党员进行党性、信念、理想、宗旨和纪律教育,有力地纠正了一些党员理想、信念淡薄等错误倾向。

五、城市经济体制综合改革的开展

1984年10月党的十二届三中全会通过《中共中央关于经济体制改革的决定》,根据《决定》精神,辽宁开始进行了以城市为重点的全面改革。

1984年7月,国务院决定先后在沈阳、大连两市进行城市经济体制综合改革试点。同年,省委、省政府决定在丹东市同时进行城市经济体制综合改革试点。党的十四大以后,经国家体改委批准,鞍山、沈阳分别于1992年、1993年被列为国家综合配套改革试点城市。到1993年城市经济体制综合改革告一段落。

这期间,辽宁的城市经济体制综合改革主要包括以下几点。

（一）企业改革成果丰硕

困扰辽宁经济发展的主要原因是国有大中型企业缺乏活力。省委、省政府根据全省大中型企业多，大中型企业在全省经济发展中占有举足轻重的地位的实际，把企业改革特别是大中型企业改

★全国企业改革试点单位、沈阳市最大的工业企业之一——金杯汽车股份有限公司宣告成立

革作为改革的中心环节和重点。企业改革，由试点到逐步推开，大体经过了三个阶段。第一阶段是从1984年到1988年。主要是在国有企业进行简政放权、减税让利试点的基础上，逐步进行全面的企业改革。第二阶段是从1989年到1991年。这一阶段的企业改革，基本上处于稳定完善状态。第三阶段是从1992年到1993年。企业改革由政策调整转向制度创新，进入了建立适应社会主义市场经济体制需要的现代企业制度的新阶段。

企业改革主要采取以下措施：

（1）认真贯彻企业法，扩大和落实企业自主权。改革初期把向企业下放权力作为启动企业活力的突破口。企业法颁布后，全面落实企业自主权，主要落实企业生产经营、劳动用工、干部人事、机构设置、企业内部分配等方面的自主权，改变企业是政府机关附属的地位，促进企业成为自主经营、自负盈亏、自我发展、自我约束的商品生产者和经营者。

（2）改革企业经营方式。为了改革企业国有国营政企不分，企业无法实现自主经营的弊端，全省进行了不断探索。1987年在全省企业中大面积推行承包经营责任制和租赁经营责任制。

（3）加快转换企业经营机制。企业改革重要的是必须加快转变企业特别是

加快转变国有大中型企业经营机制。全省企业从1987年普遍推行了厂长（经理）负责制及"三项制度"改革为主要内容的企业内部改革。

（4）加快股份制试点步伐。实行股份制可以从产权关系、领导体制、经营方式、经营机制等多方面推动企业改革。全省从1982年就开始进行股份制试点。1988年5月3日，全国首家大型股份制企业公司——金杯汽车股份有限公司宣告成立。

（5）调整企业组织结构，促进生产要素优化组合。全省从实际出发，并按照社会化大生产的客观要求，通过采取企业承包、企业兼并、参股和控股、建立联合体和企业集团、企业破产等多种形式，对企业组织结构进行调整，促进了企业生产要素的优化组合。

（二）市场体系建设加快，流通体制改革不断深入

全省市场体系的发展大体经历了与经济改革进程相对应的三个阶段：第一阶段是随着农村家庭联产承包责任制的推广和个体工商户的发展，一批与人民生活密切相关的农副产品和日用消费品市场应运而生。第二阶段是随着国家大幅度缩减指令性计划和市场调节范围的扩大，以及企业实行承包经营责任制，一批为解决工业生产原材料和产品销售"两头在外"矛盾的消费品市场和生产资料市场蓬勃发展。第三阶段是随着产业结构调整的需要和企业经营机制改革的进一步深化，一批包括技术、金融、劳务、信息在内的要素市场兴盛起来。经过十年的努力，辽宁市场规模由小到大、市场组织由无到有、市场种类由少到多、市场层次由低到高，初步构成了大中小并举，高中低结合，综合配套、城乡通达的市场体系框架。

（三）转变政府职能，探索省级经济调控体系

围绕搞活企业，转变政府职能，改善和加强宏观调控，我省进行了改革探索。在转变政府职能方面，总的是按照政企分开、政事分开的原则，把政府经济管理部门的职能切实转到规划、指导、协调、监督、服务上来。一是下放权力。二是逐步理顺政府各部门之间的职能关系，力求更好地发挥政府机关的总体功能。三是根据中央、国务院部署推进机构改革。

在改革和加强宏观调控方面，全省在中央的指导下，就计划、财税、金融等体制进行了一些探索。在计划投资体制上，主要是对生产、流通、投资等领域采用指标管理的方式进行的。在财税体制上，主要是通过对可支配财力的分配、预

算管理和税收征管、财税和杠杆的运用以及对省以下各级财政的监督指导等进行财税体制改革。在金融体制上，进一步加强了金融宏观调控。对信贷资金由过去的统筹统贷改为"统一计划、划分资金、实存实贷、相互融通"。省级现金计划由指令性改为指导性。在国有资产管理体制改革上，主要进行了界定产权，扩大了清产核资的试点范围。

（四）推进社会保障制度和住房制度改革

为保证企业改革不断深化和社会安定，全省积极进行社会保障制度改革，加快社会保障体系的建设。

一是城镇职工养老保险社会覆盖面逐步扩大，社会化程度不断提高。二是扩大了国有企业职工待业保险范围，逐步建立了县以上集体企业职工待业保险制度。三是医疗保险制度改革试点取得一定进展。四是工伤保险制度改革继续推进。五是社会保险管理体制逐步理顺。

在住房制度改革方面，全省按照建立稳定的国家、集体、个人三者结合的建房资金筹集机制和住宅建设、分配、管理新制度的住房制度改革总思路和"县镇先行，城市试点""积极稳妥、城镇并进、重在城市、逐步推进"的方针，逐步推进住房制度改革。

经过上述十年间的城市改革开放，辽宁地区的经济体制格局和运行机制已经发生了深刻的变化，市场机制在经济运行中发挥着越来越重要的作用。所有制结构从单一向多元化转变，初步形成了以公有制为主体，国有、集体、个体、私营经济和外资经济等多种经济成分并存、平等竞争、共同发展的新格局。企业由政府部门附属物向市场主体转变。商品的生产、流通从计划调节向市场调节转变。生产要素由行政配置向商品化、市场化转变。社会分配由单一式向多种分配方式转变，初步形成了以按劳分配为主体、多种分配方式相结合的分配格局，并开始建立新的社会保障制度。对外经济联系不断扩大，经济循环方式由封闭型向开放型转变，基本形成了由沿海、沿边、沿路向内地纵深发展和由局部试点向全面发展的对外开放格局。

六、中国共产党辽宁省第六次代表大会的召开

1985年6月8日至14日,中国共产党辽宁省第六次代表大会在沈阳召开。大会的主题是深入贯彻党的十二大和十二届二中、三中全会精神,全面开创辽宁社会主义现代化建设新局面。出席会议的代表726人,缺席60人,列席代表176人。开幕式由省委书记戴苏理主持,会议的主要议题有三项:听取审议并通过了中共辽宁省第五届委员会的工作报告,确定今后五年辽宁全省的任务;听取和审议中共辽宁省纪律检查委员会的工作报告;选举中共辽宁省第六届委员会、省顾问委员会和纪律检查委员会。省委第一书记郭峰致开幕词。他在开幕词中讲道,这次会议是要总结五年来的经验,继续贯彻执行党的十二大和十二届二中、三中全会精神,动员全省广大党员和各族人民群众,为实现党的十二大提出的总任务、总目标,奋发图强,振兴辽宁,服务全国,走向世界。今后五年,我们要两个文明一起抓,全面完成发展国民经济的第七个五年计划,重点搞好辽东半岛经济区的开放与建设,以沿海带动内地,扩大横向经济联系,以城市带动农村,密切城乡结合,促进全省经济的繁荣,实现全省财政经济状况、社会风气与党风的三个根本好转。

省委常委李贵鲜代表中共辽宁省第五届委员会作了题为《奋发图强,振兴辽宁》的工作报告。报告共分五个部分:(1)实现历史性转变,胜利前进的五年。(2)坚持改革,加速改造,搞好开放,振兴老基地。(3)加速智力开发,努力建设社会主义精神文明。(4)进一步加强社会主义民主和法制建设。(5)加强党的建设,确保改革和四化建设的顺利进行。

大会通过了李贵鲜代表中共辽宁省第五届委员会所作的工作报告,通过了中共辽宁省纪律检查委员会的工作报告,并通过了相应的决议。会议选举出省委委员69人,候补委员16人;选举产生中共辽宁省顾问委员会委员43人;选举产生中共辽宁省纪律检查委员会委员47人。大会于14日上午闭幕,省顾问委员会主任戴苏理致闭幕词。中共辽宁省第六届委员会第一次全体会议于1985年6月14日至15日召开,会议选举李贵鲜为省委书记,全树仁、孙维本、李长春为副书记,选举李贵鲜、全树仁、孙维本、李长春、陈素芝(女、满族)、沈显惠、刘东藩、尚文、白立忱(回族)、高姿、王巨禄、朱家甄为省委常委。会议还通

过了中共辽宁省顾问委员会和中共辽宁省纪律检查委员会各自第一次全体会议对本机构领导班子的选举结果：戴苏理当选为省顾委主任，胡亦民、沈越、张新村为副主任；高姿当选为省纪委书记。会议还推选了辽宁省出席党的十三大代表。

省委号召广大党员，团结全省各族人民，继续坚定不移地贯彻执行党的十一届三中全会和党的十二大及十二届二中、三中全会精神，走建设具有中国特色的社会主义现代化的道路，坚决贯彻"改革、开放、改造、开发"的方针，重点搞好辽东半岛经济区的建设，带动全省经济的发展。努力建设社会主义精神文明，加强社会主义民主与法制建设，强调了加强新时期党的建设，大力发扬党的优良传统和作风，扎扎实实工作，争取尽快实现社会风气与党风的根本好转，为全面开创社会主义现代化建设的新局面而努力工作。

七、20世纪80年代辽宁开展社会治安综合治理

党的十一届三中全会把党的工作重点转移到社会主义现代化建设上来，中国进入了社会转型期。辽宁对外交流空前活跃，经济持续快速发展。与此同时，违法犯罪猛增，大中城市青年犯罪问题凸显，人民群众安全感下降，影响了现代化建设。

为了使社会治安进一步好转，维护全省政治稳定和社会治安秩序，辽宁开始了一系列社会治安综合治理的探索工作。

（一）深化对社会治安综合治理方针的认识，不断加强组织领导

辽宁省委、省政府对社会治安综合治理工作高度重视，通过不断加强社会治安综合治理方针的宣传，深化全省上下对社会治安综合治理方针的认识。由于思想认识的提高，全省各级党委、政府高度重视，把治安综合治理纳入了重要议事日程，由党委统一领导，成立了各级社会治安综合治理领导小组和办公室，指导和协调社会治安综合治理工作，为治安综合治理工作深入开展提供了组织保证。

（二）推行社会治安综合治理责任制

各级党委和政府普遍推行社会治安综合治理责任制，并和领导任期目标责任

制、职工群众的岗位责任制联系起来,把安全指标、任务落实到地区、系统、部门和个人。把责、权、利统一起来,同单位和个人的政治荣誉、经济利益挂钩,同创"六好企业"和评选精神文明单位挂钩,把责任感同荣誉感结合起来,充分调动单位、个人的积极性。形成了人民治安人民治、综合治理齐抓共管的局面。

(三)整顿和加强基层基础工作

为把社会治安综合治理包括的"打击、防范、教育、管理、建设、改造"等六个方面工作落到实处,辽宁省各级党委和政府始终坚持抓基层、打基础。大力加强以党支部为核心的基层组织建设。大力加强居(村)民委员会、治安委员会、调解委员会的整顿建设。同时,加强群众性的控制社会面的防范网络建设并搞好城乡不安定因素排查工作,增强社情透明度,减少重大恶性案件的发生。不断加强重点人群的帮教工作。

(四)充分发挥政法机关在社会治安综合治理中的主力军作用

各级政法机关充分发挥自己的职能作用。首先,集中力量开展一系列专项战役,带动治安综合治理各项任务和措施的全面落实。从1983年开始,在全省连续展开了打击"车匪路霸"、打击"两抢一盗"、打黑除恶、禁毒扫黄等一系列专项战役。通过"严打",辽宁省侦破了一批刑事犯罪大案要案,惩办了一大批各类刑事犯罪分子,为国家和民众挽回巨额财产损失,形成了对各类违犯罪活动的强大震慑态势。其次,各级政法机关还坚持管理与服务相统一,强化社会面的治安管理。根据在社会治安中出现的新情况和管理工作中存在的问题,提出管理与服务相统一的指导思想,改变管理就是卡、压、轰、堵、罚的老办法,实行在加强管理中服务,在服务中强化管理,既稳定社会面的治安秩序,又为改革开放和经济发展服务。再次,围绕实现社会治安稳定好转的目标,重点抓好调查研究,分析新形势下的犯罪原因、规律和特点,帮助基层改进和落实各种防范措施。同时,主动配合有关部门做好预防青少年违法犯罪的工作,把青少年违法犯罪率降到最低限度。

(五)深入开展法制宣传教育工作

各级党委、人大和政府把"普法"工作纳入议事日程,紧紧围绕打击刑事犯罪斗争，加强基层政权建设，保护妇女儿童权益等，开展宪法、刑法和其他各项法律的宣传活动。动员电台、电视台、报纸、杂志等宣传舆论工具，宣传中华民族的传统美德，宣传尊老爱幼、助人为乐的新风尚，形成强大的社会舆论，使不道德、不文明的行为没有立足之地。深入持久、注重实效地开展普及法律知识的活动，进行各种形式的生动活泼的法制宣传教育，增强群众的守法、护法意识。广泛宣传"维护治安人人有责"的观点，增强群众的主人翁责任感。宣传表彰见义勇为、敢于同犯罪分子做斗争的英雄模范人物，号召群众向他们学习。同时保护好检举人的工作，对胆敢进行报复的犯罪分子及时给予严厉打击。

几年间，辽宁省各级党委和政府认真贯彻中央和省委关于加强社会治安综合治理的一系列指示精神，不断深化对社会治安综合治理方针的认识，加强组织领导，依靠全社会的共同努力，各部门齐抓共管，通过教育、管理、法治的手段，实行综合治理，取得了很大成绩。

八、辽东半岛对外开放

辽东半岛的对外开放是一个逐渐展开的历史过程。通过加快开发建设辽东半岛外向型经济、出口创汇和吸收外资、引进国外先进技术以及管理经验等，取得了明显效果。大连经济技术开发区初具规模，发挥了对外开放的重要窗口作用，大连开始成为具有较强吸引力的沿海城市。营口出口加工区和沈阳铁西工业区改造和建设取得了新进展。建立了一批出口专厂和基地，提高了产品的竞争能力。沈大高速公路、国际机场及一批港口的相继建成和现代化通信设施的投入使用，使投资环境明显改善。对外经济技术合作有较大发展。辽宁经济社会面貌发生了可喜变化。

（一）从1978年到1984年，开始启动辽东半岛对外开放

党的十一届三中全会后，在中央"对内搞活经济，对外开放"方针的指引下，省委、省政府在认真分析省情和吸取沿海省份先进经验的基础上，加大了对外开放工作力度。1983年省委提出了"改革、开放、改造、开发"振兴辽宁的战略思想，随后又提出了"振奋精神，奋发图强，振兴辽宁，服务全国，走向世界"的战略目标。1984年省委、省政府提出发展辽东半岛外向型经济，进一步对外开放

★1984年大连经济技术开发区举行开工典礼

的战略思想。党中央十分重视辽东半岛的对外开放，认为以大连为前沿、以沈阳为腹地，密切配合，就可以把辽南城乡整块带动起来，发展成为繁荣地区。1984年三四月间，在中央书记处和国务院召开的"沿海部分城市座谈会"上，决定把大连市列为进一步开放的14个沿海港口城市之一，同年9月，又批准兴办大连经济技术开发区。省委、省政府作出《关于进一步开放大连、兴办经济技术开发区工作的决定》，有力地促进了辽东半岛的对外开放。

（二）从1985年到1987年，辽东半岛对外开放全面展开

1985年中共中央1号文件、3号文件明确逐步开放辽东半岛的设想后，同年2月国务院和中央军委批准锦州市为甲级开放城市；7月批准金县对外开放；4月批准丹东港对外开放。同时省委、省政府对辽东半岛对外开放的重大意义有了进一步的认识。1985年6月8日召开的省第六次党代会工作报告指出："要振兴辽宁，首先要集中精力抓好以大连等港口城市为窗口、以沈阳等中部城市群为腹地的辽东半岛经济区的开放。"1987年，为了加快辽东半岛对外开放的步伐，省委、省政府初步制定了辽东半岛外向型经济建设发展战略和有关方针、政策，抓了一批"贸工农"型出口专厂和基地。5月12日至16日，省委、省政府在营口市召开加速辽东半岛外向型经济建设工作会议。省委书记全树仁、省长李长春出席会议并讲了话。会议提出，要以出口为先导，把辽东半岛逐步发展成为外向型、多功能、产业结构和产品结构合理、科学技术先进的现代化经济区，成为服务于全国的出口创汇基地、进口替代基地、国外先进技术和现代化管理经验向内地转移的基地。辽东半岛地区各市都召开了加速外向型经济建设的会议。许多市县的领导同志亲自带队，深入调查研究，结合本市县的实际情况，制定了发展外向型经济规划。

（三）从 1988 年到 1989 年，辽东半岛对外开放得到迅速发展

1988 年 1 月 8 日，省委、省政府召开了加速辽东半岛外向型经济建设干部大会，动员全省各级领导机关、各级干部立即行动起来，以更勇敢的姿态，参加国际市场的竞争，跻身于国际经济大循环之中，更好地实现我省"奋发图强、振兴辽宁、服务全国、走向世界"的战略目标。在会上，省长李长春宣读了《关于加速辽东半岛外向型经济建设的决定》。《决定》指出加速辽东半岛外向型经济建设的重大意义，明确了战略目标和指导方针，并提出以深化改革、放宽政策来加速辽东半岛外向型经济建设。年初，省委、省政府颁发了 1、2 号文件，把辽东半岛对外开放作为全省至关重要的中心工作来抓。2 月 7 日至 10 日，召开了辽东半岛对外开放第一次工作会议。省长李长春在会上作了题为《认清形势、大胆探索、加快辽东半岛外向型经济建设步伐》的报告。报告总结了近几年对外开放工作中的经验，部署了今后辽东半岛进一步开放的各项工作：以出口创汇为龙头，把一大批大中型骨干企业直接推到国际市场，使乡镇企业成为出口创汇的生力军。辽东半岛的对外开放，以大连为重点，5 个沿海城市先行，依次向中部城市群展开。

1988 年 3 月 18 日，国务院印发国发〔1988〕21 号文件，正式批准辽东半岛（沈阳、大连、丹东、营口、盘锦、锦州、鞍山、辽阳 8 市，及其所属 17 县区）对外开放。省委、省政府抓住这个机遇，全面部署，重点规划，开始了辽东半岛及全省对外开放的具体实施步骤。先后就兴建营口市鲅鱼圈出口工业区，锦州市、辽阳市、鞍山市、沈阳市、丹东市对外开放、发展外向型经济问题举行现场办公会，及时解决了许多新问题。

1989 年 2 月，省委、省政府召开辽东半岛对外开放第二次工作会议。会议认为，辽宁省自 1988 年实行对外开放以来，对外开放工作取得了可喜成绩。但是，辽东半岛的对外开放不能停留在过去的要政策、要投资、要补贴，在盲目扩大外延上打主意。为此，省委、省政府提出 1989 年的对外开放工作要着重抓好以下几点：加速调整出口结构，增强出口产品竞争能力；大力推进老企业的嫁接，加速老企业改造；积极开展对外工程承包和劳力输出；实行多层次全方位的对外开放，不断开拓国际新市场；进一步改善开放环境，在硬环境建设方面，要重点加强能源、交通、通信等方面的基础设施建设。

1990年4月12日至15日,省委、省政府召开了辽东半岛对外开放第三次工作会议。主要是解决对外开放工作面临的许多新情况、新问题,提出要抓好以搞好出口产品结构调整为重点,增强出口创汇能力;积极稳妥地更有效地利用外资;大力开展对外工程承包和劳务出口;大力发展旅游业;努力改善辽东半岛的投资环境。为进一步促进对外开放,6月21日至22日,省委、省政府召开现场会,确定开发建设辽东半岛营口出口加工区,并进行了远景规划。在7月31日至8月7日召开的辽宁省第七次党代会上,省委提出要集中力量抓好辽东半岛的开发建设。8月28日,省委、省政府又专门听取了大连市对外开放的工作汇报,进一步研究了大连市的对外开放问题。

自1988年国务院批准辽东半岛对外开放到1990年年末的三年间,全省对外开放工作取得了显著的进展,出现了前所未有的好形势。三年内,全省地方出口平均每年递增22%,共计创汇62.2亿美元,比前三年同期增长80%;实际利用外资19.3亿美元,比前三年增长184%;新办三资企业898家,是1987年以前总数的4.2倍,到1990年,全省三资企业已达1215家,总投资额30亿美元;对外工程承包和劳务输出金额3.9亿美元;技术出口1.68亿美元,是前三年的22倍;一批能源、交通、通信等基础设施建设相继竣工投入使用,使辽东半岛投资环境明显改善,基本适应了对外开放的需要,为进一步加速对外开放创造了良好的条件。全省初步形成了以大连、营口为窗口,以沈阳等中部城市群为腹地的对外开放格局。

九、中国共产党辽宁省第七次代表大会的召开

1990年7月31日至8月7日,中国共产党辽宁省第七次代表大会在沈阳召开。大会的主要议程是:听取和审议中国共产党辽宁省第六届委员会工作报告,确定今后五年的主要任务;审议中国共产党辽宁省顾问委员会、纪律检查委员会工作报告;选举中国共产党辽宁省第七届委员会;选举中国共产党辽宁省顾问委员会和纪律检查委员会。

省委书记全树仁受第六届委员会的委托,向大会作了题为《坚定不移地贯彻执行党的基本路线,加速开发建设辽东半岛,为全面振兴辽宁而奋斗》的工作报告。报告共分五个部分:(1)过去五年工作的回顾;(2)今后五年的基本任务

和战略目标；（3）坚定扎实地进行改革开放，促进国民经济持续稳定协调发展；（4）加强社会主义精神文明和民主法制建设，巩固发展安定团结的政治局面；（5）加强党的自身建设，充分发挥党的领导作用。

全树仁在报告中列举了大量事实，阐明了自省第六次党代会以来取得的巨大成就：深化改革和全面开放，开创了辽宁经济发展的新局面；提前实现了"七五"计划，经济实力明显增强；不断推进社会主义民主与法制建设，巩固和发展了安定团结的政治局面；社会主义精神文明建设得到加强，各项社会事业全面发展；党组织和广大党员经受了锻炼和考验，党的建设逐步加强。全树仁还在报告中提出了值得汲取的经验教训：必须全面准确地理解和把握一个中心、两个基本点；必须坚持实事求是，一切从实际出发的思想路线；必须继承和发扬党的密切联系群众的优良传统；必须聚精会神地抓好党的建设，坚持从严治党的方针。

在谈到今后五年的基本任务和战略目标时，全树仁指出，我们的基本任务是，继续坚定不移地贯彻执行党的基本路线，切实加强和改善党的领导，团结和依靠全省各族人民，巩固和发展安定团结的政治局面，自力更生，艰苦奋斗，深化改革，加速开放，集中力量抓好辽东半岛的开发建设，带动老工业基地的改造，带动"三辽"地区的发展，带动全省经济的振兴，为提前实现国民生产总值再翻一番、人民生活达到小康水平奠定基础，为我省政治、经济和社会长期稳定发展而努力奋斗。主要目标是，全面完成"八五"计划；搞好治理整顿和深化改革；全面推进辽东半岛对外开放，使外向型经济向突出重点、扩大规模、提高水平、注重实效方向发展；加强社会主义精神文明建设；进一步加强民主与法制建设；城乡人民生活水平有较大提高；党的建设提高到一个新水平。

大会审议通过了《关于中共辽宁省第六届委员会工作报告的决议》《关于中共辽宁省顾问委员会工作报告的决议》《关于中共辽宁省纪律检查委员会工作报告的决议》。选举产生了中国共产党辽宁省第七届委员会委员49人，候补委员9人；选举产生了中共辽宁省顾问委员会委员14人；选举产生了中共辽宁省纪律检查委员会委员35人。中共辽宁省第七届委员会第一次全体会议于1990年8月8日召开。会议选举全树仁、岳岐峰、孙奇、尚文、王巨禄、高姿、朱家甄、王充闾、马盛林、张国光、李国忠、徐文才等12人为省委常委；选举全树仁为省委书记，岳岐峰、孙奇、尚文为省委副书记；会议还通过了中共辽宁省顾问委员会和中共辽宁省纪律检查委员会各自第一次全体会议对本机构领导班子的选举结果：葛锡藩当选为省顾委副主任；孙奇当选为省纪委书记，张成伦、教帅章、富家骥为副书记。

这次大会为我省全面完成"八五"计划指明了方向，促进了治理整顿和深化改革，全面推进了辽东半岛对外开放，对提高城乡人民生活水平、加强社会主义精神文明建设、民主法制建设和党的建设起到了重要作用。

十、学习贯彻邓小平南方谈话精神

1992年1月18日至2月21日，邓小平先后视察了武昌、深圳、珠海、上海，发表了具有重要现实性和深远意义的南方谈话，回答了长期以来束缚人们思想的许多重大认识问题，把改革开放和现代化建设推向了新的发展阶段。邓小平同志的一系列谈话，中共中央以中发〔1992〕2号文件形式传达到全党。

3月初，省委接到中央2号文件，立即召开常委扩大会议，结合辽宁实际进行了认真学习讨论，并决定由省委、省政府领导同志及省有关部门参加，组成4个专题小组，调查研究，制定贯彻落实的方案。14日，省委召开常委扩大会议，进一步讨论了贯彻落实的意见。会议结合辽宁实际提出，放开胆子，放活政策，放大步子，加速改革开放和经济建设的步伐，以实际行动贯彻落实中央2号文件和中央政治局全体会议精神。17日，省委、省政府召开各市和省直机关主要领导干部会议，对学习和贯彻邓小平同志南方谈话及中央政治局全体会议精神进行动员和部署。4月27日至29日，省委七届六次全会召开。根据邓小平同志谈话精神，结合辽宁实际，确定了今后一个时期全省工作的指导方针和工作思想，即进一步贯彻落实"一抓三带"的战略方针，抓好"四个重点、一个先导、一个环节"（以强化农业基础地位、搞好国有大中型企业、发展乡镇企业、发展外向型经济为重点，以科技为先导，抓好流通这个重要环节），使全省经济逐步实现"四个转变"：由过去高度集中的单一计划经济向计划与市场调节相结合的体制转变；由封闭型经济向开放型经济转变；由传统产业向以现代科技和管理为主转变；由粗放型经济向集约型经济转变，切实转到以讲求经济效益为主的轨道上来。省委向全省提出了"放开胆子，放活政策，放开步子"的要求，并作出了具体部署和安排。为此，省委专门作出《关于进一步扩大对外开放的决定》。

省委抓住时机，突出重点，转变作风，狠抓各项工作的落实。3月中旬开始到4月初，省委、省政府在沈阳、大连、丹东、锦州、营口与当地市委、市政府进行联合现场办公，共同研究了沿海、沿边港口城市加快改革开放和经济发展的工作思路、战略目标、工作布局和有关政策措施。3月下旬开始组织省直有关部门带头进行"六查"：一查没有用足、用活、用好的放空政策；二查条条块块顶着不办无法用的政策；三查该下边办、也能够办，上边抱着不放的政策；四查与加快改革开放要求不相适应的政策；五查外地改革开放实践证明是成功的，我们应当学习而没学没用的政策；六查根据改革开放的新形势应该制定而没有制定的政策。4月初召开了加快发展沈大公路沿线县乡经济现场会，具体研究了这些县区扩大对外开放工作，发展外向型经济的措施和有关政策。

全省上下通过认真学习贯彻邓小平南方谈话精神，重新审视过去，总结经验教训，在解放思想、转换脑筋、深化改革、扩大开放、把经济建设搞上去上下功夫。广大干部、群众的思想空前活跃，观念不断更新，从理论和实践的结合上澄清了一些模糊认识，突破了改革开放中过去不敢涉足的一些"禁区""难区"；紧紧围绕简政放权，进一步放宽政策，打破了束缚生产力发展的一些条条框框；人们的视野进一步开阔，各地的经济建设思路进一步清晰，普遍研究制定了改革开放和发展经济的新目标、新任务、新措施，出现了精神振奋、开拓进取、奋发向上、集中精力发展生产力的可喜局面。

十一、中国共产党辽宁省第八次代表大会的召开

中国共产党辽宁省第八次代表大会于1995年8月20日至25日在沈阳举行，出席会议的代表795人，列席代表190人，特邀党内老同志25人，应邀参加大会的民主党派主要负责人和无党派知名人士13人。

大会的主要议程是：听取并审议中共辽宁省第七届委员会工作报告；审议中共辽宁省纪律检查委员会工作报告；选举中共辽宁省第八届委员会和纪律检查委员会。

省委书记顾金池代表中共辽宁省第七届委员会作了题为《坚持党的基本路线，加速"第二次创业"进程，为建设新辽宁迎接新世纪而奋斗》的报告。报告共分五个部分：（1）过去五年的回顾；（2）今后五年工作的指导思想和奋斗目标；（3）经济社会发展的战略措施；（4）推进社会主义精神文明和民主与法制建设；

（5）加强党的建设和改善党的领导。

在总结经验的基础上，大会根据辽宁经济发展的实际，明确提出今后五年工作的指导思想是：以建设有中国特色社会主义理论为指导，坚定不移地贯彻执行党的"一个中心、两个基本点"的基本路线，抓住机遇，深化改革，扩大开放，促进发展，保持稳定，切实加强党的建设，团结和带领全省共产党员和各族人民，建成社会主义市场经济体制基本框架，提前实现国民生产总值翻两番，达到小康水平。今后五年的奋斗目标是：到2000年基本形成市场经济运行机制；国民经济步入良性循环，国内生产总值达到7300亿元；外向型经济取得显著进展；精神文明和社会事业全面发展；人民生活质量有较大提高，到2000年全省农民人均纯收入达到3000元，城镇居民人均收入达到7000元。为实现经济社会发展目标，要重点抓好结构优化、外向牵动、科教兴省三大战略，其中，结构优化是核心。外向牵动、科教兴省都要紧紧围绕结构优化这个核心来进行。要继续强化农业基础地位，全面繁荣农村经济；加速改革和结构调整，搞好国有经济；大力发展多种所有制经济，增强综合经济实力；进一步扩大开放，发展外向型经济；加强省级宏观调控，完善市场体系建设；实施科教兴省，提高经济和社会发展水平。要坚持"两手抓、两手都要硬"，努力搞好社会主义精神文明建设；要加强社会主义民主与法制建设，创造安定的社会政治环境。要加强党的建设和改善党的领导，坚持用建设有中国特色社会主义理论武装全党，认真贯彻执行党的民主集中制，进一步加强各级领导班子建设，加强和改进党的基层组织建设，切实抓好党风廉政建设，把反腐败斗争更深入更持久更有成效地进行下去。要切实提高各级党委领导市场经济工作的能力，改进工作方法，转变工作作风，研究新问题，总结新经验，创造性地开展工作。

8月25日，大会选举产生了新一届省委委员57名、候补委员10名，省纪委委员39名，并通过了《关于中国共产党辽宁省第七届委员会工作报告的决议》。同日，中共辽宁省第八届委员会举行了第一次全体会议，选举产生了中共辽宁省第八届常务委员会，选举顾金池为省委书记。全会还通过了中共辽宁省纪律检查委员会第一次全体会议选举结果：尚文为省纪委书记。

这次大会进一步明确了辽宁发展的指导思想和战略措施，对振兴老工业基地，提前实现国民生产总值翻两番，切实加强党的建设具有重要历史意义。

十二、"三大战略"的提出与实施

1995年8月20日,中共辽宁省第八次代表大会提出今后五年全省经济工作的思路是:加速发展社会主义市场经济,实施结构优化、外向牵动、科教兴省三大战略,坚持城乡、大小、多种所有制三个结合,力争用15年左右的时间,实现第二次创业的宏伟目标。这就是:在全省范围内实现由计划经济向市场经济过渡,建成社会主义市场经济体制;把经济发展转移到依靠科技进步上来,强化农业基础,构筑新的工业体系;由内向型经济转到外向型经济,实现与国际经济接轨;提高综合经济实力,使辽宁成为东北亚和环渤海地区经济和社会发达区域之一。

(一)"三大战略"的具体含义

结构优化战略,是指用高新技术改造传统产业、发展高新技术产业、搞好资源和原材料的精深加工,发展高产优质高效农业为重点,促进经济结构向合理化方向发展。外向牵动战略,包括对外开放和对内开放两个方面,要在进一步吸引国外资金和先进技术、设备、管理经验的同时,搞好地区间的优势互补,把一切有利于我们的东西都拿来为我所用。科教兴省战略,是指切实把科学技术作为第一生产力,加速推进科技经济一体化,建设沈大高速公路沿线高新技术产业带,大力培养跨世纪人才,为经济发展提供智力和技术资源。在"三大战略"中,结构优化是核心,外向牵动是重要条件,科教兴省是关键。外向牵动、科教兴省都要紧紧围绕结构优化这个核心来进行。

"三大战略"是省委对省情和国内国外形势进行深刻分析后所作出的正确抉择。提出结构优化是因为,截至1995年,辽宁经济发展虽然取得很大成绩,但是在国际国内市场有竞争力的优势产品不多,产品结构仍以原材料、初级产品加工为主,缺少在国内外市场上竞争力强、带动系数大、附加值高、具有相当经济规模的新兴支柱产业、重点产品和企业集团。重工业内部结构还没有跳出以资源开发和原材料粗加工为主的格局,没有适时地转向精深加工和技术集约化,因而导致竞争能力和经济效益不高。提出外向牵动是因为,世界范围的利益格局调整和各国对华关系的发展与改善,开辟了辽宁引进国际资本和技术、拓展国际市场的广阔前景,东北亚经济结构的调整和环渤海地区经济的兴起,国内先进省市的加速发展,中央对辽宁老工业基地改造的支持,都为辽宁振兴提供了难得机遇。提出科教兴省是因为,我省高等院校和科研院所集中,科技人员多,技术力量强,有一支优秀的职工队伍。只要充分利用有利条件,强化老优势,再造新优势,就一定能实现振兴辽宁的目标。

(二)省委、省政府为贯彻"三大战略"所做的深入细致准备工作

为了更好地贯彻实施"三大战略",1995年8月28日,省委发出《关于认真传达贯彻落实省第八次党代会精神的通知》,要求各地区各部门认真贯彻执行。省委举办了各种类型的学习班,分别于1995年10月、12月组织省市县三级干部赴外地学习考察,进一步加强了各级领导干部贯彻落实"三大战略"的责任感和紧迫感。在省委八届三次全体会议上,以"三大战略"为依据制定了辽宁省国民经济和社会发展第九个五年计划和2010年远景目标,并且在省八届人大四次会议上获得通过。这不但细化了"三大战略",而且使其在法律上成为指导我省经济和社会发展的一项长期战略措施。各地区各部门也纷纷围绕"三大战略",制定国民经济和社会发展的"九五"计划和2010年远景发展规划,在全省上下形成了一套深入细致、行之有效的具体实施办法。省、市分别由主要负责同志牵头,成立相应的领导小组,提供了有力的领导和组织保障。1995年12月20日,省委在全省开展了"实施三大战略,加快进场入轨"讨论活动,使"三大战略"深入人心,努力变成全省人民群众的自觉行动。

(三)全面实施"三大战略"

在明确了"三大战略"的实施方案后,省委、省政府带领全省人民采取了强有力措施,到1997年末,取得了丰硕成果。

在实施结构优化战略方面:第一,依靠科技进步,提高了农村经济整体素质。按照发展"两高一优"农业的总体要求,制发了农业科技进步年活动实施方案。第二,大力推进农业产业化。全省各类农副产品加工、贮藏、销售企业发展到5200多家,其中较大规模粮油加工企业300多家,水产品加工企业270多家,1000吨以上水果贮藏库100多个。第三,努力发展农用工业,确保了农资供应。仅1997年一年,供销系统供应到农民手中的各类化肥235.95万标吨,农药7550吨,农膜9506吨,基本满足了全省农业生产需要。第四,建立了多层次、多渠道的

农业投融资体系，开辟了城市工商企业和个体私营大户投资农业、兴办农林牧场和加工企业等新的投入渠道。第五，深化农村体制改革，继续巩固、完善了以家庭联产承包为基础的双层经营体制，全省有7100个村完成了土地承包期延长30年的工作，占全省村总数的45%。第六，充分利用国家鼓励企业联合、兼并的政策，制

★中国科学院沈阳自动化研究所研制的排险机器人

定了《辽宁省"九五"期间发展大型企业集团的意见》。第七，按照"两高一深"的要求，重新审视了重点技改项目、主导产品和生产力布局，初步解决好了结构趋同、水平不高、重复建设、布局分散的问题，进一步充实、完善了"九五"技改计划。第八，大力开发新产品，努力开拓市场，重点支持畅销产品的增产。第九，突出石化、冶金、机械、电子支柱产业的招商引资，瞄准国际先进水平，仅在1997年，四大支柱产业签约利用外资项目41项，石化、冶金、机械、电子行业利用外资项目分别为6项、9项、21项和5项，直接利用外资33项。第十，有效利用国外资金、资源、技术、人才和管理经验，仅在1997年就推出132户国有大中型企业为"嫁接"改造对象，新批"嫁接"改造项目70个。第十一，以沈阳、大连、鞍山等8市为试点，以机制转换、资产优化重组和人员安置为重点，推进资产负债率高的企业兼并、破产，促进了国有存量资产流动和重组，盘活了大量国有资产。

在实施外向牵动战略方面：第一，在抓紧对外开放硬环境建设的同时，继续抓好对外开放软环境的建设，着重解决了办事效率低、各方面落后等问题。第二，积极改善招商引资的方式，把大中型企业推向招商引资第一线。在举办国内外各种招商活动中，动员和吸收近百家大中型国有企业参加。第三，加强培养和造就外经、外贸人才。第四，大胆探索利用外资的新方式，鞍钢H股在中国香港上市，发行股票融资3.9亿美元。

在实施科教兴省战略方面：第一，进一步发展、完善科技市场，加强专利管理，保护知识产权，制发了《关于在技术创新中加强专利保护工作的意见》，以信息、

新材料、生物工程等高新技术产业为重点的高新技术产业群初步形成,全省高新技术产业开发区年销售收入上亿元的企业达31家。第二,切实增加科技投入。各级财政中科技经费的增长幅度均高于财政经常性收入的增长幅度,技术改造投资逐年增加。第三,深入开展了"技术创新年"活动,坚持产学研相结合,推动科研院所、大专院校同生产经营企业联合。第四,实施21世纪人才培育工程,开展国际人才交流与合作,修改完善了《21世纪人才开发培养国际合作工程规划纲要》。第五,进一步加强教师队伍建设,师范教育由以规模数量发展为主转入以优化资源配置和学科结构、提高办学效益和教学质量为核心的新阶段。第六,大力发展教育事业,国民素质全面提高。

十三、"三个重大突破"的确立

1997年11月,省委召开八届七次全会,提出"三个重大突破",即在解放思想、转变观念上有重大突破;在深化改革、冲破旧体制束缚上有重大突破;在坚持以人为本、选人用人上有重大突破。这是省委认真贯彻落实党的十五大精神,结合辽宁实际,对形势进行准确判断和科学分析后所提出的重大战略措施。

(一)在解放思想上,全省上下迅速形成了新一轮解放思想、更新观念的热潮

1997年11月21日至22日,省委、省政府召开"高举旗帜,解放思想,推动改革发展动员大会",主题就是高举邓小平理论伟大旗帜,发动全省进一步解放思想,推动全省改革发展进入一个新的阶段。

1998年1月5日,省委办公厅转发了省委宣传部《关于开展"高举旗帜,解放思想"宣传教育活动的意见》,《意见》指出,在这次活动中主要解决好以下问题:(1)在发展上,要克服因循守旧、等待观望等消极保守心态,树立机遇意识,推动全省经济加快发展。(2)在改革上,要破除姓"公"、姓"私"的思想障碍,树立"三个有利于"的标准,努力探索公有制特别是国有经济的多种实现形式。(3)在所有制结构上,要纠正排斥非公有制经济发展的错误观念,树立公有制为主体、多种所有制经济共同发展的观念,积极鼓励和引导非公有制经济的发展。(4)在工业经济上,要克服缺乏信心、无所作为的思想情绪,树立战胜困难、实现辽宁振兴发展的坚定信心,努力实现用三年时间使大多数国有大中型企业建立现代企业制度,摆脱困境的目标。(5)在农村经济上,要克服"小富即安",满足现状的保守思想,进一步拓宽农村经济的发展思路,努力实现我省农村经济的飞跃。各种新闻传媒积极主动参与这一活动,广泛深入地宣传了邓小平理论和党的十五大精神,报道了大连市政府采取措施分离企业富余人员和剥离企业办社会职能、本钢搞活亏损40年的黏土矿等一批先进典型。1998年5月,《经济日报》发表了《给营口号脉》的系列报道后,在全省上下引起了广泛的共鸣,达成了空前的共识。各地区、各部门、各单位也都积极参加到这项活动中来,进一步解放了思想。

(二)在深化改革上,取得实质性进展

1997年12月,我省进一步出台了一系列各项重大改革措施,尤其对国有企业进行深入改革,采取"抓大放小"的策略,取得了较为明显的成效。1998年,围绕实现国有企业改革脱困的年度目标,制定了扶持国有大企业加快发展的政策措施,确定了60户国有大企业作为全省"抓大"的重点。对全省亏损500万元以上的企业派驻扭亏联络组,对全省1178户国有企业和54户亏损额超过千万元的企业领导班子进行了全面考核,调整充实企业领导干部862人。大力推进扩大开放、主辅分离、减人增效、搞活分配和下岗职工再就业工作,全省国有大中型企业有384户进行了公司制改造,分流企业职工27.8万人,分离企业办社会和辅助单位519个。通过发行股票、引进外资、所得税返还、拨改贷及经营性基本建设基金转为资本金等措施,增加企业资本金118亿元,全省国有大中型企业负债率下降两个百分点。一批国有大中型企业已经脱困,全省工业经济形势进一步好转。根据党的十五大精神,采取多种形式放开搞活国有中小企业,取得了突破性进展,市属和县区属中小企业改制面分别达到75%和90%以上。各市、县相继出台了支持非公有制经济发展的若干政策措施,以促进多种所有制经济共同发展格局的形成,非公有制经济已成为全省国民经济的重要组成部分,在发展经济、搞活流通、增加财税收入和扩大社会就业等方面,发挥了举足轻重的作用。

(三)在选人用人上,取得新突破

1998年年初,以培养造就高素质干部队伍为目标,深化干部制度改革,在

创新用人机制等方面迈出了新的步伐。党的十五大以后，省委坚持以人为本，提出了五个突破的要求，即在选人用人观念上要有一个新突破，在选人用人方法上要有一个新突破，在培养选拔后备干部上要有一个新突破，在选人用人机制上要有一个新突破，在干部用人制度上要有一个新突破。全省积极贯彻落实这一要求，顺利进行了省市县三级人大、政府、政协和部分县区党委换届选举。一大批年轻干部进入各级领导岗位，市、县（市）、区党政班子中45岁以下的干部比换届前增加了46.5%，班子的年龄结构明显改善，知识化专业化程度有所提高。加快了培养高知识层次优秀年轻干部的步伐，各级党委采取群众推荐、组织考察、党委（党组）集体讨论决定的方法，选调了487名后备干部和优秀应届大学毕业生到党校接受强化培训，同时全省市县两级法院院长和检察院检察长进行了易地交流。全省选派了500多名年轻干部到县乡和国有大企业进行实践锻炼。1995年第一次实施公开选拔厅局级领导干部，共有52名年轻干部通过层层考试、面试、考核走上领导岗位。1998年9月，省委又提出并实施了在全省公开选拔市厅级领导干部助理，选送高素质、高学历人才到国外培训等工作，为我省的经济发展和社会进步提供了人才保证。

由于省委坚持从"三个重大突破"入手，抓住重点，突破难点，认真研究新情况，解决新问题，因而有力地带动了全省各项工作的开展，使得我省在亚洲金融危机进一步发展和国内外市场竞争日趋激烈的形势下，保持了经济的平稳增长和社会的基本稳定，各项事业都取得了新成绩。

十四、实现国有大中型企业三年改革与脱困目标

辽宁是国家老工业基地，为全国经济建设作出过重要贡献。但在向社会主义市场经济转换过程中，由于历史上形成的机制性、结构性矛盾日益突出，辽宁的经济运行质量不断下降，企业亏损日益严重。到1997年，全省国有工业企业已经连续三年净亏损，国有大中型企业亏损面高达53%，全省处于停产、半停产的企业5472户。辽宁出现了新中国成立以来前所未有的困难局面，国有企业负担沉重，生产经营步履艰难。

党中央、国务院对此十分关心和重视，江泽民、朱镕基等党和国家领导人先后多次到辽宁考察工作，帮助辽宁理清发展思路，解决重点和难点问题。1997

年7月,朱镕基在辽宁考察时,首次提出了国有企业三年改革和脱困的任务。同年9月召开党的十五大提出:"要坚定信心,勇于探索,大胆实践,力争到本世纪末大多数国有大中型骨干企业初步建立现代企业制度,经营状况明显改善,开创国有企业改革和发展的新局面。"这就吹响了打好国有企业改革脱困攻坚战的号角。

党中央、国务院的正确决策,为辽宁指明了前进方向,坚定了必胜信心,给在困境中负重前行的辽宁人民以巨大的鼓舞和鞭策。在省委的带领下,辽宁人民以饱满的政治热情和创业精神,开始了改革与脱困攻坚,打响了重振辽宁老工业基地雄风的战斗。

(一)理清思路,突出重点,举全省之力搞好国有企业改革与脱困

党的十五大后,省委、省政府立即召开会议,迅速传达党的十五大精神。同时,组织各方面力量,对全省国有企业的现状进行深入调查研究,针对基本脱困、尚未脱困和需要破产关闭的各类企业的实际情况,提出了发展壮大第一类、扭亏脱困第二类、淘汰重组第三类的分别指导、分类实施的工作思路。在1997年12月下发的《辽宁省国有大中型企业三年改革脱困实施方案》中,全面分析了辽宁国有大中型企业的基本现状,初步确立建立现代企业制度、结构调整取得明显成效、国有经济的运行质量和竞争能力有较大提高、大多数国有大中型亏损企业摆脱困境、在企业减员增效和初步建立社会保障体系上取得突破性进展的国有大中型企业三年改革脱困目标。随即出台了15个配套文件以及分地区、分行业的方案,落实了分年度目标和责任制。在此基础上,从1998年开始,根据实际进展情况确定了相应的工作重点。1998年确定了沈阳、大连、抚顺、丹东、辽阳五个优化资本结构试点市为扭亏为盈的工作重点。1999年全省重点抓了100户重点亏损企业和煤炭、有色、军工三个特困行业扭亏脱困工作。2000年继续把亏损大户作为扭亏脱困的重点。通过重点地区、重点企业、重点行业的示范带头作用,促进了全省国有企业改革与脱困目标的实现。省、市两级党委和政府都把此项工作作为经济工作中的重中之重。省委、省政府主要领导每年都亲自带队,深入到扭亏难度较大的企业,召开现场办公会帮助解决实际问题,并从有关部门抽调70名干部下派到34户亏损超1000万元的企业,帮助企业制定脱困方案,提出配套解决措施。省、市各部门也都紧紧围绕国有企业改革与脱困这个中心开展

工作，全省上下形成了奋力攻关、全面实现国有企业改革与脱困的良好氛围。

（二）深化改革，强化管理，增强国有企业摆脱困境的内在动力

★2000年，国有大中型企业进行了产权制度和经营方式改革

推进国有企业公司制改革，建立现代企业制度，是国有企业改革与脱困的重要步骤。从1998年开始，省委、省政府根据辽宁的实际情况，对国有企业进行了公司制的改革。一是对涉及国家安全、自然垄断和提供主要公共产品的企业实行国有独资，建立规范的母子公司体制；二是对支柱产业、高新技术产业中的骨干企业，在保持国有控股的前提下，吸纳多种经济成分参资入股，放大国有资本功能，提高国有经济控制力；三是对一般性竞争行业的国有大中型企业，建立多元投资主体的有限责任公司，大力发展混合所有制经济。按照党的十五届四中全会精神和国家经贸委下发的《国有大中型企业建立现代企业制度和加强管理的基本规范（试行）》的要求，确定了"抓大放小"的方针，把在全省发展中具有举足轻重作用、国有资产总额占全省工业70%以上的重点企业作为"抓大"的重点。省委、省政府选择了100户企业作为重点推进企业，在实行规范的公司制改革、分离企业办社会职能、建立完善的法人治理结构、深化企业内部三项改革、推进技术创新和加强企业管理等六个方面进行重点规范，为国有企业脱困奠定制度基础。

针对企业管理中的薄弱环节，1998年至1999年，全省开展了以整顿质量管理、成本管理、资金管理和现场管理为内容的四项整顿活动，2000年又开展了创建花园式工厂、计价采购和压缩库存三项工作。经过努力，企业管理水平进一步提高：以鞍钢为代表的一批企业改变了传统企业的形象，成为国有企业的一面旗帜；以凌钢为代表的一批企业练内功、抓管理，不断消化增支减利因素，在激烈的市场竞争中立于不败之地；以大连冰山集团、大显集团为代表的一批企业凭借管理创新和技术创新跻身于国际市场竞争，与国际大企业对接中不断发展壮大；以东药集团为代表的一批企业靠深化改革和强化管理摆脱了困境，实现扭亏为盈，走上了良性循环和健康发展之路。此外，还通过企业营销体系建立和营销体制改革，全省52.6%的国有大中型企业在国内外增加销售网点5000个。

（三）调整结构，推动企业技术进步，提高国有企业的市场竞争力

从1997年开始，辽宁省始终坚持"两高一深"，即大力发展高新技术产业，加快用高新技术改造传统产业，推进初级产品精深加工的方针，加快工业结构的优化和升级。重点抓了新型汽车、数控机床、工业机器人、数字化医疗设备、计算机及软件等十大高技术产业化项目，使新型材料、电子信息、汽车等产业得到快速发展，成为新的经济增长点。到2000年，三年累计完成技术改造投资804.9亿元，实现改造项目6323项，建成投产5073项，促进了产业结构和产品结构的调整优化。石油化工、钢铁等原材料工业和数控机床、输变电成套设备、石化成套设备等机械装备工业重大改造项目，如鞍钢半连轧改造、本钢板坯连铸工程、锦化8万吨球氧丙烷改造、沈阳航天4G6系列发动机改造项目的竣工投产，进一步确立了在市场竞争中的优势地位。三年中，全省工业企业共开发新产品1.5万项，其中有1.1万项投入批量生产，新增产值1050亿元，创利税130亿元。为增加企业技术创新能力，在大力加强企业技术中心建设的同时，省委、省政府还大力组织产学研联合，促进科技成果转化。全省共建成89个企业技术中心，实施产学研合作项目8000余项，90%以上的大中型企业与院校所建立了技术合作关系。

（四）扩大对外开放，实施嫁接改造，促进国有企业转变经营机制和产品升级

全省各级党委、政府更加坚定地实施"外向牵动"战略，着力推进国有企业对外开放，把招商引资、实施嫁接改造作为搞好国有企业的一项重要措施来抓。到2000年，全省国有企业利用外资累计完成合同额30亿美元，实际利用外资额15亿元，利用外资项目892个。通过合资合作，不但引进了先进技术，同时也引进了新机制和先进的管理方式，促进了国有企业经营机制的转变和管理水平的提高。一汽金杯与美国通用汽车公司合资年产3万辆SUV越野车、沈阳华丽公司与日本三菱株式会社合资年产150万台空调压缩机、大连轮胎总厂与美国固特异合资年产140万套轿车轮胎等一批重大合资项目的竣工投产，有力地推动了全省产业结构调整，增强了企业的竞争能力，继续保持了在全国同行业中的优势地位。与此同时，采取有力措施，积极帮助企业走向国际市场。全省有950家生产企业拥有进出口经营权，

比1997年增加一倍多。全省工业出口交货值达1536亿元,年均增长17%;生产企业自营出口45.8亿美元,占全省地方产品出口总额的18%。

(五)转变政府职能,增强服务意识,努力营造国有企业改革与脱困的良好外部环境

围绕国有企业改革与脱困目标,省委、省政府重点抓了减轻企业负担,建立国有资产管理、运营和监督体系,完善社会保障制度等方面工作。把在国有大中型企业中实行主辅分离,作为政企分开、建立现代企业制度的切入点。全省431户国有大中型企业原有的3550个各类辅助单位有3055个分离出去,减少企业费用30亿元;企业办学校、公安和街道大部分移交完毕;企业办消防、医院移交工作也取得重大突破。这项措施不仅减轻了企业负担,而且实现了政府与企业职能的重新定位。为了加强国有资产的管理、运营和监督,省政府先后对19户基础较好的国有大中型企业和企业集团实行了国有资产授权经营,并建立了稽查特派员制度和外派监事会制度。从1997年开始,在国有大中型企业中实施下岗分流、减员增效和再就业工程。按照中央领导视察辽宁时的要求,省委、省政府又在确保企业离退休人员基本养老金按时足额发放、确保国有企业下岗职工基本生活和完善城市居民最低生活保障制度等方面进一步加大了工作力度,社会保障体系建设步伐明显加快。

经过1998年的起步、1999年的攻坚和2000年的决战,在党中央、国务院的坚强领导和国家各部门的帮助支持下,省委、省政府带领全省人民经过不懈努力和奋力拼搏,如期实现了国有企业三年改革与脱困目标。其主要标志:一是国有企业盈利能力普遍增强,扭亏脱困取得明显成效。到1999年10月,全省国有及国有控股企业扭转了连续57个月净亏损的局面,全面实现利润13亿元;2000年实现利润117亿元,国有大中型企业亏损面下降到25%,大多数地区和行业实现整体脱困。二是企业改革不断深化,大多数国有大中型骨干企业初步建立了现代企业制度。全省431户国有大中型企业中,有272户进行了公司制改造,占63%强,初步实现了投资主体多元化,企业内部经营机制有明显转变。三是企业技术创新能力得到增强,产业结构和产品结构调整取得了较大进展。传统产业得到优化和升级,技术水平、产品质量显著提高,鞍钢等一批企业改造后设备和工艺达到20世纪90年代水平。电子信息、新材料等高新技术产业得到较快发展。

四是企业管理水平进一步提高,管理秩序得到改善,与1997年相比,国有及国有控股工业企业总资产贡献率提高了1.2个百分点,全员劳动生产率提高了1.3倍。国有企业三年改革与脱困阶段性的胜利,为今后国有企业的改革和发展奠定了一个良好的基础,也对研究和总结社会主义市场经济条件下搞好国有企业的规律和经验进行了有益的探索。

十五、建立与完善劳动和社会保障体系

改革开放以来,全省社会保障体系在改革中发展,在开放中完善,取得了丰硕的成果。一个独立于企业事业单位之外,资金来源多元化、保障制度规范化、管理服务社会化的社会保障体系在辽宁初步建成。

(一)社会保障体系的探索和建立

辽宁省社会保障制度改革是从劳动制度改革方面最先开始探索的。首先是改革统包统配的就业制度。通过鼓励国营厂矿扶植兴办集体企业、兴办劳动服务公司、发展个体经济等多条就业渠道,为安置城镇待业人员广开门路。其次是改革用工制度,实行劳动合同制。1982年,辽宁省开始实行劳动合同制试点,1986年普遍推行。到1990年年末,全省各种所有制企业共有合同制工人109万人。再次是搞活固定工制度。创造了合同化管理、厂内合同制、编外管理、厂内待业等多种形式的固定工制度。

从1991年开始,辽宁省在全国倡导并率先开始了以改革企业用工制度、分配制度和社会保险制度为主要内容的综合配套改革。1992年,党的十四大报告第一次提出建立社会主义市场经济体制,也第一次明确把社会保障制度改革作为经济体制改革的四个环节之一。辽宁省社会保障制度改革步伐明显加快。从1992年起,全省城镇职工养老保险按照国家、企业、个人三方合理负担的原则,实行基本养老保险、企业补充养老保险和个人储蓄养老保险制度。1993年,辽宁省城镇企业职工养老保险制度改革全面启动,引入了职工个人缴费制度,进一步明确职工养老保险实行个人缴纳3%;对企业退休人员养老金计发办法进行了全面改革,将企业退休人员养老金与职工缴费挂钩,并于1993年年底封存了企业职工的档案工资,初步形成了养老保险体系的框架。同年,失业保险工作开始

全面启动。为减轻就业压力，从1994年起，辽宁省普遍实施了"再就业工程"，制定了加大失业保险改革力度的11条政策，进一步扩大了失业保险范围。与此同时，辽宁省还进行了社会统筹与个人账户相结合的城镇职工医疗保险制度改革、农民养老保险和农村医疗改革，大多数城市实施了居民最低生活保障线制度，建立了特困企业待业职工基本生活保障周转金和特困职工生活救济基金，增强了政府依法保障居民基本生活权益的职能。

1998年，根据党中央、国务院的要求，为了适应国有企业改革深化和国有经济结构战略性调整带来的新情况，辽宁省各级劳动保障部门在全力做好国有企业下岗职工基本生活保障和再就业工作的同时，还克服重重困难，千方百计筹集资金，确保国有企业下岗职工的基本生活、确保企业离退休人员的基本生活。改养老保险差额缴拨为全额缴拨，实行了收支两条线管理，并对企业离退休人员的基本养老金实行了社会化发放。

到2000年，随着社会保险覆盖面的不断扩大，社会救济、社会福利和优抚安置制度改革的稳步推进，辽宁省初步形成了养老保险、失业保险、医疗保险、社会救济等社会保险体系框架。

（二）城镇社会保障体系建设的试点探索

2000年，党的十五届五中全会提出了建立独立于企业事业单位之外、资金来源多元化、保障制度规范化、管理服务社会化的社会保障体系建设目标。从2001年7月开始，辽宁省用3年左右的时间，进行完善城镇社会保障体系改革试点。

为全力搞好试点工作，中共辽宁省委、省政府决心举全省之力，打胜这场"关乎国运、惠及子孙"的攻坚战。试点伊始，省委、省政府高度重视，积极贯彻落实党中央、国务院的指示，把社保试点作为全省的"一号工程"，以准确的统计、完善的政策、合理的成本和细致的工作，精心组织，周密安排，确保社保试点取得圆满成功。一是加强领导，认真制定实施方案并精心组织实施。主要领导同志亲自抓，深入开展调查研究，对试点实施方案进行充分论证，制定了一系列配套文件。二是积极筹措资金，着力解决难点问题。在筹措经济补偿资金方面，充分发挥企业的主体作用，对困难企业由政府给予帮助。三是加强生活保障和再就业工作，保持企业和社会稳定。千方百计促进就业和再就业，将其与社保试点同时部署,不断加大工作力度,出台了一系列政策措施,通过创办企业、社区安置、劳务输出、向第一产业转移、自谋职业等多渠道、多形式促进下岗失业人员再就业。试点工作到2004年年底结束,主要成效是:下岗职工基本生活保障向失业保险并轨任务基本完成;率先在全国实现"坚持社会统筹与个人账户相结合,逐步做实个人账户"的目标;城市居民最低生活保障基本做到应保尽保;困难集体企业退休人员开始按低保标准领取生活费;社会保障资金的筹集和管理得到加强;社会保障管理服务社会化水平明显提高;社会保障信息网络管理系统基本建成。

(三)覆盖城乡的现代社会保障体系的建设与完善

自老工业基地振兴战略实施以来,辽宁省在不断扩大社会保险覆盖面的基础上,出台新政策,采取新措施,基本形成了以城镇居民社会保障体系、农村社会保障体系等为框架的具有中国特色、覆盖城乡的现代社会保障体系。

1.建设完善城镇居民社会保障体系

在三年的社保试点之后,辽宁省以化解社保试点遗留的难题为突破口,进一步加大了完善社保体系工作的力度,覆盖城镇居民的社会保障体系建设全面提速,使全省城镇社会保障待遇水平不断提高,取得了重大进展与成就。

养老保险方面。一是完善城镇企业职工基本养老保险制度。二是开展了重在民企职工、自由职业者、"4050"人员的社保五险扩面工作,城镇养老保险覆盖面不断扩大,提前实现了全覆盖。三是完善了以社会保险费征收为主、财政补助为辅、企业自筹和社会支持的筹资体系,养老保险待遇水平不断提高,并实现按时足额发放。四是基本养老保险个人账户基金进一步做实,实现保值增值。五是着力解决养老保障历史遗留问题。六是加强社会化管理服务。

医疗保险方面。一是实现城镇基本医疗保险制度全覆盖,建立起以基本医疗保险为主体,公务员医疗补助、大额医疗费用补助和企业补充医疗保险等为补充的多层次医疗保险体系。

★城镇居民基本医疗保险制度的建立使低保户不再为看病贵发愁,这对老人喜上眉梢

二是基本医疗保险待遇水平稳步提高。三是全部解决困难企业退休人员基本医疗保险问题。

失业保险方面。一是制度不断健全，失业保险促进就业作用增强。二是覆盖范围不断扩大，基金实现结余。三是失业保险保障水平大幅度提高。四是失业保险管理服务水平不断提高。

工伤保险和生育保险方面。一是制度建设取得积极进展。二是覆盖面进一步扩大。三是待遇水平不断提高。四是建立最低伤残津贴保障制度。五是着力解决了"老工伤问题"。

2. 农村社会保障体系的建设完善

从2005年起，省委、省政府全力以赴推进农村社会保障体系建设，大力推进以新型农村合作医疗制度、新型农村社会养老保险制度、农村居民最低生活保障制度等为主要内容的农村居民社会保障体系建设。

新型农村合作医疗制度建设。辽宁省新型农村合作医疗制度始于2004年，先是选择了几个县开始试点。2005年，在全省每个市选一个县（市）进行试点。2006年2月，辽宁省全面启动新型农村合作医疗工作。

辽宁省新农合制度作为一项重点民生工程，顺利经过了先行试点、稳步推进、全面覆盖三个阶段，每个阶段目标明确，稳扎稳打，制度建设逐步完善。新农合制度不断发展与完善、巩固与提高，造福了广大百姓，取得了可喜的成就。

新型农村社会养老保险的试点推广。2009年12月，省政府召开了全省新农保试点工作会议，正式启动了全省新型农村社会养老保险试点工作。2010年7月国家启动第二批试点，全省新宾县等6个县纳入国家试点范围。

新农保试点的基本原则是"保基本、广覆盖、有弹性、可持续"。从农村实际出发，低水平起步，筹资标准和待遇标准要与经济发展及各方面承受能力相适应；个人（家庭）、集体、政府合理分担责任，权利与义务相对应；政府主导和农民自愿相结合，引导农村居民普遍参保；新农保现阶段实行县级统筹，对参保农村居民实行属地管理。2011年7月，辽宁省委、省政府自筹资金，将试点范围扩大到全省所有县区。到2012年年底，全省60个县新农保参保人数达到994.7万人，60周岁以上领取待遇的人数达到305.7万人。

3. 探索建立并完善积极的就业政策体系

辽宁省委、省政府坚决贯彻落实党中央、国务院的指示精神，始终把稳定和扩大就业摆在经济社会发展的突出位置，通过实施积极的就业政策，增加资金投入、强化公共就业服务、推进统筹城乡就业等措施，全力以赴抓好这项关系民生、关系社会和谐稳定的大事。2004年实行了"4555"人员社保补贴和公益性岗位补贴政策，后来扩大到"4050"人员。2005年省政府出台《关于建立零就业家庭就业援助长效机制的意见》，建立了零就业家庭就业援助长效机制，并向全社会承诺，一旦出现零就业家庭，20天之内至少要为其提供一个合适的就业岗位。2006年实施棚改回迁居民"就业安居工程"，兑现了18.7万户零就业家庭22.7万人至少一人稳定就业、有条件地区双就业、棚改回迁居民60天内实现再就业的政府承诺。2009年，针对未就业高校毕业生，实施了千企万岗就业见习计划、专业转化及技能提升培训、鼓励到基层就业的"三支一扶"计划、"大学生志愿服务辽西北计划"、"一村一名大学生计划"、"师范类毕业生农村从教计划"等项目，并加大了公共就业服务的力度，有效地促进了高校毕业生就业。

截至2011年年末，全省从业人员2364.9万人，比2002年增加339.6万人，其中：城镇从业人员1141.8万人，比2002年增加109.9万人。2002年至2011年，全省城镇实名制就业人数分别为102.8万人、96.6万人、111万人、119.8万人、120.4万人、122.4万人、122.6万人、144.7万人、115万人、105.4万人；城镇登记失业率分别为6.5%、6.7%、6.3%、5.6%、5.1%、4.4%、3.8%、3.9%、3.7%、3.7%，均控制在年度计划以内，并从2008年开始，持续低于全国平均水平，全省就业局势一直保持总体稳定。

十六、中国共产党辽宁省第九次代表大会的召开

2001年10月24日至28日，中国共产党辽宁省第九次代表大会在沈阳召开。出席会议的代表804人，缺席12人，民主党派主要负责人以及无党派知名人士等特邀代表参加了大会。

大会的主要议程是：听取并审议中共辽宁省第八届委员会工作报告；审议中共辽宁省纪律检查委员会工作报告；选举中共辽宁省第九届委员会委员、候补委员；选举中共辽宁省纪律检查委员会委员。

闻世震同志代表中共辽宁省第八届委员会，向大会作了题为《认真实践"三个代表"重要思想，为实现辽宁经济跨越式发展和社会全面进步而奋斗》的报告。

中共辽宁省纪律检查委员会以书面形式向大会报告工作。

大会对中国共产党辽宁省第八届委员会的工作给予充分肯定。大会认为，省第八次党代会以来，辽宁正处于改革的攻坚阶段和发展的关键时期。省委团结带领全省广大党员和人民群众，高举邓小平理论伟大旗帜，坚定不移地贯彻党的基本路线和党的十四大、十五大精神，在艰难困境中奋力拼搏，在改革发展中开拓创新，全省经济实力不断增强，农业基础地位得到巩固，老工业基地调整改造取得重大进展，改革开放成效显著，社会事业全面进步，党的建设取得新的进展，精神文明建设和民主法制建设得到加强，人民生活水平逐步提高，较好地完成了各项工作任务。

大会认为，今后五年全省工作的指导思想、奋斗目标和战略措施，体现了江泽民同志"三个代表"重要思想，符合辽宁省情，既催人奋进，又切实可行。新世纪之初，我省迎来了难得的发展机遇，也面临严峻的挑战。我们要高举邓小平理论伟大旗帜，认真实践江泽民同志"三个代表"重要思想，以发展为主题，以结构调整为主线，以改革开放和科技进步为动力，以提高人民生活水平为根本出发点，实施科教兴省、对外开放和可持续发展三大战略，推进社会主义精神文明建设和民主法制建设，全面加强和改进党的建设，切实加强和改善党的领导，促进经济跨越式发展和社会全面进步，为实现辽宁现代化建设第三步战略目标奠定基础。

大会指出，实现经济跨越式发展和社会全面进步，必须深入学习和认真贯彻江泽民同志在庆祝中国共产党成立八十周年大会上的讲话精神。进一步解放思想，振奋精神，拓宽思路，与时俱进，创造性地工作；坚持不懈地解放和发展生产力，深化改革，扩大开放，推动科技进步，优化经济结构，加速振兴辽宁；坚持先进文化的前进方向，全面提高人的素质，实现社会全面进步，保持社会稳定；坚持诚心诚意为人民谋利益，切实解决群众关注的难点热点问题，使人民不断获得切实的经济、政治和文化利益。

大会强调，实现新世纪之初的宏伟目标，关键是要用"三个代表"重要思想加强和改进党的建设。我们要坚定不移地贯彻党的基本路线，认真落实党的十五届六中全会精神，用马克思主义武装党员和干部的头脑，紧紧围绕经济建设中心和改革发展稳定大局，坚持党要管党、从严治党的方针，切实加强和改进党的作风建设，深入开展反腐败斗争，不断提高党的执政水平和领导水平，增强拒腐防变和抵御风险的能力，使党始终保持先进性和纯洁性，充满创造力、凝聚力和战斗力，为改革开放和现代化建设提供坚强保证。

10月28日上午，中共辽宁省第九次代表大会在沈阳辽宁人民会堂胜利闭幕。闭幕大会由省委副书记张文岳主持。到会的789名代表选举出由62名委员、12名候补委员组成的中国共产党辽宁省第九届委员会；选举出省纪律检查委员会委员45名。这次大会为实现我省经济跨越式发展，进一步完善社会主义市场经济体制，促进社会事业全面发展，不断提高人民物质文化生活水平，加强党的建设指明了方向。

10月28日下午，中共辽宁省第九届委员会举行第一次全体会议。全会选举产生了中共辽宁省第九届委员会常务委员会。选举闻世震为省委书记。

十七、辽宁资源枯竭型城市的转型

辽宁是矿产资源和矿业生产大省，曾为国家经济建设作出了巨大贡献。但进入20世纪90年代后，一些城市和地区由于矿产资源日趋枯竭，采矿业及相关产业萎缩，下岗失业急剧增加，人民生活受到严重影响，生态环境治理欠账较多，地面沉陷时刻威胁当地居民的生命和财产安全，同时，也严重阻碍了这些城市和地区的经济社会发展。2001年12月，国务院把阜新确定为全国第一个资源枯竭型城市经济转型试点市。

省委、省政府高度重视资源枯竭型城市和产业的转型问题，把此项工作作为全省经济工作的主要任务之一，专门成立了以省领导为组长、由10个省直部门参加的阜新经济转型协调组，及时解决转型中遇到的困难和难题。全面启动资源型城市发展接续产业、资源枯竭地区加快经济转型工作，研究制定相关政策措施，确定重点项目，有力地促进了资源枯竭型城市的经济转型工作。

在辽宁省委、省政府的高度重视以及各有关部门的大力支持下，以阜新为代表的资源枯竭型城市和地区充分发挥自力更生、艰苦奋斗、发愤图强的精神，求发展谋出路，经济转型工作取得了突破性进展。

（一）阜新市的转型工作

阜新市坚持从实际出发，坚持"自力更生，龙头牵动，科技支撑，民营为主，市场运作"的转型基本方针，充分挖掘资源优势，以培育和壮大接续替代产业为核心，把实现可持续发展作为阜新经济转型的战略选择，坚持自力更生与争取国家支持相结合、改造提升传统产业与培育发展接续替代产业相结合、治理工业污染与优化人居环境相结合，围绕实现产业、环境和人的可持续发展，不断深化转型思路，与时俱进调整转型重心，走符合阜新市情的发展之路。一是把推动产业发展作为转型的核心，积极培育和壮大接续替代产业。阜新市积极致力于改变以煤炭为主导的单一产业结构，通过对阜新资源优势、产业优势和比较优势的再认识，因地制宜选择接续替代产业，先后把农产品加工、装备制造、新型能源、煤化工、氟化工、皮革、板材家居等产业作为重点，努力打造"十大产业集群"。经过产业培育与发展，阜新打破了一业独大的产业格局。农产品加工业、装备制造业、新型能源工业共同成为全市工业的三大支柱。二是把改善生态环境作为转型的重点，加强城乡环境治理和生态保护。坚持"经济转型、生态先行"，始终把修复城乡生态环境放在重要位置，坚持不懈地进行生态环境治理。实施青山、碧水、蓝天工程，城市环境空气质量达到国家二级标准天数保持在95%以上。三是把保障和改善民生作为转型的目标，努力提高人民生活水平。转型以来，阜新把保障和改善民生摆在更加突出的位置，着力解决人民群众最关心、最直接、最现实的利益问题，使转型成果更多惠及人民群众。

经过不懈努力，阜新市彻底打破了单一的煤电经济结构，接续替代产业框架基本形成，经济转型取得阶段性成果。

（二）盘锦市的转型工作

2007年，盘锦市被列为全国资源型城市经济转型试点市。作为辽宁省的第二个国家级试点城市，盘锦坚持"向海发展、全面转型、以港强市"的总体要求，制定了"结构调整、外向牵动、油地融合"的转型发展战略，以推进工业化和工业新型化为目标，以壮大石化、塑料加工与新兴建材、绿色有机食品、现代服务业和培育发展汽车零配件产业为重点，加快建设世界级石化及精细化工产业基地、国内领先的先进装备制造产业基地，在油气采掘业稳产的情况下，接续产业迅速壮大。围绕全市"一核、一带、一轴、多点"的总体布局，编制了关于加快推进工业化和工业新型化的意见、以港强市规划和新兴产业发展规划等，构建了六大工业园区。

经过探索与实践，盘锦市油气采掘业增加值在全市 GDP 中的比重由 2006 年的 53.6% 下降到了 2012 年的 20.7%；初步建成了石化及精细化工、石油天然气装备、海洋装备、塑料新材料四大产业集群，到 2012 年年末实现主营业务收入 1550 亿元。其中石化及精细化工产业集群成为全省首个超千亿的产业集群，实现资源型城市转型初战告捷。

（三）其他资源型城市的转型

在阜新、盘锦经济转型取得显著成果的同时，抚顺、鞍山和本溪等具有较好自然条件和经济基础的资源型城市也在逐步探索新的发展模式。

鞍山市确立了以建设全国重点精品钢材基地、装备制造业、轻纺和矿产品深加工为重点的经济结构调整方向。发挥钢铁产业优势，力争建设世界精品钢材基地；主动接受沈阳的辐射，建设装备制造配套加工业；壮大轻纺工业规模，建设国内著名的纺织业产品集散地；发挥资源优势，建设镁制品制造基地，做精做深矿产品加工业。构筑以东有高新技术区、西有钢铁加工园区、南有农业高新技术产业区、北有装备制造业园区、推进中心城区改造，发展第三产业，建设北方旅游名城的东西南北中全新的城市及产业发展格局。

抚顺市以石化工业为主导，积极组织实施煤炭产业转型和加快调整现有产业结构，在发展接续替代产业上迈出了坚实的步伐。全市已初步形成了石油化工、精细化工及其深加工相互衔接，冶金、机械、电力工业规模与实力不断提升，煤炭工业由采煤向采气、炼油、煤炭副产品深加工方向转移的工业体系。

本溪市确立了把旅游、现代中药、钢铁深加工制品三大接续产业培育成支柱产业的总体发展思路和目标，使经济转型工作呈现出良好的发展态势。

其他资源型县级市，积极探寻经济转型途径，因地制宜，分类推进。大石桥市主动承接沈阳、大连的辐射，通过大项目牵动，形成支柱产业。调兵山市逐步改变以煤炭生产为主导的经济结构，加强资源的综合利用和精深加工，拉长了产业链条。

十八、中央出台老工业基地振兴战略和辽宁省制定《辽宁省老工业基地振兴规划》

东北老工业基地曾是新中国工业的摇篮，为建成独立、完整的工业体系和国民经济体系，为国家的改革开放和现代化建设作出了历史性的重大贡献。然而，随着改革开放的深入，老工业基地的体制性、结构性矛盾日益显现：所有制结构单一，国有经济比重高，企业设备和技术老化，产品市场竞争力下降，就业矛盾突出，资源型城市主导产业衰退等问题，使老工业基地进一步发展面临着许多困难。为此，党中央、国务院继实施沿海发展战略、西部大开发战略后将振兴东北地区等老工业基地作为全面建设小康社会的又一重大战略部署。

2002年11月8日，中国共产党第十六次全国代表大会明确提出"支持东北地区等老工业基地加快调整改造，支持以资源开采为主的城市和地区发展接续产业"的战略决策。2003年10月5日，党中央、国务院出台了《关于实施东北地区等老工业基地振兴战略的若干意见》，标志着老工业基地振兴上升为国家战略。《意见》共分12个部分，主要内容包括：（1）加快东北地区等老工业基地振兴具有重大战略意义。（2）振兴东北地区等老工业基地的指导思想和原则。（3）加快体制创新和机制创新。（4）全面推进工业结构优化升级。（5）大力发展现代农业。（6）积极发展第三产业。（7）推进资源型城市经济转型。（8）加强基础设施建设。（9）进一步扩大对外对内开放。（10）加快发展科技教育文化事业。（11）制定完善相关政策措施。（12）加强组织领导。《意见》最后明确要求：东北地区等老工业基地要依据本《意见》精神以及国家有关行业、专项规划和产业政策，在深入调查研究的基础上编制本地区调整、改造、振兴的总体规划和专项规划。资源枯竭型城市要结合本地区实际，制定切实可行的经济转型规划。其他地区，特别是经济发达地区要积极支持老工业基地振兴战略的实施。

为全面落实中央实施东北地区等老工业基地振兴战略决策，中共辽宁省委紧紧抓住这一重大历史机遇，在认真学习领会中央精神、深入进行调查研究和广泛听取全省各地区、各部门和专家学者意见基础上，总结全省改革发展经验教训，研究确定了辽宁老工业基地振兴的指导思想和目标任务：以邓小平理论和"三个代表"重要思想为指导，认真贯彻党的十六大、十六届三中、四中全会和省委九届六次、七次、八次全会精神,解放思想,抢抓机遇,以深化改革和扩大开放为动力,着力推进体制创新和机制创新,形成新的经济增长机制;以结构调整为主线,坚持市场导向,依靠科技进步,走新型工业化道路,推进产业结构优化升级,增强综合竞争力;坚持以人为本,统筹兼顾,树立全面、协调、可持续的发展观,促进全省经济、社会和人的全面发展。2005年1月14日,辽宁省委、省政府出台的《辽宁省老工业基地振兴规划》,详细制定了辽宁老工业基地振兴发展六个方面的重点内容:(1)充分利用全省现有的港口条件和优势,建设大连东北亚国际航运中心;(2)大力振兴装备制造业,建设我国重要的现代装备制造业基地;(3)做大做强石化、冶金、建材等优势产业,建设国家重要的原材料工业基地;(4)积极发展以信息产业为代表的高新技术产业,使其成为重要的产业支柱;(5)积极发展现代农业,壮大农产品加工业;(6)积极发展现代服务业,优化服务业结构。并在此基础上制定了具体工作措施,以确保实现辽宁老工业基地振兴的宏伟目标。

按照《规划》确定的六个方面重点工作,辽宁省委、省政府又相继出台了《辽宁省装备制造业"十一五"发展规划》《大连东北亚国际航运中心规划》,确定了"一个中心、两大基地、三大产业"战略重点,提出了打造"五点一线"沿海经济带战略构想,加快推进辽宁中部城市群建设、实施突破辽西北战略等。从2003年党中央、国务院实施东北地区等老工业基地振兴战略后的近10年间,辽宁老工业基地振兴取得明显成效和阶段性成果,全省经济总量迈上新台阶,结构调整扎实推进,国有企业竞争力增强,重大装备研制走在全国前列,粮食综合生产能力显著提高,社会事业蓬勃发展,民生有了明显改善。

到2012年,辽宁省规模以上工业企业17347户,主营业务收入47965.1亿元,实现利税3871.4亿元,利润1906.3亿元。装备制造、冶金、石化、农产品加工等工业支柱产业优势增强,四大行业占规模以上工业增加值的比重达到87.2%,装备制造业已经成为全省第一支柱产业,是全省工业增长的主要动力。农产品加工占规模以上工业比重达到19.3%,成为全省第二大支柱产业。攻克重大关键技术600项,开发重大技术装备和新产品200项,有效发明专利1.3万件,建立了878个省级以上各类企业研发中心。高新技术产品增加值年均增长25%。服务业聚集区建设管理工作走在全国前列,开工建设了136个服务业聚集区,再建服务业聚集区营业收入突破7000亿元。全省服务业增加值完成9306.8亿元,占地区生产总值比重达到37.5%。粮食综合生产能力稳步提高，全省设施农业面积由2001年的不到200万亩发展到2012年的1100万亩，增长了5倍多，居全国第二位（其中日光温室居全国第1名），粮食产量达到414亿斤，再创历史新高。"一县一业"特色农业格局基本形成。16个县（市）相继成为"一县一业"示范县（市），开工建设了投资10亿元以上的重大农产品加工项目108个。辽宁已成为国家重要的粮食产地和农产品生产基地。

十九、大力推进"一个中心、两大基地、三大产业"建设

东北老工业基地是新中国工业的摇篮。新中国成立后，国家在东北集中投资建设了以能源、原材料、装备制造为主的战略产业和骨干企业，为我国形成独立、完整的工业体系和国民经济体系，为改革开放和现代化建设，作出了历史性贡献。然而，随着改革开放的不断深入，老工业基地的体制性、结构性矛盾日益显现，进一步发展面临着许多困难和问题。

为支持东北老工业基地加快调整改造，党中央、国务院于2003年10月下发了《关于实施东北地区等老工业基地振兴战略若干意见》。《意见》的实施，为辽宁老工业基地的振兴指明了方向，也为辽宁的经济和社会发展提供了难得的历史机遇。辽宁省委、省政府认真学习领会中央精神，根据全国战略布局和辽宁实际，制定了《辽宁省老工业基地振兴规划》，《振兴规划》指出：要集中力量把辽宁建设成为我国重要的现代装备制造业基地和重要原材料工业基地，大力发展具有比较优势的高新技术产业、农产品加工业和现代服务业，作为全面推进我省工业产业优化升级，振兴辽宁老工业基地的主要任务。2004年，在中央全面实施振兴东北地区等老工业基地战略的开局之年，辽宁省委、省政府在《振兴规划》的基础上，作出《关于加快建设大连东北亚国际航运中心的决定》，《决定》明确提出：要把建设大连国际航运中心作为实现辽宁老工业基地振兴的重大举措，当作辽宁老工业基地振兴的龙头，同建设现代装备制造业基地、重要原材料工业基地和发展现代农业、高新技术产业、现代服务业结合起来，统筹安排，确立了辽宁老工业基地振兴"一个中心、两大基地、三大产业"的战略重点。

大连东北亚国际航运中心建设取得重大进展。2003年中央11号文件提出"充分利用东北地区现有港口条件和优势，把大连建成东北亚重要的国际航运中心"，

随后，从中央到大连市相继出台多个文件支持大连国际航运中心建设。政策涉及港口规划、港口资源整合、港口基础设施建设、土地海域政策、投融资体制、政府财税支持、集疏运通道建设、集疏运价优惠、内陆干港建设、发展航运服务业、培育航运配套服务业、壮大现代物流、完善口岸环境、建设自由贸易港区、信息资源建设、组织领导保障等16个方面的内容。经过多年的发展，大连东北亚国际航运中心海港、空港基础设施实现跨越式发展。"一岛三湾"、长兴岛、旅顺、庄河港区已基本形成，港口发展空间已由大连湾老港区拓展到大连市全域范围，港口已成为引领产业布局，推动长兴岛等临港工业区开发建设的重要资源优势。港口战略性调整和升级改造取得明显成效，形成了分区域、有重点的现代化、专业化、集约化港口集群，成为石油、粮食、矿石、商品汽车、客货滚装运输的重要国际枢纽港，实现了"世界有多大船，大连就有多大港"的承诺。港航生产取得了历史性突破，开辟了25条海铁联运集装箱班列，打通了以大连为起点，经俄罗斯通往欧洲国家的"新亚欧大陆桥"铁路通道，海铁联运量多年位居全国首位。大连港口年货物吞吐量位居全国第7位，世界第9位，集装箱吞吐量位居全国第7位，世界第17位。大连机场国际旅客年吞吐量连续10年位居全国第4位。港航口岸服务功能跃上新台阶，在国内首创"一站式"服务和"一网式"交易模式的航运交易市场成功运行。已有大连港、长兴岛、旅顺新港、庄河港、周水子国际机场等5个国家一类开放口岸。

装备制造业实现跨越式发展。为深入贯彻落实《国务院关于加快振兴装备制

★ 大连港

造业的若干意见》，辽宁省委、省政府以提高国际竞争力为目标，以加速发展交通运输设备制造业、基础设施与成套设备制造业和国防工业为内容，以建设沈阳、大连两个装备制造业集聚地为依托。通过加快产品结构调整，加大对企业技术中心投入，全力推进重大技术装备的成套化、国产化等方式，实现基础装备向数控化、系列化方向发展，专用设备向大型化、成套化迈进。其中沈重集团成功制造了国内首台双护盾硬岩掘进机。大连船舶集团自主研制出国内首座深度达122米的自升式钻井平台。大连机床集团为长城内燃机制造有限公司生产的自动线是我国第一条自行设计与制造的国产柔性制造系统。中科院沈阳计算技术研究所有限公司研制出了我国第一台高档数控系统"蓝天一号"，装备了我国第一个五轴联动加工中心，加工出我国第一个高档叶轮，取得了我国第一个高档数控软件版权。到2008年，装备制造业已经成为全省第一支柱产业，沈西工业走廊、大连"两区一带"装备制造业聚集区初具规模，沈阳铁西区被国家授予老工业基地调整改造暨装备制造业发展示范区。

原材料工业向高加工度方向发展。辽宁省启动实施了一批重大原材料高加工度项目。通过以先进装备制造业的跨越式发展带动原材料工业的优化升级，重点原材料产业向集约化、高级化、系列化和高加工度方向发展。同时，通过发展高加工度原材料，也为装备制造业提供优质、新型的材料支撑，使原材料工业和装备制造业融合互动发展。大型钢铁企业实现装置规模化、产品精品化，鞍钢西区500万吨精品钢材生产基地、本钢二号冷轧生产线建成投产，鞍钢鲅鱼圈500万吨、营口五矿150万吨宽厚板开工建设。部分大型石化企业实施装置大型化、炼化一体化改造，辽阳石化公司80万吨PTA项目建设基本完工，抚顺石化千万吨炼油、百万吨乙烯工程、营口五矿中板150万吨宽厚板、朝阳鞍凌钢200万吨精品钢材等项目顺利推进。

高新技术产业发展迅速。多年来，省委、省政府充分发挥科技的支撑和引领作用，用信息化带动工业化，提高重大技术装备的系统设计、研发、制造和成套能力，用高新技术和先进适用技术提升传统产业。全省科技创新能力明显增强。仅2006年，省本级科技投入9.8亿元，其中1亿元用于支持企业研发中心建设。新建省级以上重点实验室29家，各类企业研发中心63家。攻克了一批重大关键技术，获国家科学技术奖15项，发明专利授权1050件。重点推进100个高技术产业化项目，累计取得重大科技成果1387项，授权发明专利4781件，研制成功连铸连轧技术及装备、超高压输变电设备、大型船用曲轴等一批具有自主知识产权的重点产品和技术。高新技术产业的迅速发展，使科技对辽宁经济社会发展的支撑作用明显增强。

农产品加工业成为新的支柱产业。为加快发展农产品加工业并迅速做大做强，辽宁省委、省政府把农产品加工业确定为实现全面振兴的重要支柱产业之一，加大力度扶持重大农产品加工项目，取得显著成果。2006年，省级重点龙头企业达到224户，农产品加工业实现增加值523.4亿元，增长27.7%。现代农业建设步伐加快，跨入了全国农业大省行列。大力发展农业产业化经营，实现了畜牧业、渔业、特色农产品和出口创汇产品"四个倍增"。通过不断壮大农产品加工业，提高农业劳动生产率和综合效益，实现工业与农业、城市与农村的良性互动，使辽宁农产品加工业紧随装备制造业之后，成为全省第二大支柱产业。

现代服务业呈现良好发展态势。近年来，辽宁省委、省政府把发展现代服务业放在更加突出的战略位置加以推进，专门成立了各级服务业委员会，把加快服务业发展，作为调整产业结构，协调拉动经济增长的重要着力点。通过增加城乡居民收入，培育和扩大汽车、住房、旅游等新兴消费市场，推动消费结构升级。通过整合流通资源，推进连锁经营、电子商务、第三方物流等现代流通方式，加快金融、信息、中介等现代服务业发展。在全省实施的"万村千乡市场工程"中，新建农村连锁店6000家。改造社区服务网点1.6万家。金融环境得到改善，盛京银行、大连银行等实现跨区域经营。到2008年年初，外资银行在我省设立了24家营业性机构和代表处，农村信用社改革试点取得阶段性成果。实施百万农民上网工程、百户企业信息化示范工程和百万家庭上网工程，电信业务总量显著增长。沈阳成功举办世界园艺博览会、中国国际装备制造业博览会和中国辽宁东亚国际旅游博览会。大连圆满承办世界经济论坛夏季峰会和中国国际软件与信息服务交易会。大连市被列为国家动漫游戏产业基地。

按照省委、省政府建设"一个中心"、培育"两大基地"、发展"三大产业"的战略布局，辽宁综合经济实力迈上新台阶，在实现老工业基地振兴的道路上迈出了坚实的步伐。

二十、辽宁城市集中连片棚户区改造

辽宁城市集中连片棚户区是指城市建成区范围内，平房密度大，使用年限久，房屋质量差，人均建筑面积小，基础设施配套不齐全，交通不便利，治安和消防隐患大，环境卫生脏、乱、差的区域。

在中央作出振兴东北老工业基地的战略部署后，辽宁省委、省政府认为，让改革的成果真正惠及普通百姓，是振兴的出发点与归宿点，要把棚户区群众最困难、最直接、最迫切需要解决的居住问题作为头等大事来办。

2004年12月30日，省委九届八次全会将棚户区改造列为全省"一号民生工程"。省委的正确决策随即变成全省上下的迅速行动。2005年2月23日召开的辽宁省第十届人民代表大会第三次会议决定：用两至三年的时间基本完成5万平方米以上城市集中连片棚户改造任务。3月16日，《全省城市集中连片棚户区改造实施方案》出台，明确规定了棚户区改造的指导思想、工作目标、主要原则和相关政策。由此，辽宁省大规模的棚户区改造工程拉开帷幕。从2005年年初至2006年年末，全省用不到两年的时间完成了5万平方米以上城市集中连片棚户区1212万平方米的改造任务，建设回迁楼1931.5万平方米，改善了34.5万户、120万棚户区居民的住房条件，提前完成了全省5万平方米以上城市集中连片棚改任务。2007年，全省又集中力量改造了299.4万平方米5万平方米以下、1万平方米以上城市连片棚户区。至2008年，1万平方米以上集中连片棚户区基本改造完成。从2009年起，继续推进棚改工作，主要针对煤矿、有色矿山的棚户区和1万平方米以下城市棚户区，并取得一系列成果。到2011年年底，全省共改造大面积棚户区2910万平方米，建设4402万平方米回迁楼，

★棚户区改造后的社区新貌

改善了211万棚户区居民的居住条件。棚户区改造是全国性问题,辽宁率先进行了成功探索和创新,为全国的棚户区改造提供了有益借鉴,取得丰硕成果:

一是改善了百姓居住条件,增加了财产性收入,提升了居民生活质量,实现了棚户区家庭的巨变。住房条件得到改善。通过大规模棚户区改造,全省211万棚户区居民改善了住房条件,由实施改造前棚户区户均39平方米增加到改造后的57平方米,增加了46.15%;由人均住房建筑面积不足10平方米,到改造后人均20平方米左右。在棚户区改造中,坚持让利于民,采取"拆一还一",适度奖励,不补差价等优惠政策,确保住有所居。

二是社区环境优美,公共设施完善,治安稳定,文化生活丰富多彩,实现了居民社区的巨大变化。改造前,棚户区没有像样的道路、排水系统、垃圾排放清运等基础设施,以煤炭取暖、做饭,烟雾弥漫,严重污染了居住区的环境。通过改造,各地拆烟囱、清垃圾、治污水、搞绿化,对原棚户区附近的重点生态保护区域和生态脆弱区域给予重点治理,极大地改善了居住环境,促进了社区的建设。棚户区改造及配套工程的实施,使城市基础设施和公共设施进一步完善,为群众的生活提供了便利条件,出行、饮水、取暖、燃气、看病就医、子女就学等困难问题得到了极大改善。改造前,棚户区社会治安极差,犯罪率居高不下。改造后,社会治安明显好转。其中,抚顺市东洲区莫地沟社区改造前刑事犯罪高发,实施改造一年后没发生一起刑事案件。在小区建设过程中,充分考虑棚户区居民的文化需求,配建了大量的文化体育娱乐设施,建立文化广场,兴办文体之家,培训文化活动骨干,组建各类文体活动队,极大丰富了群众的业余文化生活。

三是城市面貌改变,功能提升,资源优化配置,拓展发展空间,实现了城市发展的巨大变化。棚户区改造改到哪儿,社区医院、学校、商场、道路、环卫等公用及服务设施就配套延伸到哪儿,从而使许多棚户区从原来的边缘地区或脏、乱、差的聚集区变成了现代化的小区。城市变美,城市功能进一步提升。本溪市棚户区改造后,太子河北岸整体环境得到了根本改善,建成了东风湖冰雪大世界,本溪煤矿工业遗址博览园被收入中国红色旅游景区名录中。棚户区改造中,坚持统筹城乡发展规划,注意节地、节能、节水、节材,把棚改与城市发展有机结合,力求通过棚改进一步拓展城市发展空间,促进城市可持续发展。通过棚改,为城市提供了更为广阔的发展空间。

四是经济持续发展,群众安居乐业,党群关系改善,和谐辽宁建设取得巨大成就。辽宁经济综合实力不断增强。2007年地区生产总值首次超过1万亿元，地方财政收入超千亿元，主要经济指标增速均超过东部沿海地区平均水平。在新建的住宅小区，通过配套的小区物业管理等公益岗位优先安排棚户区下岗失业人员，并对下岗失业人员实行普惠制就业培训，鼓励自主创业，切实提高了居民收入。充分利用棚户区改造腾出的土地，通过兴建劳动密集型小企业、创业市场、农贸市场、再就业一条街等形式，安排棚户区援助对象再就业。棚户区改造，既解决了广大人民群众的住房、生活和就业问题，也锤炼了党员干部的思想和工作作风，进一步密切了党群关系、干群关系，加深了群众对党和政府的信任。

二十一、中国共产党辽宁省第十次代表大会的召开

2006年10月23日至26日，中国共产党辽宁省第十次代表大会在沈阳召开。由22个选举单位选举产生的出席省第十次党代会正式代表有816名。

会议主要议程为：听取和审议中共辽宁省第九届委员会工作报告；审议中共辽宁省纪律检查委员会工作报告；选举中共辽宁省第十届委员会；选举中共辽宁省纪律检查委员会。

省委书记李克强主持开幕式，并代表中共辽宁省第九届省委在会上作了题为《为实现辽宁老工业基地全面振兴不懈奋斗》的报告。

报告分为六个部分：（1）过去五年工作的回顾；（2）全面振兴辽宁老工业基地的基本思路；（3）在改革开放中建设国家新型产业基地；（4）以县域经济为重要载体建设社会主义新农村；（5）以人为本构建和谐辽宁；（6）在推进辽宁全面振兴的进程中大力加强党的建设。

大会充分肯定了中共辽宁省第九届委员会的工作，同意报告对过去五年工作的评价和总结。认为自2001年至2006年，全省各级党组织团结带领全省各族人民，奋发图强，扎实工作，圆满完成了省第九次党代会确定的各项任务，辽宁老工业基地振兴实现良好开局。

大会认为，报告在深刻分析我省面临的新形势、新机遇的基础上，明确提出的实现辽宁老工业基地全面振兴的基本思路、奋斗目标、主要任务和战略措施，符合辽宁实际，是贯彻落实科学发展观的必然选择，是辽宁经济社会发展的内在要求，也是全省人民的共同愿望，对促进我省当前工作和未来发展，具有十分重

要的意义。

大会认为,实现辽宁老工业基地全面振兴,要高举邓小平理论和"三个代表"重要思想伟大旗帜,全面落实科学发展观,着力抓好建设国家新型产业基地、建设社会主义新农村、构建和谐辽宁三项重点任务,全面加强党的建设,凝聚全省人民的智慧和力量,锐意进取,真抓实干,为使我省经济社会发展总体水平进入东部发达地区行列、提前实现全面建设小康社会目标而不懈奋斗。

大会认为,实现辽宁全面振兴,必须坚持以科学发展观统领经济社会发展全局,使经济社会发展切实转入全面协调可持续发展的轨道,使辽宁全面振兴的成果惠及全省人民;必须在全国乃至世界发展的大格局中谋划辽宁全面振兴,紧紧抓住东北振兴和沿海开放双重机遇,努力向成为东部地区发达省份的目标迈进;必须以创新求实的精神推进辽宁全面振兴,始终坚持解放思想、实事求是、与时俱进的思想路线,使我们的发展思路和举措得到有效实施,变成广大党员和全省人民的实际行动。

大会强调,实现我们的奋斗目标,要始终坚持党要管党、从严治党的方针,全面加强党的建设。坚持用发展着的马克思主义武装党员,坚定不移地贯彻执行党的基本路线、基本纲领、基本经验。不断提高各级领导班子的执政能力和领导水平,建设高素质干部队伍,进一步加强党的基层组织建设和党员队伍建设,切实加强党的作风建设,深入开展党风廉政建设和反腐败斗争,加强和改善党对振兴大业的领导,使各级党组织成为振兴辽宁的组织者、推动者、实践者。

会议选举出由84名委员、15名候补委员组成的中国共产党辽宁省第十届委员会。选举出由55名委员组成的省纪律检查委员会。

10月26日,中国共产党辽宁省第十届委员会第一次全体会议选举产生了中共辽宁省第十届委员会常务委员会。选举李克强为省委书记。

二十二、实施区域发展战略

21世纪初的头十年,省委、省政府深入实施东北地区等老工业基地振兴战略,在不断深化对省情的认识中,加快实施辽宁沿海经济带开发开放、沈阳经济区一体化发展和突破辽西北三大区域发展战略。三大区域协调互动、竞相发展,不断创造对外开放和经济增长的新空间、新领域,经济社会发展进入了快车道。特别是辽宁沿海经济带开发开放上升为国家战略，沈阳经济区获批为国家新型工业化综合配套改革试验区，辽宁全面发展的态势基本形成。

（一）辽宁沿海经济带开发开放战略的实施

2005年，辽宁省委、省政府提出开发建设"五点一线"沿海经济带的战略构想。"五点一线"的"五点"是指：大连长兴岛临港工业区、辽宁（营口）沿海产业基地（含盘锦船舶工业基地）、辽西锦州湾沿海经济区（含锦州西海工业区和葫芦岛北港工业区）、辽宁丹东产业园区和大连花园口工业园区。"一线"是指：从丹东到葫芦岛绥中1443公里的滨海公路。通过"以点连线、以线促带、以带兴面"的空间发展格局，辐射和带动距离海岸线100公里范围内的沿海经济带的发展。2006年6月"五点一线"战略扩展为丹东、大连、盘锦、营口、锦州、葫芦岛沿海六市所辖全部的行政区域。

2008年年初，为了在更高的起点上加快推进"五点一线"沿海经济带开发建设步伐，使"五点一线"沿海经济带尽快在国内外合作中占据制高点，并使其尽早纳入国家战略，省政府决定适当扩大沿海经济带重点支持发展区域范围，赋予其相应政策，以此推动沿海经济带又好又快发展。新增17个政策支持区域，规划总面积701.11平方公里，起步区总面积503.41平方公里。

2009年7月1日，国务院常务会议原则通过了《辽宁沿海经济带发展规划》，标志着辽宁沿海经济带发展上升为国家战略。经过努力，取得显著成效。一是主要经济指标持续较快增长。2012年，沿海六市实现地区生产总值11183亿元，是2007年的2倍，占全省比重50.8%，比2007年提高了1.2个百分点；完成固定资产投资7993亿元，是2007年的2.5倍，占全省比重45.9%，比2007年提高了3.2个百分点；实际利用外资161亿美元，是2007年的4.6倍，占全省比重66.4%，比2007年提高了28.2个百分点；公共财政预算收入1181亿元，是2007年的2.9倍，占全省比重44.7%，比2007年提高了7.2个百分点。二是重点园区发展态势良好。2012年，沿海42个重点园区完成固定资产投资6444.8亿元，增长23.9%，占沿海六市65.2%，占全省29.9%；公共财政预算收入494亿元，增长29.7%，占沿海六市35.2%，占全省15.9%；各重点园区入区项目（总投资1亿元以上）1085个，总投资8280.7亿元。三是沿海产业集群不断壮大。截至2011年年底，在全省90个重点产业集群中，全年销售收入超500亿元的产业集群有8个,沿海经济带占5个。四是基础设施支撑能力进一步增强。按照适度超前、保障有力的要求,辽宁省推进了一批重大基础设施项目,为辽宁沿海经济带发展提供了支持。五是国际航运中心建设突飞猛进。2003年10月5日,党中央、国务院印发的《关于实施东北地区等老工业基地振兴战略的若干意见》中提出,要把大连建设成东北亚最重要的国际航运中心。按照这一要求,辽宁省以沿海港口群为基础,以东北腹地为依托,着力构建完善的基础设施体系、综合运输体系和航运服务体系,稳步推进大连东北亚国际航运中心建设。六是农业"一县一业"发展取得新进展。沿海六市所辖的18个县(市),现代农业发展在全省处于领先地位,特别是水果、水产品等生产优势十分突出。

(二)沈阳经济区发展战略的实施

2003年,辽宁省提出建设沈阳经济区的设想。2005年4月,由沈阳、鞍山、抚顺、本溪、营口、辽阳、铁岭七城市签署《辽宁中部城市群(沈阳经济区)合作协议》,标志着沈阳经济区进入加快发展阶段。2008年7月,阜新市加入。2010年4月,国家正式批复沈阳经济区为国家新型工业化综合配套改革试验区,标志着沈阳经济区成为国家批准设立的第8个国家综合配套改革试验区。2011年9月,国务院正式批复《沈阳经济区新型工业化综合配套改革试验总体方案》,沈阳经济区改革进入了全面实施的新阶段。一是经济综合实力显著提升。"十一五"期间,沈阳经济区八城市地区生产总值先后跃上5000亿元、10000亿元的台阶。全区累计完成固定资产投资29661亿元,占全省投资的57.6%。二是规划体系进一步完善,综合配套改革试验全面展开。充分发挥沈阳核心带动和辐射作用,规划了"一核五带"区域整体空间布局,"一核"即建设沈阳特大经济核心区,"五带"即打造沈抚、沈本、沈辽鞍营、沈阜和沈铁五条城际连接带。三是科学设立综合配套改革试验试点,探索新型工业化发展路径。启动沈北新区和沈抚新城两个综合配套改革试验先导区。批准设立了五个改革示范区。四是实施新城新镇建设,打造改革试验的全新载体。五是发展壮大产业园区和产业集群,推进产业优化升级。以集群战略推动产业做大。沈阳经济区强力推进城际连接带上57个主导产业园区建设,引导主导产业向集群集中、新兴产业向园区集中,形成了高产出、低能耗、少排放的工业经济发展模式,打造一批百亿元产业园区、千亿元产业集群。六是创新管理体制机制,增强改革试验的推进动力。创新管理机构,实行大部门体制,创新选人用人机制,试行灵活的薪酬制度。七是加速整合资源要素,推进区域一体化发展。推进交通一体化,推进公共服务一体化,推进市场要素一体化。八是加速推进沈抚同城化发展,打造区域融合和新型工业化发展典范。九是建立健全工作体制,为综合配套改革试验提供组织保障。

(三)突破辽西北战略的实施

辽西北地区包括辽宁省的阜新、朝阳、铁岭三市,土地总面积4.3万平方公里,占全省的28.8%。为推进辽西北地区经济与社会全面进步,促进全省区域经济协调发展,加快实现全面建设小康社会的目标,2003年1月20日,省十届人大一次会议明确提出,支持辽西北加快发展。2004年4月30日,省政府颁布了《关于支持辽西北地区经济与社会发展的若干政策意见》,提出了40条具体政策。2008年11月14日,省委、省政府召开了突破辽西北工作会议,出台了《关于实施突破辽西北战略的若干意见》。辽宁省实施突破辽西北战略重大决策以来,在省委、省政府的正确领导下,全省上下同心协力,辽西北地区广大干部群众奋发努力,"突破辽西北"工作取得了显著成效。

一是经济保持较快增长。突破辽西北战略实施以来,辽西北地区经济保持了快速增长,主要经济指标年均增速高于全省平均水平,后发优势不断呈现。2012年,辽西北地区完成地区生产总值2456.2亿元,比2007年翻了近1.5番,比上年增长10%,增速高于全省平均水平0.5个百分点;公共财产预算收入完成285.7亿元,比2007年翻2.4番,增长18%,增速高于全省平均水平0.6个百分点;全社会固定资产投资完成2165.1亿元,增长22.9%。

二是城乡居民生活水平稳步提高。2012年,辽西北三市城镇居民人均可支配收入达到17643元,比2007年增加8739元;农民人均达到9400元,比2007年增加4930元。

三是重点产业集群的主体地位正在形成。辽西北三市立足辽宁乃至整个东北区域,进行资源的互补与整合,对原有的资源优势和产业基础加以充分利用,积极进行资源开发和深加工,把资源优势转化为经济优势,促进了一批项目落户辽西北地区,用项目的突破带动了产业的突破。2012年,18个重点产业集群完成投资708.9亿元,增长6.1%;年销售收入完成2210亿元,企业实现利润161亿元,上缴税金60亿元;年销售收入过百亿元的产业集群已达到8个;重点产业集群已逐渐成为辽西北地区经济增长的重要支柱。

四是现代农业发展和产业化经营硕果累累。阜新、铁岭、朝阳三市充分利用丰富的农业资源,形成各具特色的优势产业。2012年,辽西北三市粮食产量达到989万吨,新增设施农业面积10.6万亩,达到335万亩,设施农业蔬菜产量达到1301万吨,占全省蔬菜总产量的43%;农业节水滴灌工程面积92万亩,占全省总面积的62%;新建畜禽标准化养殖小区800个,畜牧养殖小区总量达到6600个,占全省总量的44%,规模化养殖比重由2007年的27%提高到2012年的60%。畜产品加工比例80%,精深加工比例38%,分别比2007年提高28个和23个百分点。辽西北地区已成为辽宁省重要畜产品生产基地。

五是基础设施支撑保障能力明显增强。一批重大基础设施建设项目陆续开工和建成,为辽西北地区夯实了发展基础。到2012年年底,辽西北地区高速公路通车达到975公里,占全省高速公路里程的25%,比2007年提高了13个百分点。铁岭县高家煤矿二矿项目、调兵山煤矸石发电厂、清河发电厂"以大代小"一期工程、铁岭电厂二期工程、500千伏清河电厂送出工程、中电投朝阳燕山湖发电厂项目、中电国际清河电厂"上大压小"二期工程等项目竣工投产。引白济阜一期工程和引白入北一期工程竣工通水。

六是生态环境建设取得显著成效。从实施突破辽西北战略到2012年年底,辽西北三市累计完成人工造林面积1333.9万亩,辽西北地区森林覆盖率达到38%,比2007年提高了4.37个百分点;完成水土流失综合治理511.4万亩,重点河流河道水土保持能力得到有效提升。

二十三、努力推进文化体育强省建设

改革开放以来,辽宁始终把建设文化体育强省作为一项战略任务来抓。文化体育工作受到高度重视,地位更加突出,氛围更加浓厚,文体事业稳步推进、全面发展。

(一)努力建设具有辽宁地域特色的文化强省

1. 实施精品战略,推动文化艺术繁荣

改革开放以来,全省广大文化艺术工作者突破了思想禁锢,创作热情高涨,

坚持"二为"方向和"双百"方针，坚持贴近实际、贴近生活、贴近群众，坚持民族化、大众化、精品化的创作取向，艺术创作持续活跃、繁荣，促进了辽宁艺术水平不断提高。特别是长期以来，辽宁坚持实施精品战略，以精品创作生产带动艺术繁荣，围绕精品创作生产创新工作机制、造就人才队伍、完善政策措施，创作出了一大批时代特色浓郁、人民群众喜闻乐见的优秀作品，促进了话剧、歌剧、舞剧、京剧、评剧、杂技、曲艺等艺术门类全面繁荣。

从改革开放初期推出的话剧《报春花》《高山下的花环》，京剧《康熙出政》等剧目在全国获奖并产生巨大影响，到后来推出的歌剧《苍原》、话剧《父亲》《凌河影人》、芭蕾舞剧《二泉映月》实现入选国家舞台艺术精品工程"十大精品剧目"四连冠，成为全国唯一获此殊荣的省份，辽宁艺术创作水平已跻身全国前列，艺术大省的形象更加鲜明。杂技《高车踢碗》《椅子顶》等一批优秀作品和人员还在国际重要艺术赛事上获得金奖，为辽宁赢得荣誉。

2. 加强基础设施建设，完善文化服务功能

改革开放以来，辽宁省同全国各地一样，经济社会快速发展，文化建设获得了更加充足的物质支持。在政府主导、社会力量积极参与下，全省公共文化服务网络得到较大改善，公共文化产品供给能力大幅度提高，公共文化服务体系进一步健全。文化基础设施建设得到加强，一批有影响的文化设施相继建成，公共文化设施网络逐步完善。新建辽宁大剧院、辽宁省博物馆新馆、沈阳"九·一八"历史博物馆、大连市现代博物馆、大连市电影城等建筑规模超万米、投资超亿元的文化设施，改造张氏帅府的周边环境，新建及改扩建一批艺术馆、文化馆和具有示范性、导向性、多功能的乡镇文化中心和文化广场。对全省县级图书馆、文化馆的建设进行了重点扶持。

3. 文化产业格局初步形成，体制改革稳步推进

随着改革开放的不断深入，辽宁的文化产业经历了探索、起步和逐步发展的过程。党的十五届五中全会以后，特别是党的十六大以来，在国家政策支持下，辽宁省以加快文化产业结构调整为主线，以打造文化产业品牌、创建文化产业基地为重点，深化文化体制改革，解放和发展文化生产力，文化产业发展速度明显加快，迈上一个新的台阶。文化产业发展速度连续几年保持两位数增长，初步构成包括文艺演出、文化娱乐、电影、文博旅游、艺术培训、文化服务等在内的文化产业发展体系，初步形成以公有制为基础，多种所有制共同发展的文化产业格局。为适应建立和完善社会主义市场经济体制的任务要求,辽宁省从1993年起开始了文化体制改革尝试。党的十六大以后,按照中央关于进一步深化文化体制改革的统一部署,辽宁省先后有沈阳市、锦州市、大连市、葫芦岛市被确定为国家和省文化体制改革综合试点地区,辽宁歌舞团、辽宁大剧院、辽宁省博物馆、辽宁省电影公司被确定为省文化体制改革综合试点单位,文化体制改革进入新阶段。近年来,以公益性文化事业单位加大内部机制改革力度、经营性文化事业单位转企改制、艺术院团分类指导、区别对待等为主要任务,试点地区和单位的改革工作稳步推进,取得阶段性成果。

同时,对外文化交流日益活跃,辽宁文化的影响力不断扩大。改革开放以来,辽宁对外文化交流工作抓住机遇,不断拓展交流的规模和领域,逐步形成多渠道、多层次、多领域、多方位的新局面。

(二)推动辽宁由体育大省向体育强省迈进

1. 开展群众体育活动,丰富群众文化体育生活

改革开放以来,辽宁城乡人民群众的生活条件有了较大改善,参加体育活动的人越来越多。建立了全民健身领导机构,形成全省全民健身组织网络。

学校体育活动逐步正规化。1978年以后,辽宁省提出要重点抓好学校体育工作,从根本上达到增强人民群众体质的目的。为了培养优秀体育人才,辽宁省高度重视传统体育项目学校建设,促进传统体育项目学校和俱乐部分布在各市的体校、体育场馆、中小学校、社区内,面向青少年开放,不断加强了中小学校业余体育训练,为辽宁竞技体育提供大批后备人才。著名乒乓球运动员王楠、郭跃等都是传统体育项目学校培养的学生。

城市体育蓬勃开展。1979年3月,辽宁省提出抓工厂、抓系统城市职工体育的指导思想,并认真抓好落实,各市地职工体育出现了蓬勃发展的势头。其中东北机器制造厂、黎明机械公司的体育活动,沈阳标准件厂、沈阳矿山机器厂、沈阳第三机床厂、松陵机械公司、新阳机械厂、新乐电工厂、中街商业一条街的早操,中山公园、八一公园、青年公园的晨练都被评为典型在全省推广。进入20世纪90年代,随着社会主义市场经济的发展,辽宁国有大中型企业遇到困难,城市职工体育组织形式发生了变化,省体育局在抓企业职工体育的同时,重点抓了城市社区体育,发动街道办事处把驻街单位组织起来,建立必要的机构,制定

活动计划，落实活动项目和场地器材。2003年以来，在党中央、国务院实施东北地区等老工业基地振兴战略的指导下，辽宁省的城市体育工作也有了可喜发展，实现了从单一的身体锻炼到突出特色、打造城市品牌、创建体育名城的转变。

农村体育工作逐步加强。改革开放后，全省以开展农民健身活动为主线，提出了农村体育工作组织在乡镇，阵地在村屯的要求，将全民健身设施建设到村屯，以贴近广大农民。全省积极开展了以广大农民为对象的全民健身活动，丰富了农村文化体育生活，增进了农民身心健康，占领了农村思想文化阵地，使千万农民以强健的体魄投身于小康社会的建设，促进了农村经济建设和社会稳定。随着社会主义新农村建设的开展，全省以建设农民健身工程为重点，为农村基层群众健身服务，取得较好效果。

2. 发展竞技体育，增强总体实力

改革开放以来，辽宁省竞技体育事业进入了新的发展阶段。1978年4月，中共辽宁省委批转了《辽宁省体育工作会议纪要》，要求各级党委加强对体育工作的领导，加速发展辽宁体育事业。在2004年雅典奥运会和2008年北京奥运会上，我省运动员获得的奖牌总数位居全国前列，为国家作出突出贡献。

★2008年8月17日，唐宾、金紫薇、奚爱华、张杨杨（由左至右）在北京奥运会赛艇女子四人双桨决赛中获得冠军，其中，唐宾、张杨杨是辽宁运动员，金紫薇是江西运动员，辽宁沈阳人

为推动竞技体育发展，辽宁还勇于进行改革实践，在全国率先实行教练员聘任制，制定了领队负责制、主教练（总教练）负责制等运动队管理办法，进行了两次大的运动队编制布局的调整，整合资源、合理布局、理顺关系。根据地域特点将运动项目发展重点，确定在"力量型、对抗性、耐力型、大级别"项目上。涌现了姚景远、丁美媛（举重）、孙福明、袁华、杨秀丽（柔道），王军霞（田径）等一批奥运冠军及一大批全国冠军。与此同时，注重技巧性项目的发展，王楠、郭跃（乒乓球），张宁、杜婧、于洋（羽毛球）获得奥运金牌，艺术体操运动员孙丹、章硕等也打破欧美垄断，取得银牌。

二十四、"三个代表"重要思想在辽宁的学习贯彻

新世纪之初,在全国深入开展"三讲"教育过程中,江泽民同志站在新的历史高度,基于对国内外形势、党肩负的历史任务、党自身建设状况的清醒认识和准确把握,在深刻总结世界社会主义和我们党成立以来历史经验的基础上,提出了"三个代表"重要思想。辽宁省在学习、贯彻和实践"三个代表"重要思想上,采取了一系列实际步骤和战略措施。

(一)在全省农村开展了"三个代表"重要思想学习教育活动

为了深入贯彻落实"三个代表"重要思想,加强和改进党对农村工作的领导,切实解决农村存在的突出问题,确保党的十五大和十五届三中、五中全会及中央经济工作会议提出的农业和农村各项工作任务的落实,中央决定,用两年左右的时间,在全国县(市)部门、乡镇、村领导班子和基层干部中,有计划、有步骤地开展"三个代表"重要思想学习教育活动。为此,2000年11月30日,中共中央办公厅印发了《关于在农村开展"三个代表"重要思想学习教育活动的意见》,对全国农村的"三个代表"重要思想学习教育活动作出了全面部署。随后,中共辽宁省委办公厅印发了实施意见,对搞好全省农村"三个代表"重要思想学习教育活动作出了具体安排。

全省农村"三个代表"重要思想学习教育活动分两批进行。第一批为县(市、区)部门、乡镇领导班子和基层干部,从2001年1月初开始,到2001年4月初结束。第二批为村级领导班子和部门驻乡镇单位工作人员,从2001年11月开始,到2002年2月结束。学习活动大体分学习培训、对照检查、整改提高三个阶段进行。学习培训阶段,坚持集中学习同个人自学相结合,各县(市、区)委都制定了周密的学习计划,并紧密联系自己的思想和工作实际,边学习、边思考。对照检查阶段,每个干部都对照"三个代表"的要求,检查对照自己的思想和工作,认真开展批评与自我批评,自觉接受干部和群众的监督。整改提高阶段,各级领导班子围绕那些关系群众切身利益和群众反映强烈的问题以及群众提出的要求,逐步加以解决。

通过"三个代表"重要思想学习教育活动的开展,农村基层干部强化了全心全意为人民服务的意识,提高了调整经济结构、发展农村经济的本领,增强了做

好新形势下群众工作的能力。

（二）兴起学习贯彻"三个代表"重要思想新高潮，为加快辽宁老工业基地振兴提供强大思想动力

党的十六大提出要在全党兴起一个学习贯彻"三个代表"重要思想的新高潮。随后，中共中央印发了《关于在全党兴起学习贯彻"三个代表"重要思想新高潮的通知》。为贯彻落实中央通知精神，2003年6月27日，中共辽宁省委对掀起学习贯彻"三个代表"重要思想新高潮作出安排。

全省实施了以县处级以上领导干部为重点的党员干部学习贯彻"三个代表"重要思想的"骨干工程"、以高校学生为重点的青年学习贯彻"三个代表"重要思想的"未来工程"、以职工为重点的群众学习贯彻"三个代表"重要思想的"基础工程"。组织省学习贯彻"三个代表"重要思想宣讲团，普遍开展"三个代表"重要思想宣讲活动。兴起学习贯彻"三个代表"重要思想新高潮活动分三个阶段进行。第一阶段：动员部署，形成舆论，为深入学习贯彻"三个代表"重要思想奠定坚实的思想基础。第二阶段：深入研读，专题讨论。认真研读江泽民同志一系列重要著作，深入学习《"三个代表"重要思想学习纲要》，开展宣讲，并分专题进行学习研讨。第三阶段：联系实际，贯彻落实。重点结合辽宁实际，推动老工业基地振兴，抓好各项工作的落实。

全省上下掀起了学习贯彻"三个代表"重要思想的新高潮，使这一思想日益深入人心，贯彻到我省政治、经济、文化建设和党的建设各项工作之中，显示出指导实践的强大威力，成为指导我省改革开放和社会主义现代化建设的强大思想武器和精神力量。

二十五、广泛深入开展保持共产党员先进性教育活动

2005年1月5日，中央在北京召开全国保持共产党员先进性教育活动电视电话会议。辽宁省保持共产党员先进性教育活动从1月开始，分三个批次进行，每批半年左右时间，到2006年6月份基本结束。第一批：县及县以上党政机关和部分企事业单位，从2005年1月开始到2005年6月基本结束。包括全省各级党政机关，各级人大、政协机关，各级法院、检察院和人民团体机关，上述各级

机关管理的事业单位，沈阳铁路局及所属铁路分局机关。第二批：城市基层和乡镇机关，从2005年7月开始到2005年12月基本结束。包括街道社区和社会团体、社会中介组织、高等院校、中等专业学校、城市中小学校，尚未参加第一批集中教育活动的县（市、区）以上所属所有企事业单位，乡镇机关及其直属单位，县（市、区）派驻乡镇的基层单位。第三批：农村和部分党政机关，从2006年1月开始到2006年6月基本结束。包括村，党的组织关系在乡镇、村的企事业单位，农村中小学校等，承担先进性教育活动组织和指导工作的省、市、县（市、区）有关机关、部门。

各单位坚持集中学习教育时间不少于3个月。其中，学习动员阶段不少于30天，分析评议阶段不少于40天，整改提高阶段不少于20天。

省委高度重视先进性教育活动，切实加强对先进性教育活动的领导和指导，各地区各部门各单位普遍建立了先进性教育活动领导机构和工作机构，组建了督查指导组。全省14个市按照中央确定的先进性教育活动"四个一"的总体要求和辽宁省委提出的"四个方面、十二条见实效"的目标要求，紧紧围绕提高执政能力、推动实现辽宁全面振兴的战略目标，迅速展开先进性教育活动。在教育活动中，各地坚持精心组织、广泛发动，认真学习、武装思想，联系实际、解决问题，加强督导、确保质量，积极营造实践"三个代表"重要思想的浓厚氛围，广泛掀起了先进性教育活动热潮。

从先进性教育活动一开始，省委坚持把学习贯穿先进性教育活动的始终，组织广大党员认真学习中央一系列重要指示精神，坚持以学习党章为重点，并与学习中央关于建设社会主义新农村的重大决策部署结合起来，保持高昂的学习态势，不断把先进性教育活动引向深入。在整改提高阶段，各级党组织坚持走群众路线，坚持开门搞整改，采取多种形式广泛深入地征求群众意见。其中，省委常委率先垂范，在向有关方面发出468封征求意见函，并上门征求离退休老同志意见的基础上，又先后召开9个座谈会，广泛征求社会各界的意见和建议。对收集到的各类意见和建议，省委常委认真分析思考，并结合分工研究落实解决和改进措施。省人大常委会、省政府、省政协党组和各市市委常委、省直各部门党组（党委）带头通过多种方式、多个渠道，真心诚意征求社会各方面意见，认真查找班子和个人存在的突出问题。各县（市、区）党组织普遍采取下农村、到企业、进社区征求意见，请广大干部群众为自己"号脉""画像"，确保存在问题查得透、找得准。省直各部门普遍结合自身实际边议边改。各级党组织对群众提出的意见建议，都原原本本地反馈给每名党员，使党员从群众的意见中看到差距，明确了努力方向。广大党员也以自身的模范行动叫响"我是共产党员"，让广大党员和群众切身感受到了先进性教育活动带来的新变化。

先进性教育活动取得了显著成效。一是广大党员受到了深刻的马克思主义教育，进一步坚定了理想信念，提高了素质能力，增强了实践"三个代表"重要思想、落实科学发展观的自觉性，党员队伍中存在的一些突出问题得到初步解决，党员、干部的先锋模范作用进一步发挥。二是基层党组织的创造力、凝聚力、战斗力进一步提高，一些软弱涣散和不够健全的基层党组织得到整顿和加强，党的工作覆盖面明显扩大，党执政的组织基础更加巩固。三是党组织和党员服务群众的行动更加自觉，党员干部的作风进一步改进，人民群众关心的一些重点问题得到初步解决，党群干群关系进一步密切。四是各地区各部门按照科学发展观的要求，进一步理清了发展思路，努力解决影响改革发展稳定的一些主要问题。五是各级党组织在加强党员经常性教育管理、做好党员联系和服务群众工作、加强和改进流动党员管理工作、建立健全抓基层党的建设工作责任制等方面形成了一些务实管用的新制度，推动了保持共产党员先进性长效机制建设。六是各级党组织认真总结先进性教育活动的成功实践和党的先进性建设的历史经验，深入研究党的先进性建设规律，丰富了党的先进性建设理论。

二十六、扎实推进社会主义新农村建设

世纪之交，由于受东南亚金融危机的影响，我国国民经济增长受阻，增长速度持续回落。与此同时，农村经济发展进入艰难的爬坡阶段，农产品结构性过剩，全国农民人均纯收入连续多年增长缓慢。2004年1月，党中央、国务院下发了《关于促进农民增加收入的若干政策的意见》的1号文件，开始着力解决农民增收难的问题。此后，中央连续几年下发"1号文件"支持农村经济发展。2006年年初，中共中央、国务院下发了《关于推进社会主义新农村建设的若干意见》，我国农村改革由此进入了统筹城乡经济社会发展、建设社会主义新农村的新阶段。

为准确把握新农村建设方向，中央《意见》下发后，辽宁省委、省政府于2006年2月27日举行了建设社会主义新农村专题会议。3月23日，又召开全

省推进社会主义新农村建设工作会议。根据中央的统一部署,结合辽宁实际,省委、省政府出台了《关于推进社会主义新农村建设的实施意见》(辽委发〔2006〕8号)和《关于加快县域经济发展的若干意见》(辽委发〔2006〕9号)。同时,组织制定了全省社会主义新农村建设"十一五"规划,提出要以发展县域经济为重要载体建设社会主义新农村的指导思想,对建设新农村的基本原则、发展目标、重点任务、投入机制和领导工作机制等方面作了全面部署。为贯彻落实省委8号、9号文件和新农村建设"十一五"规划,全省先后出台了6个配套政策文件,完善了新农村建设政策措施。省农村工作领导小组建立了四项工作制度,明确了省直有关单位工作任务。在2006年10月召开的省第十次党代会上,辽宁省委进一步明确提出把建设社会主义新农村作为推动实现辽宁老工业基地全面振兴的三项重点任务之一。

在省委、省政府的正确领导下,全省上下认真贯彻落实中央关于建设社会主义新农村的战略部署。大力推进农村税费改革和综合改革,着力构建以工促农、以城带乡的长效机制。建立农业补贴制度,千方百计增加农民收入。全面推行了新型农村合作医疗制度,启动建立农村社会养老保险制度工作。加速推进县域经济发展。建立农村义务教育经费保障机制。全省新农村建设实现良好开局,到2006年年底,全省农业和农村经济主要指标再创历史新高,农业和农村经济继续保持强劲发展态势。县域经济进入快速发展时期,继海城市之后,大石桥市也入围全国百强县。经济综合发展指数高于全国平均水平4.5个百分点。全省44个县、市(涉农区、涉农开发区)全部启动新型农村合作医疗制度,实现县(市、涉农区、涉农开发区)、乡、村全覆盖。建设各具特色的升级现代农业园区105个,省级现代农业示范基地41个。农业科技成果推广成效显著,优质粮工程等一批重大农业科技工程项目相继实施。农业科研43个品种通过审定,获国家专利12项,推广新品种183个。财政投入方面,在国债发行规模减小200亿的情况下,全省从国家争取农业和农村建设资金突破17亿元,着力解决农民最关心、最直接、最现实的利益问题,积极发展农村社会事业,促进农村社会和谐稳定。2007年,农田基本建设"大禹杯"竞赛活动历经20年,辽宁农业生产条件和生态环境发生了巨大变化。2008年,全省开始实施县域经济三年倍增计划。2009年,辽宁省政府高度重视农业"一县一业"发展,重点支持东部山区食用菌、中药材、山野菜、林果、冷水鱼等特色产业及林地经济开发和辽西北地区保护地蔬菜、小杂粮、花卉生产,加强优良品种的选育、引进和繁育,建立特色农业专业化示范基地,进一步提升特色农产品的品质和生产水平。2010年,县域经济三年倍增计划超额完成。到2011年,实施新一轮三年倍增计划,县域经济保持了强劲的发展势头。

★农业生产全面丰收

通过一系列的有力举措,到2012年年底,全省新农村建设取得了阶段性成果。农业生产全面丰收,全省粮食产量达414.1亿斤,再创历史新高。肉、蛋、奶及水产品产量持续增长,全省肉和水产品产量分别达到413万吨和478万吨;高效特色产业取得突破性进展,全省设施农业面积由2001年的不到200万亩发展到2012年的1100万亩,增长了5倍多,居全国第二位(其中日光温室居全国第一名);现代农业建设扎实推进,完成节水农业工程149.5万亩,增幅49.5%;大力调整农产品结构,发展优质粮、优质畜产品、精品渔业、设施蔬菜、优质水果等优质产业和油料、花卉、中药材、食用菌、林产品等特色产品,"一县一业"特色农业产业格局基本形成。到2012年,全省16个县(市)成为"一县一业"示范县(市),开工建成了投资10亿元以上的重大农产品加工项目108个;农机装备水平稳步提升,全省农机总动力达到2510万千瓦,农机总值达到210亿元。建立省级以上水稻生产机械化示范区21个;县域经济综合实力明显增强,全省44个县(市)地区生产总值达1.1953万亿元,同比增长13%;农业标准化和农产品质量安全体系进一步健全,制定(修订)省级农业地方标准261项。建设国家级农业标准化示范区1个,省级示范区5个,标准化生产面积达到3500万亩;农业对外开放质量和水平同步提高,全省农副产品出口总额达到82.7亿美元,其中农产品出口额47.8亿美元,出口额上升到全国第4位,增幅高于全国4个百分点;民生工程建设取得积极成效,全省131万农村低收入群体年人均纯收入达到2258元,全省农民人均纯收入达到9384元,实际增长10.3%,位居全国第9位。辽宁农村呈现出农村社会稳定发展、农业经济增长迅速、农民安居乐业的和谐局面。一个"生产发展、生活宽裕、乡风文明、村容整洁、管理民主"的社会主义新农村正在逐步形成。

二十七、中国共产党辽宁省第十一次代表大会的召开

2011年10月10日至13日,中国共产党辽宁省第十一次代表大会在沈阳召开。题为《坚持科学发展,实现全面振兴,为建设富庶文明幸福新辽宁而奋斗》的工作报告共分七个部分:(1)辽宁老工业基地全面振兴取得重大阶段性成就;(2)在科学发展道路上建设富庶文明幸福新辽宁;(3)加快转变经济发展方式增强经济实力和竞争力;(4)全力改善民生创新社会管理增进人民福祉;(5)坚持改革开放创新进一步激活发展动力;(6)深化文化体制改革推动文化大发展大繁荣;(7)以改革创新精神提高党的建设科学化水平。

报告强调,今后五年,全省各级党组织要高举中国特色社会主义伟大旗帜,以邓小平理论和"三个代表"重要思想为指导,深入贯彻落实科学发展观,以科学发展创新发展和谐发展为主题,以加快转变经济发展方式和创新社会管理为主线,坚持走具有辽宁特色的老工业基地全面振兴之路。

中共辽宁省第十届纪律检查委员会作书面工作报告。出席会议的807名代表以无记名投票方式,选举出由85名委员、15名候补委员组成的中国共产党辽宁省第十一届委员会。选举出省纪律检查委员会委员55名。审议通过了《关于中国共产党辽宁省第十届委员会报告的决议》《关于中国共产党辽宁省纪律检查委员会工作报告的决议》。

大事记

1979 年

1月4日至16日 中共辽宁省委召开常委扩大会议，传达党的十一届三中全会和中央工作会议精神，集中讨论和研究如何把辽宁省工作重点转移到社会主义现代化建设上来的问题。

2月2日 中共辽宁省委作出决定：1967年2月原辽宁省公安厅定"中华全国红色造反者联合会辽宁省联合会""中华全国革命造反工人总会辽宁省分会""捍卫毛泽东思想联合会联络站"为反动组织，应予平反，为此发的通令，应予撤销。对被诬为"捍卫毛泽东思想联合会联络站"的"后台""联络员"和反革命分子、陷入冤狱的彻底平反、恢复名誉。

2月9日至11日 辽宁省革委会召开五届三次全委会，就贯彻党的十一届三中全会和中央工作会议精神，实现全省工作重点转移到社会主义现代化建设上来进行研究部署。

2月10日 中共辽宁省委召开大会，为辽宁省最大的假案"东北城工部叛徒特务集团"彻底平反。为被打击迫害的宋黎、程序、车向忱、李东冶、戚长广、郑径十、郭峰、王丹波、李正风、靳治国等317人平反昭雪，恢复名誉。

2月26日 中共辽宁省委、省革委会印发《关于农村若干经济政策问题的补充规定（试行草案）》。

3月26日 中共辽宁省委作出《关于为张志新同志彻底平反昭雪、追认她为革命烈士的决定》。

4月4日至11日 省委召开全省劳动、知青工作会议。

5月21日 中共辽宁省委印发《关于进一步做好纠正冤案、假案、错案和解决历史遗留问题的通知》。

6月8日　中共辽宁省委、省革委会召开深入开展增产节约运动广播电视大会。省委第一书记任仲夷在会上讲了话。

6月14日　中共辽宁省委作出《关于大力发展社队企业的决定》。

6月16日　辽宁省革委会印发《关于计划生育工作的若干问题的规定（试行）》。

8月5日至12日　辽宁省革委会召开全省安置城镇待业人员工作会议。

8月25日至31日　中国共产党辽宁省第五次代表大会在沈阳举行。省委第一书记任仲夷代表第四届委员会作了题为《全省党员动员起来，为加速社会主义现代化建设而奋斗》的工作报告。

9月1日　中共辽宁省委作出《关于端正党风的决定》。

9月10日　中共辽宁省委、省革委会作出《关于城镇集体所有制企业的若干规定（试行草案）》。

同日　中共辽宁省委印发《关于抓紧完成"三案"平反工作的通知》。

9月19日至22日　中共辽宁省委宣传部召开真理标准问题讨论经验交流会。

10月16日至18日　中共辽宁省委召开常委扩大会议，会议传达了党的十一届四中全会和省、市、自治区党委第一书记会议精神。

1980年

1月8日至11日　中共辽宁省委召开常委扩大会议，提出1980年工作要求。

1月15日至22日　中共辽宁省委宣传部召开全省宣传工作会议。省委第一书记任仲夷在会上讲了话。

1月21日至29日　辽宁省五届人大二次会议在沈阳召开。会议决定，辽宁省革命委员会更名为辽宁省人民政府。

2月23日　辽宁省政府印发《关于发展城镇集体所有制商业服务业的若干规定》（试行草案）和《关于城镇个体商业服务业的若干规定》（试行草案）。

5月13日至21日　辽宁省工交增产节约、增收节支会议召开。

6月3日至8日　中共辽宁省委召开知识分子工作会议。会议通过了《关于加强领导，充分发挥知识分子作用的若干规定》。

6月28日　中共辽宁省委批转《全省农村人民公社经营管理工作座谈会纪要》。

8月15日　中共辽宁省委、省政府作出《关于发展社队企业若干政策问题的补充规定》。

9月11日至17日　中共辽宁省委、省政府召开搞活工业生产经验交流会。

10月9日　中共辽宁省委印发《关于搞好人民公社收益分配工作的通知》。

11月11日　中共辽宁省委、省政府向中共中央、国务院上报了《关于辽宁经济建设方针问题的报告（草稿）》。

12月8日至13日　中国共产党辽宁省代表会议在沈阳召开。省委第一书记郭峰代表省委作了《关于改善和加强党的领导的几个问题》的报告。会议选举产生了辽宁省出席中国共产党第十二次全国代表大会的代表。

1981年

1月3日至9日　中共辽宁省委召开工作会议，传达贯彻中共中央工作会议精神。省委第一书记郭峰在会上讲了话。

4月19日至25日　邓小平等中央领导到辽宁视察工作。在沈阳接见了辽宁省委常委，听取了省委的工作汇报，并就干部和培养接班人问题作了重要指示。同日，在友谊宾馆接见了沈阳军区司令员李德生等人，听取汇报并对部队建设等问题作了指示。4月24日，省委召开市、地委书记会议，传达邓小平在辽宁视察时的讲话精神。

5月21日至25日　中共辽宁省委召开各市、地委主管农业书记会议。省委第一书记郭峰出席会议并讲话。

6月5日至10日　中共辽宁省委召开工作会议。省委第一书记郭峰作了题为《关于深入贯彻中央工作会议精神搞好经济调整的几个问题》的讲话。

7月11日至17日　中共辽宁省委五届四次全体（扩大）会议举行，传达党的十一届六中全会精神。

7月24日至28日　辽宁省政协召开四届十六次常委扩大会议。省委第一书记郭峰到会听取学习讨论情况的汇报并就正确认识毛泽东在中国革命中的历史地位等问题讲了话。

9月7日至13日　中共辽宁省委、省政府召开全省工交企业推行经济责任制增产增收会议。

10月30日至11月11日　中共辽宁省委召开全省农村工作会议，传达了全国农村工作会议精神。

1982 年

1月29日　中共辽宁省委印发《关于认真贯彻执行中发〔1982〕1号文件精神的通知》。

2月11日至15日　中共辽宁省委、省政府召开全省第一次企业整顿工作会议。

2月12日至16日　中共辽宁省委五届五次全体（扩大）会议召开。省委第一书记郭峰作了题为《为"两个文明"建设的更大进展而奋斗》的报告。

3月3日至10日　政协辽宁省第四届委员会第四次全体会议在沈阳举行。

3月4日至10日　辽宁省五届人大四次会议在沈阳举行。会议听取、审议了省长陈璞如所作的《政府工作报告》。

4月10日　中共辽宁省委印发《关于贯彻执行〈中共中央关于加强政治工作的指示〉的通知》。

4月20日至22日　辽宁省五届人大常委会第十四次会议通过了《关于坚决打击经济领域中严重犯罪活动的决议》。

6月24日　中共辽宁省委、省政府印发《关于认真贯彻执行〈中共中央、国务院关于进一步做好计划生育工作的指示〉的通知》。

7月13日　中共辽宁省委召开打击经济领域违法犯罪斗争电话会议。

8月11日至13日　中共辽宁省委召开全省政法工作会议。

9月13日　中共辽宁省委印发《关于贯彻执行中发〔1982〕38号文件的通知》。

9月20日至21日　中共辽宁省委召开省直机关处以上干部大会，传达党的十二大精神。

10月22日至28日　中共辽宁省委五届六次全体（扩大）会议召开。省委第一书记郭峰在会上讲了话，省委常务书记李荒代表省委作了题为《深入学习贯彻十二大精神，认真做好今冬明春工作》的报告。

11月8日　中共辽宁省委、省政府召开经济、科技与社会发展战略及规划讨论动员大会，以"全国翻两番，辽宁怎么办"为题展开大讨论。

11月29日至12月3日　中共辽宁省委、省政府召开全省第三次轻工会议和技术改造工作会议。

1983 年

1月4日　中共辽宁省委、省政府作出《对〈关于加强领导，充分发挥知识分子作用的若干规定〉的补充规定》。

1月12日　中共辽宁省委、省政府印发《抓紧扭亏增盈，实现增产增收，保证完成今年财政任务的通知》。

2月7日　中共辽宁省委作出《关于加强党员教育工作的意见的决定》。

2月28日　中共辽宁省委、省政府决定大中型企业逐步实行以税代利。

4月20日至27日　政协辽宁省第五届委员会第一次会议在沈阳举行。

4月21日至29日　辽宁省六届人大第一次会议在沈阳召开。会议听取和审议了代省长全树仁所作的政府工作报告，选出了出席第六届全国人民代表大会的代表。

5月20日　中共辽宁省委、省政府印发《关于进一步加强企业整顿工作领导的通知》。

6月17日至20日　中共辽宁省委召开全省政法工作会议。

6月26日　中共辽宁省委、省政府召开全省城镇集体经济工作会议。

6月30日　中共辽宁省委、省人大常委会、省政府、省政协召开省直机关干部大会，传达贯彻六届全国人大一次会议精神。

7月9日　中共辽宁省委印发《关于学习〈邓小平文选〉的通知》。

7月25日至27日　中共辽宁省委召开市、地委书记会议。

8月2日　中共辽宁省委、省政府公布辽宁省省级党政机构改革方案。

8月25日至31日　中共辽宁省委召开农村专业户、重点户工作会议。

9月17日至27日　辽宁省组织工作会议在沈阳召开。

10月18日　中共辽宁省委印发《关于认真学习〈中共中央关于整党的决定〉的通知》。

10月31日　中共辽宁省委、省政府批转省林业厅《关于下放自留山，完善林业承包责任制的报告》。

11月5日至12日　中共辽宁省委五届七次全体（扩大）会议召开。

12月20日　中共辽宁省委、省政府印发《关于认真贯彻中发〔1983〕35号文件，进一步搞好政社分开建立乡政府的通知》。

1984 年

1月17日至24日　中共辽宁省委召开农村工作会议。

2月10日　中共辽宁省委召开省直机关党员干部大会。

3月3日　中共辽宁省委印发《关于认真检查落实知识分子政策情况的通知》。

3月29日　中共辽宁省委召开省直机关整党单位党员领导干部会议。

4月28日　辽宁省政府决定在海城市进行综合体制改革试点。

5月7日　中共辽宁省委召开抓党风工作会议。

5月25日　中共辽宁省委、省政府通过大连市委、市政府《关于大连进一步对外开放和兴办经济技术开发区的报告》，并报送国务院。

6月8日　中共辽宁省委印发《关于下放干部管理权限，改革几项干部管理制度问题的通知》。

6月10日　中共辽宁省委召开打击严重经济犯罪工作经验交流会。

6月11日　中共辽宁省委、省政府作出《关于进一步开放大连、兴办经济技术开发区的决定》。

6月27日　中共辽宁省委作出《关于建立健全抓党风责任制的决定》。

7月11日　国务院同意在沈阳市进行经济体制综合改革试点，实行计划单列，并赋予省级经济管理权限。13日，国务院同意大连市进行经济体制综合改革试点，实行计划单列，并赋予省级经济管理权限。沈阳、大连两市均从1985年起实行计划单列。

7月28日　中共辽宁省委召开省直机关党员个人对照检查动员大会。

8月28日至31日　辽宁省召开经济体制改革座谈会。

9月16日至19日　中共辽宁省委召开农村工作会议。

9月27日　中共辽宁省委、省政府印发《关于进一步搞活农村商品流通的通知》。

10月6日　中共辽宁省委、省政府作出《关于改革人才管理制度，进一步落实知识分子政策的决定》。

10月9日　中共辽宁省委、省政府作出《关于加快发展乡镇企业的决定》。

11月18日至27日　中共辽宁省委五届八次全体（扩大）会议召开，主要是学习贯彻《中共中央关于经济体制改革的决定》，审议修改省委贯彻执行《中共中央关于经济体制改革的决定》的意见，讨论通过《关于召开辽宁省第六次党代表大会的决定》。

11月27日　中共辽宁省委制定《贯彻执行〈中共中央关于经济体制改革的决定〉的意见》。

12月29日　中共辽宁省委印发《关于深入搞好市直机关整党工作的通知》。

1985年

1月24日　中共辽宁省委作出《关于按照整党精神，改进省委常委的领导方式与领导方法的若干规定》。

1月25日至31日　中共辽宁省委召开农村工作会议。

2月4日　中共辽宁省委、省政府作出《关于贯彻执行中央1985年1号文件的若干规定》。

3月1日　中共辽宁省委、省政府决定：从即日起全省取消生猪派购，实行议购，猪肉销售逐步放开。

3月9日至12日　辽宁省政法工作会议在沈阳召开。

3月11日至13日　中共辽宁省委召开整党工作会议。

3月16日至21日　辽宁省第六届人民代表大会第三次会议在沈阳召开。

3月25日　中共辽宁省委印发《学习贯彻〈中共中央关于科学技术体制改革的决定〉的通知》。

4月1日　中共辽宁省委、省政府决定放开水产品购销市场，取消派购，自由交易。

4月15日　辽宁省政府决定放开猪肉销售价格，实行有指导的议销，同时给城市居民适当补助。

4月17日　中共辽宁省委、省人大常委会召开省直机关处以上干部大会。

4月18日　中共辽宁省委、省政府印发《关于当前农村工作中几个问题的通知》。

5月15日至20日　中共辽宁省委、省政府召开全省科技工作会议，传达、学习全国科技工作会议精神和《中共中央关于科技体制改革的决定》。

6月8日至14日　中国共产党辽宁省第六次代表大会在沈阳召开。省委第一书记郭峰致开幕词，李贵鲜代表中共辽宁省第五届委员会作了题为《奋发图强，振兴辽宁》的工作报告。

6月10日　中共辽宁省委、省政府印发《关于认真学习〈中共中央关于教育体制改革的决定〉的通知》。

7月10日　中共辽宁省委、省政府作出《关于贯彻执行〈中共中央关于科学技术体制改革的决定〉的若干规定》。

7月17日至19日　辽宁省六届人大四次会议在沈阳召开。

8月13日　中共辽宁省委召开紧急常委会议,研究抗洪救灾工作。14日,省委、省政府下发《关于确保辽河防洪大堤安全的紧急通知》。

8月26日　中共辽宁省委、省政府召开抗洪抢险紧急电话会议,省委书记李贵鲜对当前抗洪救灾工作作了部署。

10月7日至10日　中共辽宁省委召开常委扩大会议,传达了党的全国代表会议精神、全国经济工作座谈会精神。

12月7日　中共辽宁省委召开常委会议,要求结合整党、党风党纪大检查和贯彻中办发〔1985〕57号文件,提出切实可行的方案,制定端正党风的制度和办法。

12月12日　中共辽宁省委印发《关于开展党风党纪大检查的通知》。

1986年

1月10日　辽宁省召开动员大会,从省直机关抽调250名干部派往农村帮助整党。

1月10日至16日　中共辽宁省委、省政府召开全省对外工作座谈会。

1月11日至18日　中共辽宁省委召开农村工作会议。

1月20日　中共辽宁省委召开全省农村整党工作电话会议。

1月22日至26日　中共辽宁省委六届二次全会召开,省委书记李贵鲜作了题为《认清形势,坚持改革,夺取两个文明建设新胜利》的报告。

2月25日　辽宁省"五讲四美三热爱"活动工作会议在沈阳召开。

3月4日　中共辽宁省纪委召开纪律检查工作会议。

3月11日　中共辽宁省委、省政府印发《关于发展乡镇企业若干问题的通知》。

3月29日至31日　辽宁省政法工作会议在沈阳召开。

5月28日　中共辽宁省委、省政府印发《关于要求各地贯彻〈中共中央、国务院关于加强土地管理,制止滥占耕地的通知〉的通知》。

6月10日　中共辽宁省委、省政府作出《关于执行〈中共中央、国务院关于进一步制止党政机关和党政干部经商办企业的规定〉的具体规定》。

6月16日至23日　中共辽宁省委召开整党工作会议。

7月13日至15日　中共辽宁省委、省政府召开市委书记、市长会议。

7月15日　中共辽宁省委批转省委整党工作领导小组《关于农村整党中若干问题的处理意见》。

7月16日至17日　中共辽宁省委召开省直机关端正党风和纠正行业不正之风经验交流会议。

7月19日至21日　中共辽宁省委、省政府召开县级综合改革试点工作会议。

9月11日　中共辽宁省委、省政府召开抗洪抢险救灾表彰大会，20个先进集体，102名先进个人以及87个部队、武警单位受到表彰。

同日　中共辽宁省委发出通知，要求各级领导同志要带头学好邓小平同志《党和国家领导制度的改革》的讲话。

9月11日至26日　中共辽宁省委召开市、县委书记农村改革学习会。

10月8日至13日　中共辽宁省委召开常委扩大会议，省委书记全树仁传达了党的十二届六中全会精神，学习讨论《中共中央关于社会主义精神文明建设指导方针的决议》。

10月17日　中共辽宁省委、省政府作出《关于动员全省力量加速开发建设辽东、辽西、辽北地区若干问题的决定》。

10月20日至31日　中共辽宁省委、省政府召开省直机关处级以上干部参加的经济体制改革务虚大会。

11月20日　中共辽宁省委召开省委各部委主要领导干部会议。

12月18日至22日　中共辽宁省委六届三次全体（扩大）会议召开。省委书记全树仁在会上作了报告。会议通过了《关于加强社会主义精神文明建设的实施方案》和《关于召开中国共产党辽宁省代表会议的决定》。

1987年

2月10日至14日　中共辽宁省委、省政府召开各市和省直机关负责同志会议。省委书记全树仁作了题为《抓好两件大事》的讲话。

2月15日　中共辽宁省委、省政府作出《关于在全省开展增产节约、增收节支运动的决定》。

2月21日　中共辽宁省委召开农村工作会议。

4月25日至28日　辽宁省政法工作会议在沈阳召开。

6月23日至26日　中国共产党辽宁省代表会议在沈阳召开。省委书记全树仁在会上讲了话。

7月3日　中共辽宁省委、省政府印发《关于认真贯彻中发〔1986〕22号文件、加强农村基层政权建设工作的通知》。

8月15日　中共辽宁省委召开省直机关反对官僚主义大会。省委副书记孙奇作了题为《深入开展反对官僚主义的斗争，为政治体制改革做好准备，迎接党的十三大召开》的报告。

10月13日　中共辽宁省委召开省直机关党员领导干部大会。

12月16日至20日　中共辽宁省委六届五次全体（扩大）会议在沈阳召开。省委书记全树仁作了题为《用十三大精神统一思想行动，把我省的改革开放继续推向前进》的报告。

1988年

2月5日　中共辽宁省委、省政府发出《关于集中整顿社会治安工作的指示》。

3月13日　中共辽宁省委书记全树仁、省长李长春在市委书记、市长会议上分别作了《解放思想、狠抓落实》《把辽东半岛对外开放作为头等大事来抓》的讲话。

3月22日　中共辽宁省委印发《关于认真学习十三届二中全会工作报告的通知》。

4月25日　中共辽宁省委印发《开展生产力标准学习讨论，进一步解放思想的意见》。

4月29日　中共辽宁省委印发《关于批转省委组织部、省委直属机关委员会、省政府直属机关委员会〈关于加强和改进省党政机关党的工作的意见〉》的通知。

6月14日　中共辽宁省委、省政府召开全省科技工作会议。

8月10日　中共辽宁省委发出《关于省级党政班子领导成员保持廉洁的几项规定》。

8月20日　中共中央政治局常委、国务院总理李鹏参加华能大连电厂的发电典礼。

9月5日　中共辽宁省委、省政府召开电话会议,就如何贯彻《关于做好物价工作、稳定市场秩序的通知》作了说明。

9月9日　中共辽宁省委、省政府作出《关于依靠科学技术进步振兴辽宁经济的决定》。

9月24日　中共辽宁省委召开市委书记、市长、省直各部门主要负责人会议。

10月15日至19日　中共辽宁省委六届七次全委(扩大)会议召开。

11月15日　中共辽宁省委、省政府印发《关于认真贯彻中央治理经济环境、整顿经济秩序精神、抓好今冬明春工交生产的通知》。

11月17日　中共辽宁省委、省政府召开现场办公会议,研究解决当前沈阳市群众生活和生产中出现的几个紧迫问题。21日,省委办公厅、省政府办公厅发出《关于印发〈中共辽宁省委、省人民政府在沈阳现场办公会议纪要〉的通知》。

12月10日至14日　中共辽宁省委、省政府召开农村工作会议。

12月12日　中共辽宁省委印发《关于认真学习贯彻〈中共中央关于加强和改革企业思想政治工作的通知〉的通知》。

1989年

1月28日　中共辽宁省委作出《关于进一步学习十三大理论、提高党员干部理论水平的决定》。

2月28日至3月3日　中共辽宁省纪委召开全省纪检工作会议。

3月15日至17日　中共辽宁省委召开政法工作座谈会。

3月25日至28日　中共辽宁省委召开市委书记会议。

4月24日　中共辽宁省委印发《关于进一步加强领导,维护安定团结政治局面的通知》。

4月30日　中共辽宁省委作出《关于党要管党的几项制度规定》。

5月21日　中共辽宁省委召开常委会,学习李鹏同志在首都党政军干部大会上的重要讲话。

6月5日　中共辽宁省委召开省委、省顾委、省人大常委会、省政府、省政协领导同志联席会议。

6月14日至15日　中共辽宁省委召开领导干部学习会。省委书记全树仁在会上讲了话。

6月28日至30日　中共辽宁省委六届八次全会召开。省委书记全树仁作了题为《紧密地团结在党中央周围，为贯彻落实十三届四中全会精神而奋斗》的报告。

7月11日　辽宁省省直机关召开反对腐败、加强廉政建设大会。省委副书记孙奇在会上作了《认真贯彻落实四中全会精神，坚决把反腐败斗争进行到底》的讲话。

8月8日　中共辽宁省委、省政府作出《关于近期惩治腐败、保持廉洁要做的九件实事的决定》。

8月24日　中共辽宁省委印发《关于认真学习贯彻中发〔1989〕7号文件，加强全省宣传思想工作的通知》。

9月13日至16日　中共辽宁省委召开党的建设工作会议。

10月5日　中共辽宁省委召开常委扩大会，深入学习江泽民同志在庆祝中华人民共和国成立40周年大会上的讲话。

10月10日　中共辽宁省委、省政府召开全省市委书记、市长会议。

12月1日至5日　中共辽宁省委六届九次全会召开，会议的主要任务是：认真贯彻党的十三届四中、五中全会精神。

12月6日　中共辽宁省委召开人民政协工作会议。

1990年

1月16日至19日　中共辽宁省委、省政府召开科技进步大会，会上正式宣布1990年为辽宁省"科技进步年"。

1月19日　中共辽宁省委批转《省委宣传部〈关于在全省广泛开展形势教育的意见〉的通知》。

2月5日　中共辽宁省委、省政府召开落实中央文件精神，动员省直机关干部下基层会议。

2月18日至21日　中共辽宁省委、省政府召开农村工作会议。省委副书记、省长李长春作了《强化农业基础地位，加快综合开发，为实现农村经济持续稳定协调发展而奋斗》的报告。

2月24日　中共辽宁省委作出《关于在全省城乡进一步开展学雷锋、学先进、树新风活动的决定》。

3月17日至19日　中共辽宁省委召开组织工作座谈会。

4月6日　中共辽宁省委印发《关于加强和改进高等学校思想政治工作的若干意见》。

5月5日至8日　中共辽宁省委六届十次全会召开，认真学习《中共中央关于加强党同人民群众联系的决定》，讨论和审议省委贯彻落实《决定》的实施意见。

5月8日　中共辽宁省委印发《中共辽宁省委贯彻执行〈中共中央关于加强党同人民群众联系的决定〉的实施意见》。

5月11日　中共辽宁省委印发《关于坚持和完善中国共产党领导的多党合作和政治协商制度的具体意见》。

6月2日　中共辽宁省委批转《省纪委、省委组织部〈关于加强党内监督的若干意见〉的通知》。

7月31日至8月7日　中国共产党辽宁省第七次代表大会在沈阳召开。省委书记全树仁作了题为《坚定不移地贯彻执行党的基本路线，加速开发建设辽东半岛，为全面振兴辽宁而奋斗》的工作报告。

10月29日　中共辽宁省委作出《关于组织全省工业企业向大连造船厂学习的决定》。

12月11日至13日　中共辽宁省委七届第二次全会召开。省委书记全树仁作了题为《坚定以农业为基础的思想，稳定政策，深化改革，加强建设，巩固和发展农村大好形势》的报告。

12月12日　中共辽宁省委印发《中国共产党辽宁省党内法规制定程序暂行条例》。

12月29日　中共辽宁省委印发《关于在全省农村开展社会主义思想教育的实施意见》。

1991年

2月23日至26日　中共辽宁省委召开全省治安综合治理工作会议。

2月28日至3月3日　中共辽宁省委七届三次全会召开。省委书记全树仁作了题为《统一思想，狠抓落实，把辽宁省经济搞上去》的讲话。

4月17日　中共辽宁省委召开省直机关干部大会，传达贯彻七届全国人大四次会议和全国政协七届四次会议精神。

6月2日至10日　国务院副总理朱镕基带领国家有关部门的负责同志,先后在沈阳、本溪、鞍山、大连市深入大中型企业,与20多家企业的厂长、经理商谈,并听取了省市领导同志关于经济工作的汇报。

7月2日　中共辽宁省委印发《关于学习和宣传江泽民同志在庆祝中国共产党成立70周年大会上的讲话的通知》。

7月27日至29日　中共辽宁省委七届四次全会召开。省委书记全树仁在会上作了题为《统一思想、振奋精神,为实现全省财政经济状况好转而奋斗》的报告。

8月6日　中共辽宁省委批转省委农村社教办《关于全省农村社会主义思想教育情况和意见的报告》。

8月23日　中共辽宁省委、省政府印发《关于省直机关进行思想、作风、纪律整顿的通知》。

11月14日至15日　中共辽宁省委召开市委书记、市长,省直党组、党委书记会议。省委书记全树仁作了题为《认真学习贯彻党的七中全会精神,努力把我省现代化建设推向前进》的报告。

12月6日　中共辽宁省委、省政府印发《关于在工业企业中开展整顿工作的通知》。

12月24日至27日　中共辽宁省委七届五次全会召开。省委书记全树仁作了题为《加强农业和农村工作,为实现我省农村第二步战略目标而奋斗》的报告。

1992年

2月26日至29日　中共辽宁省委召开全省组织部长会议。省委书记全树仁就新形势下加强领导班子建设问题作了讲话。

4月27日至29日　中共辽宁省委七届六次全会召开。省委书记全树仁作了题为《深入学习邓小平同志重要谈话精神,解放思想,加快步伐,开创改革开放和经济建设的新局面》的报告。省委副书记、省长岳岐峰作了《进一步解放思想 清除"左"的影响 专心致志地发展生产力》的讲话。

6月25日至27日　中国共产党辽宁省代表会议在沈阳召开。省委书记全树仁作了题为《进一步解放思想,真抓实干,促进我省经济更好地登上新台阶》的讲话。

12月10日至12日　中共辽宁省委七届七次全会召开。全树仁作了《关于深入领会和全面贯彻十四大精神,抓好 1992 年工作》的讲话。

1993 年

1 月 1 日　中共辽宁省委、省政府印发《关于高度重视和认真解决当前农业和农村工作问题的通知》。

1 月 7 日　中共辽宁省委、省政府召开市长会议,认真学习贯彻江泽民、李鹏关于农村工作的重要讲话,贯彻落实中办发〔1992〕61 号紧急电报通知精神。

2 月 21 日至 23 日　中共辽宁省委、省政府召开全省农村工作会议。省委书记全树仁作了题为《认真解决农业和农村的突出问题,全面推动农村经济持续稳定健康发展》的报告。

8 月 15 日至 17 日　中共辽宁省委七届八次全会召开。根据党的十四大精神,全会同意从现在起不再设立中共辽宁省顾问委员会。

9 月 9 日至 10 日　辽宁省深入开展反腐败斗争工作会议在沈阳举行。

9 月 18 日　中共辽宁省委、省政府印发《辽宁省市级党政机构改革总体方案》和《辽宁省县(市)级党政机构改革总体方案》。

11 月 6 日　中共辽宁省委召开学习《邓小平文选》第三卷动员大会,省委书记顾金池在会上作了动员讲话。

11 月 10 日　中共辽宁省委转发了《省委组织部〈关于深化组织工作改革的意见〉的通知》。

11 月 16 日至 17 日　中共辽宁省委召开全省领导班子思想作风建设工作会议。

11 月 25 日至 27 日　中共辽宁省委七届九次全会召开。省委书记顾金池就如何结合辽宁实际贯彻落实党的十四届三中全会精神作了讲话。

12 月 26 日至 29 日　中共辽宁省委、省政府召开全省农村工作会议。

12 月 28 日　中共辽宁省委、省政府印发《辽宁省教育改革和发展纲要》。

1994 年

1 月 12 日　中共辽宁省委、省政府召开党政机构改革、推行公务员制度、工资制度改革工作会议。

1 月 18 日　中共辽宁省委召开市委书记会议。省委书记顾金池主持会议并讲了话。

2月28日 中共辽宁省委、省政府印发《关于当前农业和农村经济发展的若干政策措施》。

3月25日 中共辽宁省委召开常委（扩大）会议。会议传达了八届全国人大二次会议精神、全国政协八届二次会议精神及中央领导同志在中央农村工作会议上的重要讲话。

4月5日至7日 中共辽宁省纪律检查委员会第九次全体会议在沈阳召开，省委书记顾金池在会议闭幕时作了讲话。

6月27日至28日 中共辽宁省委召开党员教育工作会议。省委常委、组织部长于均波在会上作了题为《加强党员教育工作，全面提高党员素质，为实现辽宁"第二次创业"目标而努力奋斗》的报告。省委书记顾金池在会上讲了话。

7月13日至15日 中共辽宁省委、省政府在沈阳召开市委书记、市长会议，省委副书记、代省长闻世震在会上就当前全省经济形势和下半年工作安排发表了讲话。

8月30日 中共辽宁省委召开省直领导班子建设工作会议。

10月5日 中共辽宁省委召开常委扩大会议，传达贯彻中共中央十四届四中全会精神和《中共中央关于加强党的建设几个重大问题的决定》。

10月7日 中共辽宁省委印发《关于组织全省广大党员、干部和群众学习党的十四届四中全会精神的通知》。

10月10日至15日 中共中央政治局常委、国务院总理李鹏在辽宁省考察。

10月20日 中共辽宁省委作出《关于省委常委坚持和健全民主集中制加强集体领导的有关规定》。

10月27日至29日 中共辽宁省委七届十次全会召开。省委书记顾金池就如何贯彻党的十四届四中全会精神和当前党的建设工作作了讲话。

10月29日 中共辽宁省委发出《关于贯彻执行〈中共中央关于加强党的建设几个重大问题的决定〉的实施意见》。

12月22日 中共辽宁省委发出《关于印发辽宁省贯彻落实〈爱国主义教育实施纲要〉的意见的通知》。

1995年

1月8日 中共辽宁省委七届十一次全会召开。省委书记顾金池作了题为《坚持改革发展稳定的方针,夺取1995年各项工作的新胜利》的讲话。

2月20日至26日　辽宁省第八届人民代表大会第三次会议在沈阳开幕。省人大常委会主任全树仁主持会议,代省长闻世震作了《政府工作报告》。

3月30日　中共辽宁省委印发《关于贯彻执行〈中共中央关于加强农村基层组织建设的通知〉的实施意见》。

4月10日至16日　中共中央政治局常委、全国政协主席李瑞环在省委书记顾金池、省长闻世震、省政协主席孙奇等的陪同下,先后对沈阳、鞍山、大连等地进行考察。

4月26日　中共辽宁省委印发《关于认真学习和贯彻执行〈党政领导干部选拔任用工作暂行条例〉的通知》。

5月26日　中共辽宁省委印发《关于贯彻中共中央关于印发〈邓小平同志建设有中国特色社会主义理论学习纲要的通知〉的意见》。

8月20日至21日　中共中央政治局常委、国务院总理李鹏来辽宁考察。

8月20日至25日　中国共产党辽宁省第八次代表大会在沈阳举行。省委书记顾金池作了题为《坚持党的基本路线,加速"第二次创业"进程,为建设新辽宁迎接新世纪而奋斗》的报告。

8月28日　中共辽宁省委印发《关于认真传达贯彻落实省第八次党代会精神的通知》。

9月1日　中共辽宁省委、省政府印发《关于贯彻落实〈中共中央、国务院关于加速科学技术进步的决定〉的实施意见》。

9月29日　中共辽宁省委召开常委(扩大)会议,传达学习党的十四届五中全会精神。

10月24日　中共辽宁省委印发《关于贯彻〈中共中央关于抓紧培养选拔优秀年轻干部的通知〉的实施意见》。

11月28日至29日　中共辽宁省委在沈阳召开全省农村基层组织建设工作会议,省委书记顾金池在会上讲了话。

12月4日至10日　中共辽宁省委举办市委书记、市长学习班。

12月11日至13日　中共辽宁省委八届三次全会召开。省委书记顾金池作了题为《认清形势,抓住机遇,集中全力搞好"九五"时期的工作》的讲话。

1996 年

1月9日　中共辽宁省委召开全省组织工作座谈会。省委书记顾金池作了题为《认清形势，明确任务，全面加强党的思想政治建设》的讲话。

1月22日至24日　中共辽宁省委、省政府召开全省农村工作会议。省委副书记、省长闻世震作了题为《认清形势，坚定信心，为"九五"农业和农村经济再上新台阶而努力奋斗》的工作报告。

2月28日　中共辽宁省委、省政府印发《关于进一步加强基层政权和基层群众性自治组织建设工作的通知》。

3月20日　中共辽宁省委召开省直机关处以上干部大会。

5月6日　中共辽宁省委召开各市委分管政法工作的副书记会议。

5月7日　中共辽宁省委印发《关于学习贯彻〈中国共产党地方委员会工作条例（试行）〉的通知》。

6月25日至26日　中共辽宁省委、省政府召开深化农村改革工作会议。省委书记顾金池在会上讲了话。

8月12日　中共辽宁省委、省政府印发《关于实施"三大战略"，实现"两个根本性转变"，抓好当前工作的意见》。

9月2日至3日　辽宁省干部工作会议在沈阳召开。省委书记顾金池作了题为《从战略全局的高度深刻认识建设高素质干部队伍的极端重要性》的报告。

10月11日　中共辽宁省委召开常委扩大会议，传达学习中共十四届六中全会精神，讨论研究贯彻会议精神的意见。

10月12日　中共辽宁省委印发《关于深入学习宣传和认真贯彻落实党的十四届六中全会精神的通知》。

10月21日至23日　中共辽宁省委八届四次全会召开。

11月27日　中共辽宁省委召开常委扩大会议，传达学习中央经济工作会议精神。

1997 年

1月21日至23日　中共辽宁省委、省政府召开全省农村工作会议。省委书记顾金池作了题为《认清形势，加强领导，不断开创农村工作新局面》的讲话。

1月23日至25日　国务院总理李鹏和国务委员兼国务院秘书长罗干到辽宁

视察。

2月27日　中共辽宁省纪律检查委员第四次全体会议召开。省委书记顾金池出席会议并讲了话。

3月17日　中共辽宁省委召开省直机关大会。省委书记顾金池主持大会并讲话。

4月24日至25日　中共辽宁省委召开全省国有企业党的建设工作会议。省委书记顾金池作了题为《把握全局，服务中心，努力把国有企业党的建设工作提高到一个新的水平》的讲话。

5月19日至20日　中国共产党辽宁省代表会议在沈阳召开。省委书记顾金池发表讲话。

8月14日至15日　中共辽宁省委学习中心组举行学习讨论会。

9月13日至14日　中共辽宁省委书记闻世震在参加党的十五大期间，在代表团驻地接受了国内及国外新闻界的联合采访，并就人们普遍关心的辽宁如何搞好国有大中型企业问题回答了记者们的提问。

9月22日　中共辽宁省委召开省直机关干部大会。省委书记、省长闻世震在会上讲了话。

11月12日至14日　中共辽宁省委八届七次全会召开。省委书记、省长闻世震作了题为《以十五大精神为指针开创辽宁改革开放和现代化建设新局面》的报告。

12月26日　中共辽宁省委召开全省市、厅级主要领导干部大会。

1998年

2月20日　中共辽宁省纪律检查委员会第六次会议召开。省委书记闻世震出席会议并讲话。

2月28日　中共辽宁省委召开常委扩大会议。省委书记闻世震就认真学习贯彻党的十五届二中全会精神发表讲话。

2月28日至3月1日　中共辽宁省委、省政府召开全省农村工作会议。

3月2日　中共辽宁省委办公厅、省政府办公厅印发《关于1998年全省党风廉政建设和反腐败工作的实施意见》。

3月23日　中共辽宁省委召开省直机关干部大会。省委书记闻世震作了讲话。

4月15日 中共辽宁省委、省政府印发《关于贯彻东北四省区党政主要负责人座谈会精神的意见》。

4月29日 中共辽宁省委召开常委会议,学习贯彻《中共中央办公厅、国务院办公厅〈关于维护社会政治稳定工作的通知〉》。

5月20日至21日 中共辽宁省委、省政府在沈阳召开全省国有企业下岗职工基本生活保障和再就业工作会议。省委书记闻世震出席会议并讲话。

6月5日 中共辽宁省委书记闻世震主持召开常委办公会议。

6月8日 中共辽宁省委办公厅转发《省委组织部〈关于在实现国有大中型企业三年改革与脱困目标过程中充分发挥党组织政治核心作用的意见〉的通知》。

6月30日 中共辽宁省委办公厅、省政府办公厅印发《关于做好当前思想政治工作的意见》。

7月6日 中共辽宁省委组织部、宣传部印发《关于认真学习贯彻〈中共中央关于在全党深入学习邓小平理论的通知〉的通知》。

7月17日至19日 中共辽宁省委八届八次全会召开。省委书记闻世震作了题为《认清形势,拼搏进取,千方百计实现"两个确保"的目标》的报告。

8月4日至6日 中共中央政治局常委、全国人大常委会委员长李鹏来辽宁视察。

8月11日至12日 中共辽宁省委学习中心组召开学习讨论会。

8月29日 中共辽宁省委、省政府印发《关于学习发扬抗洪抢险精神,全力以赴实现"两个确保"目标的通知》。

10月15日 中共辽宁省委召开省委常委会议,传达党的十五届三中全会精神,研究部署学习贯彻全会精神的意见。

11月23日至27日 中共中央政治局常委、国务院总理朱镕基率国家经贸委、计委等10个部门的领导同志到辽宁考察指导工作。

12月3日至5日 中共辽宁省委八届九次全会召开。省委书记闻世震作了题为《坚定信心,真抓实干,实现辽宁农村经济和社会发展的新飞跃》的讲话。

12月4日 中共辽宁省委、省政府召开省市领导干部大会。省委书记闻世震出席会议并讲话。

12月27日至29日 中共辽宁省委、省政府召开全省经济工作会议。省委书记闻世震作了题为《坚定信心,知难而进,夺取改革开放和经济建设新胜利》

的讲话。

12月30日 中共辽宁省委召开常委会议，传达全国政法工作会议精神，听取省委政法委关于全省政法工作情况的汇报，研究全省贯彻"三讲"教育的实施意见及工作方案。

1999年

1月9日 中共辽宁省委发出《关于贯彻落实〈中共中央关于在县级以上党政领导班子、领导干部中深入开展以"讲学习、讲政治、讲正气"为主要内容的党性党风教育的意见〉的实施意见》。

1月29日 中共辽宁省委印发《关于认真贯彻执行〈中国共产党和国家机关基层组织工作条例〉进一步加强全省党政机关党的建设的通知》。

1月29日至31日 中共辽宁省纪委召开第八次全体会议。省委书记闻世震出席会议并讲话。

2月4日 中共辽宁省委召开省委、省人大常委会、省政府、省政协领导班子成员大会。

3月18日 中共辽宁省委召开省直机关干部大会。省委书记闻世震主持会议并讲话。

4月14日 辽宁省省级领导"三讲"教育动员大会在沈阳召开。

4月26日 中共辽宁省委、省政府印发《贯彻〈关于实行党风廉政建设责任制的规定〉的实施细则》。

6月25日 辽宁省级领导班子"三讲"教育总结会议在沈阳召开。省委书记闻世震作总结讲话，中央巡视组组长蒋光化作了讲话。

7月20日至22日 中共辽宁省委八届十次全会召开。省委书记闻世震作了题为《以"三讲"教育为动力振奋精神努力拼搏确保实现全年各项工作目标》的报告。

7月27日 中共辽宁省委办公厅、省政府办公厅印发《关于1999年全省党风廉政建设和反腐败斗争工作要点及组织领导和责任分工》。

9月8日 中共辽宁省委下发《关于认真做好县(市、区)和市直部门领导班子、领导干部"三讲"教育有关问题的通知》。

9月24日 中共辽宁省委召开常委（扩大）会议。省委书记闻世震主持会议并讲话。

11月12日至13日 中共辽宁省委八届十一次全会召开。省委书记闻世震作了题为《以党的十五届四中全会精神为指针，开创辽宁国有企业改革和发展的新局面》的报告。

11月19日 中共辽宁省委召开全省领导干部会议。省委书记闻世震就学习和贯彻中央经济工作会议精神，做好全省明年的经济工作讲了话。

2000年

1月24日 中共辽宁省委印发《关于在县（市）区领导班子、领导干部中深入开展"三讲"教育的实施意见》。

2月2日 中共辽宁省委、省政府印发《关于贯彻落实〈中共中央、国务院关于进一步加强扶贫开发工作的决定〉的意见》。

2月28日 中共辽宁省委、省政府召开机构改革动员大会。省委书记闻世震讲了话。

3月6日 中共辽宁省委作出《关于加强和改进思想政治工作的决定》。

3月9日 中共辽宁省委印发《关于进一步深化党政干部制度改革的若干意见》。

3月16日 辽宁省召开省直机关干部大会。省委书记闻世震就贯彻全国"两会"精神讲了话。

3月23日 中共辽宁省委印发《关于在全省开展"三讲"教育"回头看"活动，深入进行整改的实施意见》。

4月19日至27日 中共中央政治局常委、国务院总理朱镕基到辽宁省就国有企业改革和社会保障体系建设问题进行调研。

5月23日 中共辽宁省委印发《关于深入学习宣传和贯彻落实江泽民同志关于"三个代表"重要论述的通知》。

5月26日 中共辽宁省委召开全省经济形势分析会。

7月12日至13日 中共辽宁省委八届十二次全会召开。省委书记闻世震作了题为《以"三个代表"思想为指导，全面完成今年各项工作任务，为跨世纪的新发展奠定坚实基础》的工作报告。

9月28日 中共辽宁省委印发《关于认真学习贯彻〈中共中央组织部关于

进一步做好培养选拔优秀年轻干部的意见〉的通知》。

10月13日　中共辽宁省委召开传达党的十五届五中全会精神大会。

11月9日　中共辽宁省委八届十三次全会召开。省委书记闻世震作了工作报告。

2001年

2月16日　中共辽宁省委召开领导干部会议。省委书记闻世震在会上传达了中央工作会议精神，并就如何贯彻中央工作会议精神讲了话。

3月19日　中共辽宁省委召开省直机关干部大会。省委书记闻世震主持会议并讲话。

6月18日　中共辽宁省委、省政府召开全省抗旱救灾工作电视电话会议。

7月17日至18日　中共辽宁省委八届十四次全会召开。省委书记闻世震作了题为《深刻反思沈阳案件，加大反腐倡廉力度，以党风廉政建设的实际成果取信全省人民》的工作报告。

9月28日　中共辽宁省委召开领导干部会议。省委书记闻世震主持会议并讲话。

9月29日至10月1日　中共辽宁省委、省政府召开全省市县乡机构改革工作会议。

10月13日至15日　中共辽宁省委八届十五次全会召开。省委书记闻世震在会上讲了话。

10月24日至28日　中国共产党辽宁省第九次代表大会在沈阳召开。省委书记闻世震代表中共辽宁省第八届委员会，向大会作了题为《认真实践"三个代表"重要思想，为实现辽宁经济跨越式发展和社会全面进步而奋斗》的报告。会议选举产生中共辽宁省第九届委员会和新一届纪律检查委员会。

11月13日　中共辽宁省委印发《关于以"三个代表"重要思想为指导深入开展农村基层组织建设"三级联创"活动的意见》。

11月15日至16日　中共中央政治局常委、国务院总理朱镕基到辽宁，专门考察辽宁完善社会保障体系的试点工作。

12月1日　中共辽宁省委召开领导干部会议，传达贯彻中央经济工作会议精神。

12月27日　中共辽宁省委九届二次全会召开。省委书记闻世震作了题为《提高认识，加强领导，高质量地做好党的十六大代表的推荐和选举工作》的讲话。

同日　中共辽宁省委、省政府召开全省经济工作会议。

2002 年

2月6日　中共辽宁省委、省政府召开紧急电视电话会议。

2月8日　中共辽宁省委、省政府召开查办慕绥新、马向东等案件总结表彰会。中央纪委副书记刘丽英、省委书记闻世震等领导出席会议并讲话。

3月18日　中共辽宁省委召开省（中）直机关干部大会。

3月31日　中共辽宁省委九届三次全会召开。

5月27日　中共辽宁省委召开常委会，落实全国增收节支工作电视电话会议精神，部署全省下一阶段经济工作。

6月29日　中共辽宁省委召开全省农村"三个代表"重要思想学习教育暨农村基层组织建设"三级联创"活动总结表彰会议。省委书记闻世震在会上讲了话。

7月19日至20日　中共辽宁省委九届四次全会召开。省委书记闻世震代表省委常委会作了题为《以"三个代表"重要思想为指导，开创全省就业和再就业工作新局面》的工作报告。

9月8日　中共辽宁省委召开全省领导干部大会，总结通报"慕马案件"查办情况。

9月19日　中共辽宁省委、省政府召开全省领导干部会议，传达贯彻全国再就业和增收节支工作会议精神，深入学习江泽民总书记和朱镕基总理重要讲话精神。

11月17日　中共辽宁省委召开传达党的十六大精神大会。省委书记闻世震主持会议并讲话。

11月20日　中共辽宁省委下发《关于认真学习贯彻党的十六大精神的通知》。

12月16日　中共辽宁省委、省政府召开扶贫帮困工作电视电话会议。

12月19日　中共辽宁省委九届五次全会召开。省委书记闻世震代表省委常委会作了题为《深入贯彻党的十六大精神，为提前实现辽宁全面建设小康社会目标而奋斗》的报告。

12月20日至21日　中共辽宁省委、省政府召开全省经济工作会议。

12月21日　中共辽宁省委办公厅印发《关于深入学习宣传党的十六大精神的实施方案》的通知。

2003年

2月28日　中共辽宁省委召开全省领导干部会议。

3月14日　中共辽宁省委、省政府印发《关于进一步做好下岗失业人员再就业工作的实施意见》。

3月20日　中共辽宁省委召开省（中）直机关干部大会。

4月21日　中共辽宁省委、省政府召开进一步做好非典型肺炎防治工作紧急会议。省委书记、省人大常委会主任闻世震讲了话。

4月22日　中共辽宁省委印发《关于进一步贯彻落实党风廉政建设责任制的意见》。

5月31日至6月3日　中共中央政治局常委、国务院总理温家宝到辽宁考察。

6月11日　中共辽宁省委印发《关于学习"三个代表"重要思想学习纲要的通知》。

6月27日　中共辽宁省委印发《关于贯彻〈中共中央关于在全党兴起学习贯彻"三个代表"重要思想新高潮的通知〉的实施意见》。

9月17日至18日　中共辽宁省委九届六次全会召开。省委书记、省人大常委会主任闻世震代表省委常委会作了题为《以"三个代表"重要思想为指导，为加快振兴辽宁老工业基地而奋斗》的报告。

10月16日　中共辽宁省委召开全省传达贯彻党的十六届三中全会精神领导干部会议。

12月2日　中共辽宁省委、省政府召开全省领导干部会议，传达贯彻中央经济工作会议精神。

12月22日至23日　中共辽宁省委、省政府召开全省经济工作会议。

2004年

1月17日　中共辽宁省纪委第四次全委（扩大）会议在沈阳召开。

2月5日至6日　全省农村工作会议在沈阳召开。

3月30日　中共辽宁省委、省人大常委会召开全省学习贯彻实施宪法报告会。

6月16日　中共辽宁省委书记闻世震主持召开推进城乡一体化改革及统筹城乡经济社会发展专题座谈会，并作了讲话。

7月14日　中共辽宁省委书记闻世震主持召开省各民主党派、工商联负责人座谈会。

7月22日至23日　中共辽宁省委九届七次全会召开。省委书记闻世震代表省委常委会作了题为《加快完善社会主义市场经济体制，全面推进辽宁老工业基地振兴》的报告。

9月21日　中共辽宁省委召开领导干部会议，传达贯彻党的十六届四中全会精神。

11月13日至15日　中共中央政治局常委、国务院总理温家宝到辽宁考察。

12月7日　中共辽宁省委召开全省领导干部会议，传达贯彻中央经济工作会议精神。

12月30日至31日　中共辽宁省委九届八次全会召开。省委书记李克强代表省委常委会作工作报告，省委副书记、省长张文岳作经济工作报告。

2005年

1月13日　中共辽宁省委召开全省保持共产党员先进性教育活动暨组织工作会议。

1月25日至26日　中共辽宁省纪委召开第五次全体会议。省委书记李克强出席会议并讲话。

3月30日　中共辽宁省委召开电话会议，部署全省保持共产党员先进性教育活动分析评议阶段工作。

4月6日　中共辽宁省委召开省各民主党派、工商联负责人和无党派人士座谈会。

6月29日　辽宁省第二批保持共产党员先进性教育活动工作会议暨第一批保持共产党员先进性教育活动督导工作总结会议在沈阳召开。

7月19日　中共辽宁省委、省政府召开全省对外开放工作会议。省委书记李克强讲了话。

10月13日　中共辽宁省委召开省级党员领导干部会议，省委书记李克强传达了胡锦涛总书记在党的十六届五中全会上的重要讲话精神，部署全省当前和今后一个时期的重点工作。

10月27日　中共辽宁省委、省政府召开辽西地区市委书记、市长座谈会。

12月5日　中共辽宁省委召开全省领导干部会议，传达中央经济工作会议精神。

12月26日至27日　中共辽宁省委举办全省第六期领导干部警示教育培训班。

2006年

1月21日　辽宁省政府印发《关于鼓励沿海重点发展区域扩大对外开放的若干政策意见》。

3月1日　辽宁省农业工作会议在沈阳召开。

3月13日　辽宁省老工业基地振兴工作会议在沈阳召开。

3月15日　辽宁省政府印发《辽宁省国民经济和社会发展第十一个五年规划纲要》。

4月6日　中共辽宁省委、省政府印发《关于推进社会主义新农村建设的实施意见》。

4月26日　辽宁省政府成立辽宁省"五点一线"开发领导小组。省委副书记、省长张文岳任领导小组组长。

6月8日　中共辽宁省委副书记、省长张文岳主持召开省"五点一线"开发领导小组第一次工作会议。

10月23日至26日　中国共产党辽宁省第十次代表大会在沈阳召开。中共辽宁省委书记、省人大常委会主任李克强作了题为《为实现辽宁老工业基地全面振兴不懈奋斗》的工作报告。

12月21日　中共辽宁省委、省政府在沈阳举行全省棚户区改造工作阶段性总结大会。

2007年

1月5日　辽宁省工业经济工作会议在沈阳召开。

2月16日至17日　中共中央政治局常委、国务院总理温家宝到辽宁考察。

10月24日　中共辽宁省委召开省直领导干部大会，传达党的十七大精神，对全省学习宣传贯彻党的十七大精神作出部署。

2008 年

1月11日　中共辽宁省委十届五次全会暨经济工作会议在沈阳举行。

1月19日至24日　辽宁省政协十届一次会议在沈阳召开。

1月21日至28日　辽宁省十一届人大一次会议在沈阳召开。

3月27日　中共辽宁省委、省政府印发《关于切实加强农业基础建设进一步促进农业发展农民持续增收的实施意见》。

6月27日　中共辽宁省委办公厅、省政府办公厅印发《关于加强农村公共文化服务工程建设的实施意见》。

7月31日　中共辽宁省委召开常委会议，讨论研究贯彻落实《中共中央关于建立健全惩治和预防腐败体系2008—2012年工作规划》有关问题。

8月4日　辽宁省贯彻落实《中共中央关于建立健全惩治和预防腐败体系2008—2012年工作规划》电视电话会议召开。

8月22日　中共辽宁省委、省政府印发《关于加快发展服务业的若干意见》。

9月26日　中共辽宁省委召开全省深入学习实践科学发展观活动动员大会。省委书记、省人大常委会主任张文岳对全省第一批学习实践活动进行具体部署。

10月13日　中共辽宁省委召开省级党员领导干部会议。

10月31日　中共辽宁省委召开"党员干部走进千家万户"实践活动动员大会。省委书记、省人大常委会主任张文岳出席会议并讲话。

11月13日　中共辽宁省委、省政府印发《关于贯彻落实扩大内需方针，促进全省经济持续较快发展的意见》。

12月11日　中共辽宁省委召开常委扩大会议，会议传达了胡锦涛总书记和温家宝总理在中央经济工作会议上的重要讲话精神。

2009 年

1月7日　中共辽宁省委、省政府印发《关于开展新一轮"争创全国社会治安综合治理工作先进省"活动的意见》。

1月18日　中共辽宁省委召开常委会议，传达贯彻中纪委三次全会精神。

2月23日　全省农村工作会议在沈阳召开。

3月7日　中共辽宁省委、省政府印发《关于2009年促进农业稳定发展农民持续增收的意见》。

3月16日　中共辽宁省委召开常委扩大会议，学习传达贯彻十一届全国人大二次会议和全国政协十一届二次会议精神，进一步研究部署全省当前工作。

3月17日　中共辽宁省委发出《关于印发〈中共辽宁省委常委会深入学习实践科学发展观整改落实方案〉的通知》。

3月18日　中共辽宁省委召开深入学习实践科学发展观活动第一批总结暨第二批动员大会。

3月23日　辽宁省对内开放工作会议在沈阳召开。

4月24日　中共辽宁省委印发《关于印发〈干部选拔任用工作有关事项报告暂行规定〉的通知》。

8月4日　中共辽宁省委召开常委会议，研究部署加强反腐倡廉法规制度建设，学习贯彻全国纪委书记座谈会精神，进一步研究部署加强反腐倡廉法规制度建设。

8月18日　中共辽宁省委、省政府召开做好抗旱救灾推进农业结构调整工作会议。

9月4日　中共辽宁省委召开深入学习实践科学发展观活动第二批总结暨第三批动员视频会议。

9月21日　中共辽宁省委办公厅、省政府办公厅下发《关于认真贯彻落实〈关于实行党政领导干部问责的暂行规定〉的通知》。

10月9日　中共辽宁省委办公厅、省政府办公厅发出《印发〈关于对各市和省直部门贯彻落实党风廉政建设责任制和惩防体系建设情况进行检查的工作方案〉的通知》。

10月14日　中共辽宁省委召开常委会议，进一步研究部署加强干部队伍建设工作。

11月24日　中共辽宁省委召开常委会议，进一步研究部署当前和2010年经济社会发展工作。

12月8日　中共辽宁省委召开全省领导干部会议。

12月21日　中共辽宁省委召开常委会议，进一步研究部署党建和政法工作。

12月24日　中共辽宁省委十届九次全会暨经济工作会议在沈阳召开。

2010 年

1月6日　辽宁省政法工作会议在沈阳召开。

1月18日　辽宁省宣传思想工作会议在沈阳召开。

1月19日　中共辽宁省第十届纪律检查委员会第五次全体会议召开。

2月25日　中共辽宁省委召开常委会议，传达学习贯彻中央省部级主要领导干部深入贯彻落实科学发展观、加快经济发展方式转变专题研讨班精神。

3月15日　中共辽宁省委召开常委扩大会议，传达全国两会精神，研究部署全省贯彻落实意见。

3月18日　中共辽宁省委召开全省深入学习实践科学发展观活动总结大会。

5月11日　中共辽宁省委、省政府召开全省惩治和预防腐败体系建设工作电视电话会议。

6月28日　辽宁省城区经济现场会在营口市鲅鱼圈区召开。

7月22日　中共辽宁省委、省政府召开加快发展文化产业和文化事业电视电话会议。

9月13日　中共辽宁省委召开省委中心组（扩大）法制建设专场报告会。

10月20日　中共辽宁省委召开省级党员领导干部会议。

11月15日至16日　中共辽宁省委十届十一次全会在沈阳举行。

12月3日　辽宁省沿海经济带开发建设领导小组会议在沈阳召开。

12月13日　中共辽宁省委召开常委（扩大）会议，传达贯彻中央经济工作会议精神，研究部署全省当前工作。

12月17日　辽宁省经济工作会议在沈阳召开。

2011 年

1月16日　辽宁省农村工作会议在沈阳召开。

1月17日　辽宁省宣传部长会议在沈阳召开。

1月20日至24日　政协辽宁省十届四次会议在沈阳召开。

1月21日至25日　辽宁省十一届人大四次会议在沈阳召开。

2月24日　中共辽宁省委、省政府召开推进"五大系统"建设建立健全惩治和预防腐败体系工作电视电话会议。

2月28日　中共辽宁省委召开专题会议，传达全国深化医药卫生体制改革工作会议和全国保障性安居工程工作会议的精神，研究部署相关工作。

4月20日　省委、省政府召开全省工业产业集群工作会议。

5月23日　中共辽宁省委召开常委会议，传达学习中央纪委近期召开的七个专项工作会议精神和刘云山同志在辽宁省调研考察时的讲话精神。

5月30日　中共辽宁省委十届十二次全会在沈阳召开。

7月7日　中共辽宁省委理论学习中心组召开专题会议。

同日　中共辽宁省委召开常委会议，认真学习贯彻胡锦涛总书记在庆祝中国共产党成立90周年大会上的重要讲话精神。

8月24日　中共辽宁省委召开市委书记座谈会。

10月10日至13日　中国共产党辽宁省第十一次代表大会在沈阳召开。

10月13日　中共辽宁省委十一届一次全会在沈阳召开。

10月20日　中共辽宁省委召开省级党员领导干部会议，传达贯彻党的十七届六中全会精神，部署全省贯彻落实工作。

11月4日　中共辽宁省委召开省委常委会议，传达中央纪律检查委员会八个专项工作会议精神，研究部署当前全省党风廉政建设和反腐败工作。

12月5日　中共辽宁省委召开常委会议，传达学习中央扶贫开发工作会议精神，研究部署全省贯彻落实意见。

12月16日　中共辽宁省委召开常委会议，传达中央经济工作会议精神，研究部署全省贯彻落实意见。

12月20日　中共辽宁省委十一届二次全会暨经济工作会议召开。

2012年

1月5日　中共辽宁省委、省政府印发《辽宁省贯彻落实〈关于实行党风廉政建设责任制的规定〉实施办法》。

1月11日至15日　中国人民政治协商会议辽宁省第十届委员会第五次会议在沈阳召开。

1月12日　中共辽宁省委召开常委会议，传达中国共产党第十七届中央纪律检查委员会第七次全体会议和中央农村工作会议精神。

1月12日至16日　辽宁省第十一届人民代表大会第五次会议在沈阳召开。

3月16日　中共辽宁省委召开常委会议，传达十一届全国人大五次会议和全国政协十一届五次会议精神。

6月6日 中共辽宁省委召开常委会议，审议《关于进一步加强和改进全省领导班子思想政治建设的若干意见》。

6月21日 中共辽宁省委召开常委会议，传达中央纪律检查委员会有关重要会议、全国党委秘书长会议精神，学习《中共中央关于加强新形势下党外代表人士队伍建设的意见》精神。

7月26日 中共辽宁省委召开常委会议，认真学习胡锦涛总书记在省部级主要领导干部专题研讨班上的重要讲话精神。

7月31日 中共辽宁省委十一届四次全会召开。

后　记

党的十八大以来，习近平总书记就学习党史、新中国史发表了一系列重要讲话。他指出："历史是最好的教科书""中国革命史是最好的营养剂""学习党史、国史，是坚持和发展中国特色社会主义、把党和国家各项事业继续推向前进的必修课。这门功课不仅必修，而且必须修好"。为贯彻落实习近平总书记关于党史、新中国史和改革开放史的重要论述精神，中共辽宁省委党史研究室编写了《中国共产党辽宁历史简明读本》一书。主要记述了中国共产党成立近100年来，辽宁各级党组织在党中央的坚强领导下，经过不懈奋斗，带领辽宁人民在新民主主义革命时期、社会主义革命和建设时期、改革开放和社会主义现代化建设新时期取得的辉煌历史成就和积累的宝贵历史经验。通过这部通俗党史读本，帮助广大党员干部认真学习党的历史，不忘初心、牢记使命，从党的历史中汲取开拓前进的智慧和力量。

中共辽宁省委对本书的编写高度重视，省委宣传部、省直机关工委、省新闻出版局对此书的编写出版给予了大力支持。在此一并表示感谢！

由于水平有限，书中有不当之处，恳请广大读者给予批评指正。

中共辽宁省委党史研究室
2019年6月